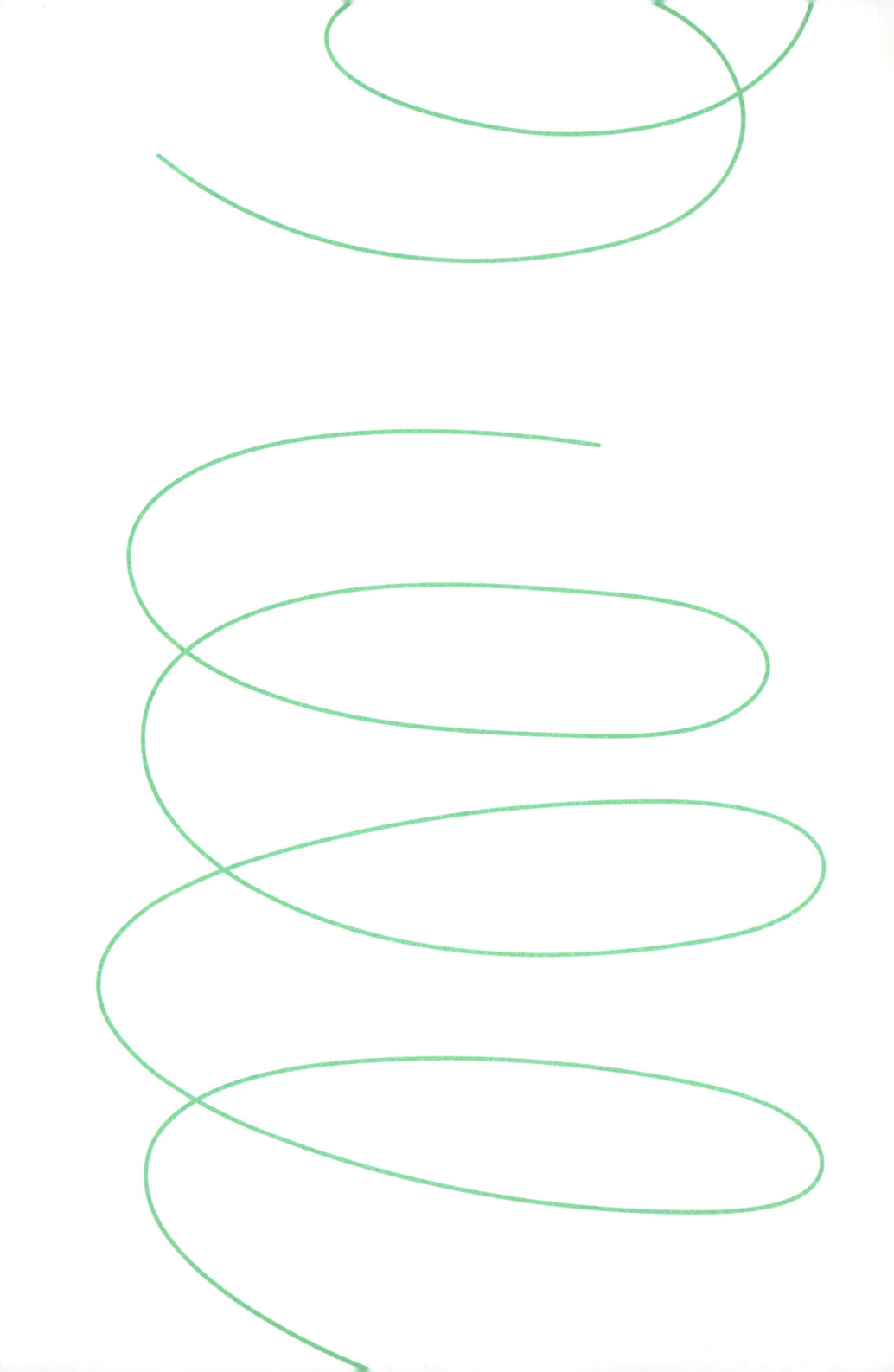

오늘의 모험, 내일의 댄스

보틀프레스

노윤주 에세이

정전기력으로 커지는 세계

"이제 슬슬 나갈까?"라는 말에 "10분만 있다가"라고 대답하는 사람이 있는가 하면 '이미 일어서 있는' 사람이 있다. 나는 후자다. 나가는 것을 좋아하지만 그보다 더 좋아하는 것은 당장 나가는 것이다.

　이렇게 소개하면 추진력 있는 사람이라고 생각할 수도 있는데 지금 당장 찾아가서 오해를 풀고 싶다. 내가 이렇게 좀 살아봐서 아는데 이쪽 사람들은 열이면 열, 뒷심이 꽤나 부족하기 때문이다. 화력이라고 하기에는 미진한 정전기력을 가진 사람. 정전기의 전압이 궁금해서 당장 찾아봤더니 이렇게 설명하고 있었다.

　정전기의 전압은 보통 수천~수만 볼트. 일반 가정용 전압이 220볼트인 것을 생각하면 정전기의 전압은 굉장히 높다. 하지만 정전기는 전압만 높을 뿐, 전류가 아주 짧은 순간 동안만 흐르기 때문에 감전의 위험은 극히 드물다.

그러니까, 정전기는 의외로 엄청난 힘을 가지고 있지만 지속력이 지독하게 짧아 그닥 위협적이지 않다는 것이다. 나의 자기소개서 같네.

나는 자주 나가고 싶었다. 하루의 대부분을 고층 빌딩 안에서 키보드를 치며 살고 있지만 동경하는 세계는 언제나 밖에 있었다. 한낮을 활보하는 사람들, 근육을 쓰고 땀을 흘리는 사람들, 깊이를 모르는 물에 몸을 던지는 사람들. 밖을 베이스캠프로 둔 사람들이 하는 경험이 진짜라는 생각이 자주 들었다. 몸을 움직여 체득한 지식이야말로 지혜가 될 수 있을 거라 믿었다.

사무실 노동자가 바깥을 소망하면 시선은 본능적으로 창가를 향한다. 자리는 최대한 창문과 가깝게, 블라인드는 민폐가 가지 않을 최대치로 올려 모니터 반사광을 감내한다. 유리창을 통과한 볕에는 비타민D가 없다던데. 비타민D 한 알을 입에 털어 넣고 영양가를 쏙 뺀 볕으로 마음을 달랜다. 도시의 스카이라인 너머로 지는 해를 바라보고, 퇴근길 귀가를 지연시킬 폭설에 넋을 놓는다. 저 지붕 너머에 내가 미처 발견하지 못한 중요한 무언가가 있을 것 같았다.

그래서 나는 자주 나갔다. 오전 근무와 오후 근무 사이, 퇴근과 출근 사이, 금요일과 월요일 사이에 바깥이라는 환승지를 정해두고 정전기처럼 타닥거리며 드나들었다. 그곳에서 잘 알던 나에서 잘 모르던 나로, 잘하는 나에서 잘 못하는 나로 자주 갈아탔다. 그래서 무엇을 발견했느냐 하면 다음 날 점심시간에 떠들 이야깃거리를 얻었다. 전날과는 다른 점심시간을 만들게 되었다. 어떤 날에는 점심시간으로는 부족한 긴 이야깃거리를 얻었다. 지난 달과는 다른 술자리를 만들게 되었다. 어떤 날들의 발견은 어떻게 살고 싶다는 각오가 되었다.

지금까지와는 다른 인생을 구체적으로 그리게 되었다. 재미있었다.

 그래서 더 멀리, 더 자주 나가보았다. 건물 밖으로, 경로 밖으로, 직업 밖으로, 시선 밖으로, 두려움 밖으로 한 발 한 발 나가보았다. 그렇게 돌아다니다가 주머니가 불룩해지면 집으로 돌아왔다. 머리카락에 앉은 흙먼지를 털어내고 다시 책상 앞에 앉아 키보드를 치며 배운 것을 쓰다듬었다.

 이것은 내가 정전기력이 생길 때마다 밖으로 뛰어나가 몸으로 배운 것들에 관한 기록이다. 숨이 차게 돌아다니고 거친 호흡이 가라앉기 전에 썼다. 바깥의 흥분감을 날것으로 전하려고 애썼다. 외출이 일탈인 시대에 매우 전복적인 주제 의식을 가지고 있으며 그 이유로 못 나올 뻔했지만, 또 그 덕분에 정전기 인간이 끝까지 엉덩이를 의자에 붙이고 앉아 완성할 수 있게 된 책이기도 하다. 이 책이 나의 바깥으로 나오게 되어 기쁘다.

낭신노 나오길. 그리고 우리가 만나길.

2021년 여름, 노윤주

차례

이 세상에서 나를 지키는 것은 나의 주먹뿐 10 ○ 복싱의 시작 12 ○ 멀리 가는 사람, 멀리 가는 대화 18 ○ 망하면 망한 대로 21 ○ 위스키- 하면 모두가 웃게 되지 25 ○ 문댄스 시네마 33 ○ 단순함은 멋있다 40 ○ 피치를 올린다 45 ○ 누나가 달려드니까 49 ○ 팟캐스트 <다정한 사람에게 다녀왔습니다>의 노난입니다 52 ○ 나의 스페인어 선생님 57 ○ 정동진 독립영화제에 다녀왔다 60 ○ 록키를 만난 날 62 ○ 왼손잡이 복서 65 ○ 최초의 스파링 67 ○ 누군가의 인생 첫눈을 함께했네 73 ◦ 인생 첫 카피 78 ◦ 노난 갈비 82 ◦ 혼자서 하는 2인분의 여행 87 ◦ 꺽다리 복서 90 ◦ 한 해의 마지막 날엔 복싱을 92 ◦ 이번 주말에는 승마를 하고 싶다 95 ◦ 비봉은 무섭다 102 ◦ I have a+N dream 106 ◦ 복싱은 멋있다 115 ◦ 배신자의 다짐 118 ◦ 1인 가구의 가장입니다 124 ◦ 이사의 마음 노동 126 ◦ 내 기준의 필수품 128 ◦ 공동 거주 실험 132 ◦ 유아 낫 슈가 142 ◦ 서울의 수영장 기록 144 ◦ 5만 원어치의 새해 계획 151 ◦ 집의 주인 154 ◦ 1인 가구의 목소리는 어디까지 갈 수 있을까 158 ◦ 통영은 도다리다 162 ◦ 유람선이 보이는 목욕탕 167 ◦ 이체를 멈췄다 171 ◦ 사장님 운동 173 ◦ 고모 유니언 176 ◦ 나의 고향 179 ◦ 토요일 아침의 쓴맛 182 ◦ 선생님의 발차기 184 ◦

밑으로 밑으로 187 ○ 두 손을 꼭 잡고 각자의 방향으로 뛰는 관계 196 ○ 인생, 70부터 파티야 199 ○ 귀는 풍! 하고 뚫린다 202 ○ 다친 다리가 만난 사람들 207 ○ 내가 나에게 주는 용기 210 ○ 내가 가본 가장 먼 바다 216 ○ 넘어지는 것은 쪽팔리지 않다 219 ○ 이야기를 먹었다 221 ○ 호심술 트레이닝을 시작합시다 224 ○ 어른의 톨레랑스 227 ○ 조금만 기다리면 아무렇지 않아질 텐데 232 ○ 완벽한 스포츠 드라마 235 ○ 타히티를 꿈꾼 자의 최후 239 ○ 도시의 여자, 도시의 모험가 244 ○ 애착 뒷머리와의 안전 이별 246 ○ 반쪽 세상 249 ○ 점멸등에서 좌회전 253 ○ 우리가 친애하는 동료로 함께 나이를 먹는다면 256 ○ 당신 배고픈 이 아니에요? 266 ○ 인생이 고덕만큼 넓어졌다 268

이 세상에서
나를 지키는 것은 나의 주먹뿐

 복싱에서는 제자리에서 한쪽 팔을 쭉 뻗어 한 바퀴 돌았을 때 만들어지는 원의 크기, 딱 그만큼이 자신이 지켜야 하는 영역이라고 말한다. 두 명이 올라야만 게임이 시작되는 사각 링 위에서, 둘은 각자의 동그라미를 지키면서 서로의 동그라미를 침범하기 위해 싸워야 한다. 복싱의 세계관으로 보면, 이 대결은 상대 선수를 쓰러뜨리는 것이 아니라 한번도 가보지 못했던 누군가의 동그라미 안으로 들어서기 위한 싸움인 것이다. 그래서 복싱 만화《더 파이팅》에서 주인공 일보는 세계타이틀매치를 앞두고 링에 오르기 직전 마우스피스를 입에 물며 다짐한다.

*이것은 세계를 향한 도전이 아닌
미지의 영역에 대한 도전이다!*

이 소리없는 외침은 가보지 못한 곳에 늘 동경을 품고 사는 회사원의 마음을 사정없이 흔들었다. 높은 빌딩 안에 앉아 누군가를 이겨보겠다고 입을 털며 싸우는 것이 시시해졌다. 키보드 위에 굽혀진 두 팔을 쭉 뻗어 나만의 동그라미를 만들고 싶어졌다. 그 동그라미를 안고 미지의 영역으로 달려가고 싶어졌다. 언제? 지금 당장.

회사원이 시스템 책상을 박차고 일어난다. 엘리베이터 버튼을 단호하게 누른다. 회전문을 힘차게 밀고 나가 횡단보도를 거침없이 건넌다. 그리고 버스카드를 꺼내…

복싱의 시작 복싱의 시작 복싱의 시작

복싱장은 회사에서 버스로 두 정거장 거리에 있었다. 외벽이 실내 암벽장처럼 생겨서 눈에 띄는 건물이었다. 한여름의 습기와 열기 때문에 가만히 서있어도 숨이 턱턱 차올랐지만 저절로 땀복이 연상되는 날씨라니 복싱을 시작하기에 완벽한 날이라는 생각이 들었다. 건물 1층에서부터 마룻바닥과 운동화 고무 밑창이 닿아 만들어내는 마찰음이 굉장했다. 소리를 따라 계단을 타고 2층으로 올라갔더니 복싱장 문이 열려 있었다. 열린 문으로 뜨끈한 땀 냄새가 훅 끼쳐왔고 한 발 들어서니 빼곡한 사람들이 하나같이 샤워하듯 땀을 흘리고 있었다. 땀 흘리는 사람이 많으니까 땀 냄새로 가득한 곳. 피트니스 센터에서 맡았던 상쾌한 향기는 없었지만 복싱장에는 이런 유의 정직함이 있었다.

이 복싱장의 관장님이 챔피언 출신이라고 들었는데 그래서 이렇게 수강생들이 많은 걸까. 천장에는 오래된 선풍기가 쉼 없이 돌아가고 있었지만 가득 찬 열기를 조금도 식히지 못했다. 처음 접하는 분위기에 압도되어 언제 들어가야 할지 몰라 문 앞에서 쭈뼛거리는데 뎅 하고 영화에서만 들어봤던 공 소리가 울렸다. 분주하고 반복적인 움직임들이 일제히 멈추고 코치님으로 보이는 분이 다가와 처음 오셨냐며 말을 걸었다. 갓 시합을 치른 복싱선수처럼 눈두덩이가 부어있다.

부은 눈이 웃지도 않고 나에게 실내화로 갈아 신고 관장님 방으로 들어가서 상담을 받으라고 했다. 복싱장 한 귀퉁이에 있는 관장실의 문을 열자, 거구의 관장님이 앉아계셨다. 안광이 빛나는 사나이였다. 갑자기 서늘한 기분이 들어 이것이 바로 챔피언이 만들어 내는 공기구나! 감탄하려는 차, 고개를 돌려보니 관장실에는 에어컨이 시원하게 돌아가고 있었다. 보송보송한 얼굴의 관장님이 왜 복싱을 배우려 하느냐고 물었다. 다이어트라는 단어가 바로 떠올랐지만 십수 년 전 〈투하트〉라는 일본의 복싱 드라마를 열심히 봤기 때문에 보다 적절한 대답을 할 수 있었다.

"감량이 좀 필요해서요."

(이 드라마에서 주인공을 맡은 후카다 쿄코는 "나는 복싱선수의 팬이니까, 내가 하는 것은 다이어트가 아니라 감량이야!"라는 명대사를 날린다.)

스스로의 대답에 만족하며 말을 덧붙였다.

"그리고 근육을 만들고 싶어요. 하루에 몇 시간씩 운동하면 근육이 생길까요?"

관장님이 나를 한번 쓱 훑어보더니 대답했다.

"하루에 20분도 못할 거 같은데…."

하루에 한 시간씩 꾸준히 하면 생길 거예요 또는 하루에 두 시간? 정도의 답을 기다리고 있던 나는 예상을 벗어난 답 앞에서 움찔했다. 목표를 세울 기회조차 허락하지 않는 관장님의 자극에, 나는 나비처럼 빠르고 벌처럼 정확하게 한 달 치 수강료를 내고 나왔다.

다음 날 점심시간, 복싱장에 도착해 구석에 있는 탈의실에서 준비해온 반팔티와 반바지로 갈아입었다. 관장님이 준비운동을 하라며 손가락으로 링을 가리켰다. 준비운동을 링 위에서 하라고? 나 같은 초짜가 링 위에 올라간다고? 링 위에 오른다는 사실만으로 이미 심장이 나대고 있는데,

"링 위에 안 올라가 봤죠? 그럼 오늘은 링에 올라가는 첫날이니까,"

라며 관장님이 굵은 허리를 굽혀 줄과 줄 사이를 벌려서 내가 들어갈 공간을 만들어줬다. 마치 선수가 대회에서 링 위에 오를 때 코치가 해주는 바로 그것처럼! 지금도 그때를 생각하면 내가 링 위로 오르는 모습이 느리게 플레이된다. 그때의 나는 너무나 멋있었던 것이다.

링 바닥에 앉아 벽에 붙어있는 준비 운동법을 따라 간단하게 스트레칭을 하고 내려오자, 관장님이 벽에 걸린 줄넘기 중에 키에 맞는 것을 골라오라고 했다. 그리고 벽에 붙은 거울 앞에 내 자리를 만들어주고는 공이 울리면 시작하라고 했다. 복싱장의 시계는 공 소리에 맞춰 3분 30초 단위로 돌아간다. 한 번 공이 크게 울리면 훈련 시작. 2분 30초가 지나면 공이 짧게 두 번 울리는데, 그건 30초 남았으니까 하고 있는 것을 뭐든 빨리 더 하라는 의미다. 그리고 30초 뒤에 공이 길게 울리면 발을 멈추고 휴식 시작. 30초 후에 또 공이 길게 울리면 휴식 끝 훈련 재시작. (그런데 이 '공'이 영어라는 것을 다들 알고 있었나? 나는 이 글을 쓰며 공이 신호용 징을 뜻하는 gong이라는 사실을 알고 크게 충격을 받았다. 당연히 한자라고 생각했는데.) 내 옆에는 10대로 추정되는 소년과 20대로 추정되는 소녀가 있었는데 관장님이 그 친구들에게 내가 오늘 처음 왔으니까 잘 봐주라고 부탁했다. 하지만 그들이 날 봐준다는 기분은 딱히 들지 않았고 나는 이미 복싱하는 자신에게 취해

서 누군가에게 의지하고 싶지 않았다. 그저 관장님이 처음으로 준 미션인 줄넘기를 누구보다 잘 해내고 싶었다. 줄넘기는 평소에 자신 있는 운동이기도 했고 마룻바닥의 빡빡한 느낌이 좋아서 온몸으로 시동을 걸며 줄을 넘었다. 1분이 지나자 남학생이 발을 멈추며 심장을 부여잡았고 또 1분이 지나자 여학생이 손을 멈추고 땀을 닦았다. 나는 계속 뛰었다. Z세대를 둘이나 제쳤다고 생각하니 아드레날린이 솟구쳤다. 뎅! 30초 쉬고 다시 2라운드. 뎅! 또 30초 쉬고 다시 3라운드. 지켜보던 관장님이 종아리 괜찮냐고 물어서 아직까지는 괜찮다고 대답했더니 흐뭇하게 웃으셨다. 그 웃음을 보니 내가 더 흐뭇했다.

줄넘기 3라운드를 마치고 다른 거울 앞으로 이동해서 기본자세를 배웠다. 두 다리를 모았다가 오른발을 90도로 꺾고(오른손잡이는 오른발, 왼손잡이는 왼발) 그 오른발을 다시 45도 뒤로 빼고 왼발을 안쪽으로 살짝 틀면 다리 자세 준비. 상체를 오른쪽으로 살짝 틀고 얼굴은 정면을 향하고 뒷짐을 지면 상체 자세 준비. 그 자세로 제자리 뛰기를 하라고 시키고 관장님은 옆에 있는 고등학생에게 가서 장갑 끼는 법을 가르쳤다. 손가락 부분이 잘린 검은색 장갑은 마치 오토바이용 장갑처럼 생겼는데 복싱 글러브를 끼기 전에 쓰는 연습용인 것 같았다. 어색하게 손가락에 장갑을 끼워넣고 있는 학생을 바라보며 관장님이 말했다.

"이 장갑을 끼면 웃음이 날 거야. 어때, 주먹패라도 된 기분이지?"

그 말을 듣고 학생이 우쭐한 미소를 지으며 주먹을 쥐었다 폈다 하자 관장님이 다시 말했다.

"그래. 그건 너만 아는 웃음이야."

맙소사! 그것이 무슨 웃음이든 나도 알고 싶은 웃음이다. 관장님의 한마디 한마디에 귀를 쫑긋 세우고는 엉거주춤한 자세로 제자리 뛰기를 하고 있는데 관장님이 내게도 한마디를 던졌다.

"뒤로 슬슬 물러서면 안 돼요. 복싱은 전진하는 운동이니까."

맙소사! 관장님! 책을 써야 하는 사람은 당신입니다.

그다음으로 배운 것은 **오른손 주먹을 코 앞에, 왼손 주먹을 이마 앞에 두고 왼손을 앞으로 치는 연습**. 시선은 오른손과 왼손 사이 두 손이 만들어내는 그 작은 공간을 벗어나면 안 된다. 그 작은 사이를 쏘아보며 관장님의 손바닥을 쳤다. 점프를 하면서 쳐야 해서 관장님의 손바닥은 얼굴만큼 큰데도 맞히기가 쉽지 않았다. 애쓰는 나를 보며 관장님이 스윽 한마디를 던졌다.

"운동 좀 해본 사람이네."

네? 관장님, 뭐라고요? 다시 한번 말씀해주시겠어요? 저, 잘하나요? 나로 말할 거 같으면 초등학교 시절 육상부에서 높이뛰기 대표를 한 것이 평생의 자랑인데 스스로 말하기 전까지는 누구도 나의 운동 경력을 눈치채주지 않아서 애가 다 타버린 사람이었더랬다. 그런데 드디어 눈앞에 나의 흔적경력을 알아봐 주는 사람이 나타난 것이다. 쿵쾅대는 심장을 누르고 자꾸 올라가는 입꼬리를 내리며 혼신의 힘을 다해 뛰고 쳤다. 그다음으로는 운동은 전혀 안되지만 다리 뭉친 걸 풀어준다는 러닝 머신(힘든 와중에도 코치님이 러닝 머신을 무시한다는 것은 잘 느껴졌다) 10분이 기다리고 있었다. 여기서 끝이 났다면 참 좋았겠지만 다음은 복근 운동. 링 위로 다시 올라가라길래 올라가서 '아무 도구도 없는데 어떻게 복근 운동을 하지?' 하고 있는데 관장님이 링 밖에 서서 자신의 슬리퍼 신은 발을 가리켰다. 관장님의 발밑에 내 발을 각각 끼워 넣고 무릎을 세우고 앉아 윗몸 일으키기를 20회 하는 것이다. 끝나자마자 이번에는 그 슬리퍼를 베고 누워서 두 손으로 관장님의 발목을 잡고 내 두 다리를 올렸다 내렸다 20회. 마지막으로 관장님의 슬리퍼 밑에 발바닥을 밀어 넣고 엎드려서 상체 일으켰다 눕히기 20회. 슬리퍼 신은 발로도 사람 하나는 잡을 수 있어야 관장인 것일까 생각하고 있는데, 관장님이 드디어 의미심장한 말로 수업 종료를 선언했다. "오늘은 첫날이니까 여기까지!" 첫날이니까? 그럼 다른 날은? 고민이 끝나기도 전에 마무리 스트레칭이 시작됐다. 복싱장에서 스트레칭은 훈련으로 쳐 주지 않는다는 사실을 알게 되었고 샤워장으로 기어서 들어가 떨리는 손으로 샴푸를 겨우 짰다. 복싱장 한구석에 내 몫의 사물함 한 칸을 받고서야 나는 드디어 복싱 1일 차를 마감할 수 있게 되었다.

신발장 거울 앞에 시뻘건 얼굴의 여자가 서른두 개 치아를 빛내며 웃고 있었다.

멀리 가는 사람,
멀리 가는 대화

 오랜만에 인왕산이나 가볼까 하고 나섰다가 초입에서 샛길로 빠졌다. 공터에 있는 운동기구에서 허리를 돌리고 윗몸 일으키기를 했다. 귀에는 팟캐스트 〈듣다 보면 똑똑해지는 라디오〉가 걸려있었는데 21세기 메가 히트작 《82년생 김지영》의 박혜진 편집자가 나와 편집자의 자세에 대한 흥미진진한 이야기를 들려주는 중이었다.
 "이건 책이 안 될 거예요" 하는 건 누구나 할 수 있는 말이에요. 그런데, 그 많은 이야기들 사이에서 "이건 책이 되면 좋을 거 같아요. 이게 책이 된다면 누군가에게 좋은 영향력을 끼칠 거예요"라고 말하는 건 숙련된 편집자만이 할 수 있는 거예요.

아니, 이렇게 멋진 말이? 윗몸 일으키기를 마치고 황학정 옆 비탈길을 내려가던 나는 이 말이 너무 통쾌한 나머지 뛰고 싶어졌다. 이 마음 그대로 곧장 박혜진 편집자에게 달려가서 하이파이브를 하고 싶을 지경이었다.

된다고 말하는 사람과 **안 된다**고 말하는 사람 중에 누가 힘이 세냐면, 회사를 한 달이라도 다녀본 사람, 아니 그냥 사람들과 부대끼며 살아본 사람들은 다 안다. 안 된다고 말하는 사람. **안 된다의 세계**는 실내낚시터 같아서 근거가 저 앞에 뻔히 보이고 논리를 강화시켜 줄 참고문헌도, 같은 생각을 가진 동지도 빠글빠글하다. 크게 노력하지 않아도 "저거 안 돼. 왜냐하면"으로 시작하는 말로 한 시간도 더 떠들 수 있다. 그리고 얼마 후, "그것 봐. 내가 안 된다고 했잖아"의 멀미 나는 파도를 경험해야 하는 것도 예정된 미래다.

하지만 **된다의 세계**는 망망대해 같아서 내 말을 지탱해줄 근거는 더 멀리 나가 봐야 한 마리 겨우 보일까 말까. 같았던 사례가 단 하나도 없어서 바위섬마냥 외로울 수밖에 없다. 그럼 누가 이 말을 지지하느냐? 애타게 기다려도 돌고래처럼 나타나지 않는다고 보면 된다. "이건 정말 되는데… 느낌이 오는데…"라는 흐릿한 말을 뱉어두고 썰물처럼 빠져나가는 관심 앞에 짜게 식는 수밖에 없다.

그런데, 안 된다고 판단하는 것은 1단계 능력이고 안 될 것 같아 보이는 것들 사이에서 되는 가능성을 찾아내는 것이야말로 상위의 능력이라고 명쾌하게 말하는 사람이라니 나는 그만 반해버렸다. 입만 열면 **안 된다**고 말하는 사람이야말로 별것도 아닌 능력을 가진 사람이야! **된다**고 말하는 사람은 마냥 긍정적인 사람, 그냥 꿈만 꾸는 사람이 아니었어! 그것은 태도의 문제가 아니라 능력의 문제였던 거야! 결정권이 많아질수록 키워야 하는 능력은 비판력이 아닌 발견력. 척박한 노동의 현장에서 초록 싹이 솟아나는 것은 이런 능력에서부터 아닐까.

황학정 비탈길 끝에서 맛나분식을 지나 배화여대 골목으로 꺾어 들어가며 나는 이 발견력이 일뿐만 아니라 대화에서도 적용되는 것이라는 생각이 들었다.

취향이 있는 사람과의 대화는 즐겁지만 취향의 확고함을 드러내는 사람과의 대화는 힘이 든다. 확고한 취향을 뽐내는 가장 쉬운 방법은 의외로 **좋아해**가 아닌 나는 그걸 **싫어해**이기 때문이다. 이런 대화는 이어질수록 고통스러운데 싫어해로 시작된 대화는 멀리 가지 못하기 때문이다. 헛발질을 하며 수없이 엎어지기 때문이다.

아주 멀리 가는 대화들이 있다. 나의 작은 **좋아한다**에서 시작해서 너의 다른 **좋아한다**에 들렀다가 누군가의 **좋아한다**가 끼어들어 엄청나게 먼 **좋아한다**에 다녀오는 대화들. 그저 취향이 있는 것을 넘어 이미 근사한 취향을 가지고 있겠지만 그것을 미루어 짐작하게 해주는 사람들. 타인의 좋아한다에서 나의 좋아한다를 발견할 줄 아는 사람들. 언젠가 여섯 살 된 친구의 딸, 율이에게 어떤 인형이 제일 좋은지 물었더니 엄숙해진 작은 얼굴이 작은 목소리로 말했다.

나는 모두 좋아해. 한 명만 선택하면 다른 친구들이 듣고 슬퍼하니까.

이토록 성숙하고 다정한 취향. 싫어하는 것을 쉽게 들키지 않는 것은 상대방을 이토록 먼 곳으로 데려다 준다.

망하면 망한 대로

야근에 야근에 야근을 연이어 하던 날들이었다. 나는 이러고 사는데 남들은 뭐하고 사나 궁금해서 블로그를 돌아다니다가 한 나무공방을 발견했다. 한참 더 그러고 살다가 거짓말처럼 한가한 연말을 맞이하게 된 어느 날, 패딩 코트로 중무장을 하고 길을 나서 나무공방에 입적했다. 수업의 시작은 퀴즈였다. 진지한 얼굴의 선생님이 나무 이름 퀴즈를 냈다.

<u>선생님</u> 미송은 뭘까요?
<u>학생들</u> 음… 아름다운 소나무?
<u>선생님</u> 미국 소나무.
<u>학생들</u> (이럴 수가…!)

<u>선생님</u> 뉴송은요?
<u>학생들</u> 음, New니까 신상…?
<u>선생님</u> 뉴질랜드 소나무.
<u>학생들</u> (또 속았네.)

__선생님__ 그럼 홍송은?

__학생들__ (이제 눈치챘다.) 홍콩 소나무!

__선생님__ 땡. 빨간 소나무요.

소나무의 이름은 소나무답지 않게 유연하다는 것을 알게 됐다. 그다음에는 자재에 대해 배웠다. 싼 자재는 물러서 자르기 쉽고, 못을 박기 쉽고, 칠하기도 쉽지만 쉬운 만큼 잘 변형되고 잘 깨진다고 했다. 비싼 자재는 단단해서 자르고 못 박고 깎기가 어렵지만 어려운 만큼 변하지 않고 변해도 은은하고 멋지게 변한다고 했다. 이른바,

발전적 변형.

하루에도 서너 번씩 꼰대들한테 까이느라 매일 밤 이불을 뒤집어쓰고 발작적 변형을 하고 있던 나는 세상에서 가장 멋진 말이 있다면 그것은 '발전적 변형'일 것이라고 생각했다. 나무가 비싸면 변형도 이렇게 멋지게 하는구나 감탄하고 있는데 선생님이 또 허를 찔렀다.

"하지만 가격으로 나무들을 계급화시키는 것은 못난 짓이고 사실 어떤 나무라도 좋은 아이디어를 만나면 제 쓰임을 하게 돼요."

못난이는 고개를 떨구고 나무에게 사과했다. 다음은 실습이다. 첫 번째 연습 삼아 만들어볼 것은 공구상자. 목공예의 기본이 되는 사포질과 구멍 뚫기와 못 박기와 각종 공구 사용을 연습해볼 수 있고 이 첫 번째 작품은 앞으로 앞치마와 개인용 드릴을 보관할 수 있는 공방 필수품이 된다고 했다. 재료는 저렴한 미송 합판. 싸고 무른 나무가 초보 목수의 손과 만나면 목공의 재미와 성취감까지 선물해주는 것이다. 설계도를 그린 후에 다섯 장의 합판을 가져다가 매끈하게 사포

질을 했다. 전동으로 사포질을 할 수 있는 기계(샌딩기)는 딱 다리미처럼 생겼는데 **손잡이**를 잡고 스위치를 올리면 **손바닥**에서 **손등**으로, **손등**에서 팔로, 팔에서 **겨드랑이**로 달달달달 전율이 전해져 왔다. **온몸**이 깨어나는 기분이었다. 전율을 잠시 느꼈을 뿐인데 무른 나무라서 순식간에 사포질 완료. 사포질을 끝냈으면 저기 널찍한 작업대로 필요한 공구들을 가지고 오라고 했다. 처음 보는 공구들은 제각각 다양했다. 구멍 뚫고 못 박는 동안 합판을 흔들리지 않게 지탱해줄 받침대. 못을 박기 위한 전동 드릴. 전동 드릴에 꽂을 나사못. 사포질을 마친 다섯 장의 합판. 전동 드릴에 개인용 드릴심을 끼워서 고정한 뒤 구멍 뚫기를 연습했다. 나사못을 바로 박는 것이 아니라 못이 들어갈 자리를 먼저 만드는 것이다. 그렇게 해야 나무가 상하지 않고 못이 예쁘게 들어간다. 전동 드릴의 힘은 대단해서 팔에 힘을 조금만 줘도 사정없이 깊게 구멍이 뚫려버렸다. 어디서 힘을 멈춰야 할지 모르겠어서 "깊이를 어떻게 가늠하죠?"라고 물었더니 선생님이 답했다. "감이죠." 아, 감이구나. 감을 믿고 힘차게 구멍을 뚫은 후 나사못을 박았더니 못이 나무 속으로 쏙 들어가 버렸다. 힘을 너무 세게 준 것이다. 난감한 미소를 지었더니 선생님이 말했다. "세게 말고 유하게, 유해져야 돼요." 이번에는 초보다운 자세로 반듯하게 합판의 각을 맞추려고 애를 썼더니 선생님이 말했다. "너무 딱 맞추지 말아요. 원목은 얼기설기하게 하는 거예요."

감으로. 유하게. 얼기설기.

전동 드릴 몇 번 돌렸을 뿐인데 벌써 상자가 만들어졌다. 제일 먼저 마무리하고 칭찬받고 싶어서 도구들을 정리하고 있는데 어느새 옆에

온 선생님이 말했다. "마지막은 언제나 샌딩. 사포질로 부드럽게 만들어야 끝이 나는 거예요. 뾰족한 모서리를 둥글둥글하게." 내가 만든 공구상자를 봤더니 모양은 갖췄지만 모가 졌다. 누구라도 다칠 수 있는 뾰족함이다.

감으로. 유하게. 얼기설기.

그리고 둥글둥글.

그렇게 나는 나의 첫 번째 목공예 수업에서 두 시간 동안 깎였다. 탈탈탈탈 팔과 어깨를 털리고 딱 잡힌 각을 무너뜨리고 흉한 모서리를 둥글렸다. 회사에서 차곡차곡 쌓은 뼈를 무너뜨렸다. 뭉친 근육이 변형되었다. 발전적 변형.

마지막의 마지막은 공구상자에 내 이름을 새겨 넣는 것이었다. 아니나 다를까 깔끔하게 망치고 "휴. 저 망했어요"라고 고백하자 선생님이 마지막 가르침을 전해줬다.

"망하면 망한 대로. 망한 게 나중엔 더 기억에 남을 거예요."

위스키~ 하면 모두가 웃게 되지

영국문화원에서 영어 작문을 배운 적이 있다. 왜 배웠냐면 영어로 카피를 쓸 수 있다면 얼마나 멋질까를 상상해보았기 때문이다. 왜 영어 카피를 쓰고 싶었냐면 미국 LA에 있다는 한인 광고대행사에서는 아주 가끔 카피라이터를 뽑는데 대부분 한글로 카피를 쓰지만 영어 카피를 쓸 줄 알면 채용 경쟁에 유리하다는 이야기를 들었기 때문이다. 퇴근 후 컨버터블을 몰고 시티팝을 들으며 캘리포니아의 어느 해변으로 달려가 서핑을 하는 삶. 그런 상상을 하며 퇴근 후 만원 버스를 타고 영국문화원으로 향했다. 하지만 그곳은 나의 헐렁한 꿈이 자라기에는 다소 빡빡한 곳이었다. 스코틀랜드 출신의 선생님은 매 순간 진지하게 논문 작성법을 가르쳤다. (지금 생각해보니, 나의 학원 선택과 수업 선택이 잘못된 것 같기도 하다.) 논문이니까 당연하게도 문단의 형식과 격식에 맞는 단어 사용이 중요했다. 어떤 날에는 But이 아닌 However를 써야 하는 상황에 대해서 한 시간 동안 강의를 들었다. 슥삭거리는 필기 소리 속에 갇힌 채로 이 수업을 듣고 나서 Impossible is nothing° 같은 카피를 쓰기란 불가능할 거 같다는 생각을 했다.

어떤 날에는 술의 긍부정 효과에 대한 신문기사를 읽었다. 이걸 기사로 읽어야 알아? 싶었지만 선생님은 기사를 읽고 긍정과 부정 중 한쪽을 선택해서 글을 써보라고 말했다. 그리고 신문지처럼 건조하게 기사를 읽던 선생님의 목소리가 **위스키**라는 단어 뒤에서 한 번 멈췄다. 잠깐의 끊김 후에 바로 낭독이 이어졌지만 나는 알 수 있었다. 목소리가 순간 촉촉해진 것이다. 나는 직감했다. 아, 이것은 술 이름만 말하고도 입안에 침이 고이는 전형적인 술꾼의 반응이다. 어떻게 알 수 있었냐면, 바로 그 시각 내 입안에서 같은 현상이 일어나고 있었기 때문이다. 나는 흥건한 입으로 한 달 수업 중 최초로 포착된 선생님의 빈틈을 파고들었다. "하이랜드 위스키가 최고라며?" 슬쩍 찔렀을 뿐인데 틈이 스륵 벌어졌다. 핏기 없이 하얀 얼굴 속 두 개의 눈동자가 빛났다. 마치 세공된 유리잔에 담긴 황금빛 위스키처럼 반짝반짝. "하이랜드 위스키를 아니? 스코틀랜드에는 정말 좋은 싱글몰트 위스키가 많지. 특히 아일라섬에서 나는 위스키가 최고인데…." 나는 턱을 받치고 이어질 위스키 찬가를 기다렸지만 영국문화원은 선생님 교육을 도대체 어떻게 하는 건지 선생님의 빈틈은 빠르게 메워져서 평소의 진지함으로 순식간에 돌아왔다. 그리고 나는 다음 달 수강을 깔끔하게 포기했다.

° 아디다스의 유명한 광고 카피. 한글로는 '불가능, 그것은 아무것도 아니다.'

그로부터 얼마 후, 가끔 가던 위스키 관련 블로그에서 시음 이벤트를 한다는 글을 보고 5만 원이라는 거금을 내고 신청했다. 강북에 살면 같은 서울 하늘 아래 강남이 미국보다도 더 멀게 느껴지지만, 장소가 압구정동임에도 불구하고 신청하지 않을 수가 없었다. 블로그 운영자가 스코틀랜드 아일라섬에서 생산되는 일곱 종류의 위스키를 마시게 될 거라 공지했기 때문이다. 아일라섬! 위스키의 성지라는 그곳! 사막 같던 나의 영어 선생님마저도 촉촉하게 만들었던 바로 그 싱글몰트 위스키!

금요일 퇴근 후, 붐비기 시작하는 압구정동을 가로질러 조니워커하우스에 도착했더니 누가 봐도 애주가로 보이는 사람들이 점잖게 앉아있었다. 위스키 시음회답게 웰컴 드링크는 하이볼이라고 했다. 진행자가 입구에서 취향에 따라 하이볼을 만들어주겠다며 탈리스커 위스키 ○○와 △△ 중에 한 가지를 고르라고 했는데 위스키에 대해 아는 바가 거의 없어서 고개를 갸웃거렸더니 부드럽고 온화한 맛과 스모키하고 거친 맛이라고 설명해주셨다. 센 척이 특기라 거친 맛을 달라고 했더니 이번에는 진저에일과 클럽소다 중에 무엇을 원하냐고 물어봤다. 센 척한 김에 쭉 가야겠어서 단맛을 쏙 뺀 클럽소다라고 답했더니 잔에 위스키를 콸콸콸 따르고 그 위에 클럽소다를 슬쩍 덮고 레몬 한 조각을 얹은 뒤 그라인더로 후추를 갈아서 뿌려줬다. 놀란 눈으로 쳐다보자 이렇게 마시면 위스키의 스모키한 향이 확 올라온다고 설명해줬다. 코를 가까이 대니 정말로 풍부한 스모키한 향이 비강을 찔렀는데 그것이 후추의 마법인지 아니면 위스키로 잔의 4/5를 채웠기 때문인지 헷갈렸다.

벌써 취기가 도는데 시음회가 시작되었다. 아일라섬에는 여덟 개의 증류소가 있고 그중에서 오늘은 라가불린과 쿠일라를 마셔본다고 했다. 진행자가 "라가불린과 쿠일라를 모르시는 분은 없죠?"라고 물었고 나는 몰랐다. Caol Ila를 쿠일라라고 읽는 거구나. 이 모임을 위해서 내가 읽은 책은 무라카미 하루키의 《위스키 성지순례》였다. 기억에 남는 것은 싱글몰트를 시키고 나서 바텐더가 "얼음 필요하세요?"라고 물으면 단호하게 "아뇨, 물 주세요"라고 답하면 폼이 난다는 이야기였다. 평양냉면을 누군가 가위로 자르려고 할 때 "전 커팅 없이"라고 말하는 것 같은 그런 폼이랄까.

첫 잔으로 시음하게 된 위스키는 **쿠일라 12년**. 진행자가 일곱 잔의 순서를 어떻게 정할까 고민하다가 알코올 도수 순으로(순 → 센) 정했다고 말했다. 쿠일라 12년 산은 43도. 향이 상당히 스모키하고 거칠었다.(첫 잔이니 코도 혀도 간도 살아있을 때라 정확히 기억한다.) **두 번째 잔**으로 마신 것은 **라가불린 8년**. 48도. 라가불린 증류소에서 200주년을 맞이하여 기념으로 만든 위스키라고 했다. 레이블 우하단에 아저씨 한 명이 그려져 있는데 200주년 기념 위스키에만 저 아저씨가 그려져 있다고 했다. 아저씨는 누굴까? 상당히 스파이시한 맛이어서 입술이 얼얼했다. 이때부터 기분이 확 좋아져서 가까이 앉은 분들에게 말을 걸기 시작했다. "48도면 위스키 중에서 많이 순한 건가요? 맛있으세요? 그나저나 무슨 일을 하세요?"

앞에 앉은 분은 위스키를 상당히 좋아하는 분이었는데 그럼에도 불구하고 가장 좋아하는 술은 와인이라고 했고, 옆에 앉은 분은 전통주 가업을 이어받아 술을 빚고 계신 분이었다. 원래는 아들과 며느리에게 이어지는 가업인데 자신의 어머니 때부터 딸에게 이어져서 지금은 자신이 받았다고 했다. 직업 설명이 이렇게 멋있어도 되나?

    세 번째 잔은 **라가불린 디스틸러리 에디션**. 뭔가 특별 에디션이라고 설명한 거 같은데 이때부터는 취기가 올라서 잘 안 들렸다. 잔이 쌓일수록 사교성은 올라가서 안 들릴 때마다 주변 분들에게 되물었고, 모두가 한결같이 구름 위를 걷는 듯한 표정을 지으며 답했다. "저도 못 들었어요. 껄껄껄." 설명은 못 들었지만 이 위스키가 나의 위스키였다. 한없이 부드럽고 안정감 있는 것이 정말 맛있었다. 부드러운 맛에 혀가 미끌어져 진행자를 붙잡고 "이거는 왜 이렇게 맛있는 거죠?"라고 물어봤더니 셰리를 양조한 오크통에서 발효시켜서 맛이 없을 수가 없다고 했다. 셰리요?라고 또 고개를 갸웃했더니 어딘가로 홀연히 사라졌다가 셰리를 가져와서 맛보게 해줬다. 시음회라는 것은 대단하네. 술이 넘쳐나. 콸콸 따라준 셰리는 아주 달고 진해서 술이 확 깨는 기분이었다. 네 번째 잔은 **쿠일라 18년**. 아주 상큼 터지는 위스키였다. 위스키가 어떻게 상큼할 수 있냐면 취한 혀가 맛봤기 때문이지 뭐야.

    네 번째, 아니 다섯 번째 잔으로 맛본 것은 **라가불린 12년**. 향을 먼저 맡고 한 모금 마신 순간 충격적이었다. 왜냐면 그 맛이 아팠기 때문이다. 입술이 아파서 깜짝 놀랐는데 57.7도라고 했다. 앞자리 분이 물을 많이 마시라고 조언해주셔서 휘청휘청 일어나 정수기에 시선을 고정하고 걸어가 물을 종이컵에 담아왔더니 옆자리 분은 집에서 보온병에 얼음물을 챙겨 오셨다. 얼음물을 보온병에 소중히 담아 위스키 시음회에 오는 우아함이라니 정말 제가 존경하고요. 멋있습니다.

    여섯 번째 잔은 **쿠일라 아티스트#6, by La maison de Whisky**. 레이블의

그림이 프랑스에 있는 어떤 증류소의 모습이라고 했던 거 같기도 하다. 어쨌거나 대단한 위스키라고 했으며 61도라고 했다. 이 위스키는 많이 남지 않아 조금씩밖에 주지 못한다고 했다. 다들 입맛을 다셨다. 61도인데도 48도의 다른 위스키보다도 훨씬 부드러우면서도 화려했다. 곳곳에서 탄성을 내질렀다. 탄식같은 소리를 안주삼아 마시다 보니 또 잔을 비우고 말았다. 왼쪽 분이 "입안에서 화려함이 확 퍼지면서도 전혀 가볍지 않다"는 근사한 시음평을 해주셔서 취한 머리를 끄덕였다.

마지막 잔은 쿠일라 15년 언피티드. 앞에서 마셨던 6개의 위스키는 모두 피트 위스키이고 이것만 언피티드라고 하셨다. 피트*peat*라는 것은 설명을 들어도 어려웠는데 기억을 추슬러 말해보자면, 전통적으로 위스키를 만들 때 맥아는 석탄을 떼서 건조시켰다고 한다. 그러나 아일라섬에서는 석탄이 나지 않았다. 그래서 육지에서 석탄을 사서 배로 잔뜩 실어 가져오곤 했는데 언젠가 석탄 수급이 잘 안되던 해가 있었다고 한다. 하지만 석탄이 없다고 위스키를 포기할 수는 없었던 아일라의 양조 장인들은 궁여지책 끝에 아일라섬에 널린 식물 퇴적층(=피트=토탄)을 생각해냈다고 한다. 땅 속에 있지만 아직 석탄이 되지 못한 그것들. 그때부터 다양한 피트로 맥아를 건조하기 시작했고 특유의 향이 위스키에 독특한 향을 남겨서 위스키 맛이 특색 있어졌다고 한다. 그래서 아일라섬의 위스키는 향으로도 유명하다. 치과 냄새가 나는 라프로익처럼.

쿠일라 증류소에서는 일 년에 한 번 피트가 아닌 석탄으로 맥아를 건조한 언피티드 위스키를 생산해 내는데 그것이 바로 일곱 번째로 맛을 보게 된 쿠일라 15년 언피티드였다. 진행자는 일곱 종의 위스키를 다 마시고 나서 어떤 위스키가 가장 맛있었는지 물었고 거수 결과 일곱 번째 쿠일라 언피티드가 1등을 차지했다. 진행자도 이렇게 말했다. "이것을 마시기 위해 우리가 여섯 잔을 달려온 거죠." 하지만 나는 그 엄청난 맛이 기억나지 않는다. 맛있는 것을 가장 먼저 먹는 성향의 사람으로서 가장 좋은 위스키를 가장 마지막에 배치한 진행자에게 항의를 할까 하다가 기분이 너무 좋아서 관뒀다. 전통주 계승자께서는 한 모금 시음을 할 때마다 미리 준비한 바이알 병(시약 통)에 남은 위스키를 담았다. 집에 가서 다시 마셔보며 위스키를 공부할 거라고 했다. 둘러보니 바이알 병에 위스키를 담고 계시는 분들이 몇 분 더 계셨다. 위스키를 시약 통에 담아 가서 마시다니! 과학자야 마법사야 뭐야. 다들 어디까지 멋있을 건지.

 시음회는 여기서 끝나지 않았다. 또 한 잔의 위스키가 순서대로 돌아갔고 진행자가 이 위스키의 이름을 맞춰보라고 했다. 나는 회사 워크숍에서 소주 맞추기 대회에 나가 당당하게 1등을 한 적이 있는 리트머스지 같은 혀를 가진 사람이라는 말을 꼭 하고 싶다. 하지만 회사 워크숍에 등장할 만한 소주는 많아봤자 서너 종. 그중에 하나를 맞추는 것이야 운으로도 가능했지만 과연 수천 종의 위스키 중에서 그 맛을 맞출 수 있는 사람이 있을까? 하고 주변을 봤더니 다들 진지하게 맞추고 계셨다. 그냥 위스키 이름만 쓰는 것이 아니다. 국가, 위스키 타입, 지역, 숙성 년수, 캐스크, 알코올 도수까지 써야 한다. 진행자가 흥분하며 정확하게 맞춘 분이 한 분 있다고 했다. 그리고 이름이 불려진 분은 내 앞자리에서 시종일관 기쁜 표정으로 위스키 잔을 비우던

분이었다. 이런 고수와 겸상을 했다니 너무나도 큰 영광이었다.

그러고 나서도 시음회는 끝나지 않았다. 그다음부터는 진행자가 돌아다니면서 벽의 3면을 가득 메우고 있던 위스키, 테킬라, 코냑, 보드카 등을 서가에서 책 뽑듯이 뽑아 맛보게 해주었다. 내가 기억하는 것은 단 하나의 이름이다. 달위니*Dalwhinnie*. 기억하는 이유는 아주 인상적인 맛이었기 때문이다. "맛이 상당히 쫀득하네요?"라고 했더니 왼편의 고수께서 "그런 표현은 처음 들어보네요"라며 나의 혀를 걱정해주셨다.

위스키 시음회의 마지막 장은, 다 같이 마른 행주를 나눠 쥐고 시음에 사용한 수백 개의 둥그런 잔을 사각사각 닦는 것이다. 향기로운 위스키가 담겼던 잔이 깨지지 않도록 소중히. 다시 아름다운 위스키가 담길 잔이 얼룩이 남지 않도록 귀중히. 모두의 노력으로 영롱하게 빛나게 된 위스키잔 두 개를 선물로 받았다. 이렇게 마시고도 2차를 가는 분들께 존경을 담아 고개 숙여 인사하고 나는 잔 두 개를 품에 안고 휘청휘청 택시를 탔다. 갈색 빛과 깊은 향으로 빛나는 근사한 밤이었다.

광화문 영국문화원에서 제게 아일라섬을 가르쳐준 선생님. 건강하신가요? 덕분에 저는 혀로 위스키 성지순례를 다녀올 수 있었습니다. 귀국하셨다면 좋아하는 싱글몰트 위스키 많이 마시고 계시길 바랍니다. 논문 쓰기 수업은 재미없었어요. 빈 잔 두 개를 겹쳐 건배를 보내요. 살룻.

문댄스 시네마

 몇 년 전 가을에는 인왕산을 곱게 덮은 단풍에도 마음이 들뜨지 않았다. 고개를 숙이고 낙엽을 발로 차며 다니던 어느 날, 친구가 꽃꽂이를 배워보지 않겠냐고 물었다. 평일 저녁에 정기적으로 시간을 뺀다는 것이 부담스러웠지만 하겠다고 대답했다. 단풍에 흥이 나지 않는 마음이라도 꽃이라면 달래질 수 있지 않을까.

 첫 수업이 있던 날, 친구가 말해준 주소로 지도앱을 켜고 찾아가는데 비탈을 따라 구불구불한 길을 지나 수풀을 지나 남의 텃밭 사이를 지나 어느 커피숍을 지나 도착한 곳은 학원이 아니었다. 부암동 꼭대기에 위치한 작은 술집 또는 작은 꽃집 또는 무엇이라 정의하기 힘든 공간이었다. 나의 편견이 여자일 것이라고 그려 놓은 선생님은 건장한 남자였다. 낮에는 꽃을 다루는 플로리스트, 밤에는 어묵탕을 끓이는 술집 사장님이 된다고 하셨다. 이름 모를 탐스러운 꽃들이 수북이 쌓여 있던 테이블에 밤 11시부터는 어묵과 술이 올라간다고 했다. 예상했던 모든 것과 완전히 다른 곳이었으나 그만큼 완벽하게 아늑한 공간이었다. 나는 당장 꽃에 파묻힌 채로 뜨끈한 국물에 소주 한잔이 하고 싶어졌지만 꾹 누르고 그 마음에 꽃을 꽂았다.

수강생 다섯 명이 같은 선생님의 가르침에 따라 같은 꽃을 꽂아도 완성된 꽃바구니의 모습은 모두 달랐다. 어떤 사람의 꽃바구니는 길쭉길쭉했고 어떤 사람의 것은 여리여리했다. 내 꽃바구니는 아주 울창했다. 열대우림에 거주하는 맥시멀리스트의 화단 같았다. 술 마시고 싶은 마음이 새어나오지 않도록 철벽 수비하듯 꽂았더니 먼저 꽂은 꽃들은 나중에 꽂은 꽃들에 가려 보이지도 않았다. 우리 반에는 머리카락이 새하얀 수강생도 계셨는데 그분의 꽃바구니는 잘 가꾼 꽃밭처럼 균형 잡히고 소담스러웠다. 꽃꽂이에 대해 아는 바가 없는 내가 보아도 모든 꽃이 제자리에 꽂혀 있다는 것을 알 수 있었다. 어떻게 처음인데 그렇게 잘하실 수가 있냐고 물어봤더니, 할머니 수강생께서 수줍게 말씀하셨다. "아… 내가 하는 일이 꽃을 많이 받는 일이라… 40년 넘게 예쁜 꽃다발을 많이 봤더니 이렇게 되는 거 같아요. 호호호…."

나는 눈앞의 꽃바구니를 부러워했을 뿐인데 괜한 질문을 했다가 평생 꽃 받는 인생을 부러워하게 되어버렸다. 친구네 집에 놀러가서 맛있는 김치찌개를 먹고 "이거 어떻게 끓였길래 이렇게 맛있어?"라고 물었을 뿐인데 "아~ 그거~ 우리 외조모가 배추밭을 30만 헥타르 소유한 대지주라서 그 밭에서 난 상위 0.01%의 배추로만 담근 김치를 손녀들한테 주시거든~"이라는 말을 들어버린 기분이랄까. 아름다운 꽃다발을 많이 받아봐야 아름다운 꽃다발을 만들 수 있다니 내 꽃꽂이 기술 대체 어디서부터 손봐야 되지? 나는 거대한 쑥대밭 아니 나의 꽃바구니 앞에 서서 "예쁘지 않은 꽃바구니는 없다"는 선생님의 다정하고 슬픈 말까지 들어버렸다.

꽂꽂이 재능을 발견하지는 못했지만 나는 이 수업에서 선생님과 '심야오뎅'이라 불리는 술집을 남기게 되었다. 선생님은 후에 통의동으로 영업장을 옮기셨다가 다시 삼청동으로 옮겨서 '기사'라는 멋진 술집을 냈다. 열 명이 뱅 둘러 앉으면 가득 차는 작은 술집이다. 그리고 나는 이 술집에 가서 술을 홀짝이다가 선생님한테 영화제를 같이 해보자는 제안을 받게 된다. 술도 좋아하고 영화도 좋아하니까 **술집에서 여는 영화제**라면 재미있게 할 수 있을 것만 같아서 덥석 해보자고 말했다. '한 달에 한 번 일요일, 열 명 이하의 사람을 모아서 보고 싶은 영화를 상영한다'는 아이디어로 시작된 영화제 기획은 몇 번의 수정 끝에 '문댄스 시네마'라는 이름을 달게 되었다. 단박에 선댄스 영화제를 떠올리신 문화인 독자분께는 그 이름을 염두에 두고 만들었다고 고백하고 싶다. 문댄스 시네마는 이름처럼 보름달에 가장 가까운 일요일 저녁에 개최하기로 했다. 일요일 저녁, 한 주의 시작을 코앞에 둔 초조한 마음을 달랠 수 있도록 유쾌하고 가벼운 영화를 선정하자고 했다. 영화제 일주일 전에, 내가 영화에 대한 설명 문구를 써서 보내면 선생님이 SNS에 공지를 하고 선착순으로 참석자 예약을 받는다. 매번 같은 분이 오시는 것도 좋고 가끔 새로운 분이 오시는 것도 좋을 것 같았다. 고심 끝에 문댄스 시네마 개최작은 〈E.T.〉로 정했다. 80년대 생에게 '달'이라고 하면 필연적으로 생각나는 영화.

Moondance Cinema #1.

일요일 밤 달이 뜨면 기사는 불을 끕니다.

그리고 달빛 아래 문댄스 시네마가 시작됩니다.

일요일 밤, 우주를 꿈꾸기 가장 좋은 시간

문댄스 시네마 첫 번째 영화는 <E.T.>입니다.

'E.T.를 어린 시절에 제대로 봤다면 다른 어른이 되지 않았을까?'

저는 어른이 된 후 이 영화를 보고 이런 생각을 했습니다.

이미 어른이 된 여러분과 이 마음을 나누고 싶습니다.

피자와 맥주를 준비했습니다.

영화 속 주인공들처럼 자전거를 타고 오신 분들께는 작은 선물을 드립니다.

영화제 날에는 예약한 관객들이 차례차례 도착해 앉는 사이에 선생님과 내가 안 맞는 손발을 애써 맞춰가며 바쁘게 움직였다. 생각보다 순조롭지 않아서 당황스러웠지만 티 내지 않기로 암묵적으로 합의했다. 술집 밖에 걸어두었던 등을 끄고 그 대신 작은 전구 조명을 걸고 가게에 있는 프린터로 선생님이 만든 포스터를 출력해서 붙이고 술상 위에 빔 프로젝터를 설치하면서 틈틈이 관객분들과 인사를 나눴다. 음식은 최대한 그 달의 영화와 관계된 것으로 준비했는데 <E.T.>를 볼 때는 영화에 등장하는 페퍼로니 피자와 맥주, 리시스 초컬릿을 준비했다. <도신>을 볼 때는 홍콩 하면 떠오르는(?) 군만두와 맥주를 차렸다. 모든 준비가 완료되면 불을 끄고 영화를 보며 함께 웃고 몰래 울며 조용히 먹고 마신다. 영화가 끝나면 시간 여유가 있는 사람들끼리 한잔 더 하며 영화 이야기에서 시작된 수다를 이어간다. 그리고 보름달을 보며 어슬렁 귀가한다.

문댄스 시네마에서는 여덟 편의 영화를 상영했다. 일요일 늦은 오후 자전거를 타고 아직 오픈 전인 술집에 도착해서 불을 켜고 빔 프로젝터를 꺼내 설치하고 있으면 인생이 어디로 가는지는 잘 모르겠지만 즐겁다는 생각이 들었다. 내 생활 반경 내에서만 움직인다면 좀처럼 만나기 힘들 사람들과 둘러앉아 같은 영화를 보고 같은 부분에서 웃음을 터뜨리고 서로 다른 감상을 말하며 언젠가의 이력서 경력 란에 '영화제 기획·운영'을 적을 날이 오지 않을까 기대해보는 인생.

현재 영화제는 멈췄지만 일 벌이기를 참 좋아하는 선생님 덕분에 나는 〈매거진 기사〉의 필진으로 활동하고 있다. 술을 마시고 있던 또 다른 어느 날, 메뉴판을 잡지처럼 만들 예정인데 필진이 되어줄 수 있냐고 물어봐 주셔서 역시나 재미있어 보이길래 덥석 하겠다고 대답했다. 선생님 기분 날때마다 새로 발행되는 이 간헐적 메뉴판 잡지는 나 외에도 다양한 필진들이 혼자 술 마시며 읽기 좋은 글을 쓰고 있다. 혼자 술을 마시고 싶은 어떤 날에 삼청동의 작은 술집 '기사'에 가서 천천히 메뉴판을 읽으며 기네스 한 잔을 즐기는 것도 좋겠다. 옆자리에서 역시 혼자 술을 마시고 있는 내가 있을 수도 있다.

고등학교 1학년 때 우리 반에는 늘 혼자 밥을 먹는 장일수라는 남자애가 있었다. 물론 가명이다. 장일수는 내가 좋아하던 선배의 이름이다. 어쨌든 장일수는 급식을 먹는 대다수의 아이들 사이에서 도시락을 싸오던 몇 안 되는 아이 중 하나였는데, 점심시간이 되면 우아하게 이어폰을 귀에 꽂고 도시락통을 꺼내서 밥과 반찬을 펼친 뒤에 자연스럽게 점심을 먹었다. 반찬은 화려했고 이어폰에서 나오는 음악은 오케스트라라고 했다. 축제 때는 모차르트의 작은별 변주곡을 피아노로 친 (돌)아이기도 했다. 왕따였냐고 하면 그렇지는 않았다. 오히려 장일수가 우리를 따돌린다는 것이 맞는 말이었다. 장일수는 고등학생이라기보다는 고등짐승에 가까운 우리들을 좀 한심하게 보는 것 같았다. 자꾸 저러고 다니는데 공부까지 꽤 잘해서 천재라는 소문이 돌기도 했다. 반에서 제일 똑똑한 애하고만 가끔 이야기를 나누고 알 수 없는 농담을 주고받고 낄낄대곤 했다. 우리는 하나도 웃기지 않았다.

그러던 어느 날, 고등학생치고는 희귀하게 상냥한 마음씨를 가진 한 급우가 장일수에게 밥을 같이 먹자고 제안했다. 당연히 거절할 줄 알았는데 웬일인지 장일수가 순순히 뒷자리에 앉은 그 아이 쪽으로 의자를 돌려 겸상을 했다. 나를 포함한 입이 간지러운 짐승들은 이 광경을 흥미롭게 지켜보며 국물을 퍼먹고 있었다. 몇 술 뜨던 장일수가 갑자기 숟가락을 놓더니 상냥한 친구에게 말했다.

"미안해. 도저히 밥에 집중할 수가 없어서 혼자 먹을게."

이것은 실화다. 장일수는 다시 도시락을 챙겨서 칠판을 향해 돌아앉았고 이어폰을 끼고 다시 자신만의 밥세계로 집중해 들어갔다. 장일수에게 밥은 둘이 먹기에는 아까운 것, 혼자서 미각의 집중력을 최대한으로 끌어올려 즐겨야 하는 무엇이었던 것이다.

그로부터 십여 년 뒤, 한국에는 혼밥이라는 말이 생겨났다. 그 단어를 처음 들었을 때 나는 장일수를 생각했다. 1인분의 식사와 1인분의 식사시간을 독차지하고 싶은 사람이 선택한 식사 형태. 당시의 장일수는 많이 독특했지만 그만큼 우아했다. 그래서 나는 혼자서 밥을 먹고 술을 마시는 사람들을 보면 입꼬리가 올라간다. 귀에는 어떤 음악을 꽂고 있을지 궁금해진다. 맛을 어디까지 느끼고 있을지 상상하게 된다. 세월이 지나서 나는 혼자 오는 손님을 우대하는 술집의 메뉴판에 글을 쓰고 있다. 장일수가 '기사'에 온다면 어떤 표정으로 술을 마실까. 나는 이제 장일수와 친구가 될 수 있을 것 같다. (장일수가 허락한다면)

단순함은 멋있다

 일주일에 최소 세 번은 복싱장에 가고 싶었지만 결국은 두 번씩 가게 되었다. 일주일에 두 번이라면 월, 수 또는 화, 목 정도가 적당하겠지만 적당함과는 관계없이 주로 월, 금에 가게 되었다. 복싱장도 월, 금 점심시간에 가장 붐볐는데 방탕했던 지난 주말의 죄책감을 씻어 내고 싶은 사람들과 방탕할 앞으로의 주말에 면죄부를 받기 위한 동지들이 열심히 땀을 내고 있었다.
 둘째 날부터 관장님은 에어컨이 나오는 관장실로 다시 들어가셨고 코치님이 나를 맡았다. 코치님도 선수 출신이라고 했는데 역시 그래서인지 멀티플레이에 매우 능했다. 눈 하나는 복싱장 천장 구석에 매달린 TV에 두고 온갖 스포츠 채널의 스코어를 확인하고 다른 눈 하나로는 복싱장 구석구석에 숨어 휴식 중인 학생들을 찾아냈다. 그리고 초보자인 내가 흥미를 잃기 전에 진도를 쭉쭉 빼주는 것도 잊지 않았다.
 첫날 배운 원-원투(거울을 보고 왼 주먹을 뺀 후 빠르게 왼 주먹, 오른 주먹을 번갈아 뺀는 동작)를 맨손으로 계속하다가 나흘째 되는 날,

붕대와 글러브를 꼈다. 붕대와 글러브는 복싱장에서 샀는데, 여러 가지 색깔 중에서 고를 수가 있었다. 초보가 노란색 붕대를 하는 것만큼 태 안 나는 일이 없기 때문에, 정통성의 상징인 검은색 붕대와 빨간색 글러브를 골랐다. 붕대는 아주 보드라운 면 재질로, 폭이 5cm, 길이가 3m 정도로 매우 길었다. 이 붕대는 주먹을 보호하기 위해 꽁꽁 싸매야 하는데, 그냥 막 감는 것이 아니라 감는 법이 따로 있었다. 코치님이 돌돌 말려져 있는 나의 새 붕대를 풀면서, 앞으로 2주 동안 감는 법을 반복적으로 보여줄 거라고 했다. **붕대 끝에 달린 고리를 엄지에 낀 후 손목을 세 번 반 감고 손바닥을 세 번 반, 그다음으로 새끼손가락 감고 손바닥 감고, 약지 감고 손바닥, 가운데 감고 손바닥, 둘째 감고 손바닥, 엄지까지 감고 나서 다시 손바닥이었나… 바로 손목이었나… 붕대가 긴 만큼 감는 법은 상당히 복잡했지만** 코치님이 2주간은 한쪽 눈으로 봐주시니까 걱정하지 않기로 했다.

붕대 덕분에 단단해진 양손을 꽉 모아쥐면 전투력이 올라간다. 그때 바로 거울을 보면서 원원투 3라운드를 시작하면 된다. 붕대 하나 감았을 뿐인데 보통 멋있는 게 아니다. 주먹을 뻗을 때마다 나도 모르게 입에서 쉭쉭 소리가 나오는데 그럴 때마다 코치님이 한쪽 귀로 이 소리를 잡아내고 자제시켰다. "유튜브에서 본 거 아무거나 따라하지 마세요."

3라운드를 마치는 공이 울리면 서둘러 붕대를 감은 손 위에 글러브를 끼고 링 위로 올라간다. 붕대 낀 손으로 글러브를 끼려면 손이 둔해서 어쩔 수 없이 치아를 이용할 수밖에 없다. 글러브의 손목 찍찍이를 앞니로 물어 당겨서 붙일 때면 눈빛은 이미 복서다. 먼저 링에 올라가 있는 코치님이 두 손바닥을 가슴 앞으로 당겨 펼친다. 지금까지 거울을 보며 허공에 원원투를 했다면 이제는 코치님의 손바닥을 치며 원원투를 하는 것이다. 나는 글러브를 꼈는데 코치님은 맨손으로 괜찮을까? 싶지만 내 주먹을 막으면서도 슬쩍슬쩍 TV를 챙겨보고 있는 코치님의 표정을 보면 아주 괜찮은 것 같았다.

 그날그날 상황에 따라 수강생이 없으면 코치님 손바닥 치기 3라운드, 나와 비슷한 실력의 상대가 있다면 서로 마주 보고 3라운드, 사람이 많으면 혼자서 허공에 대고 3라운드를 했다. 가장 힘든 것은 혼자 3라운드를 하는 건데 시간이 좀처럼 안 가고 빙글빙글 혼자 링 위를 돌다 보면 잘하는 건지 못하는 건지 감이 오지 않아서 답답했다. 하지만 '좀 지루하네?' 싶으면 여지없이 코치님이 올라온다. 가장 재밌는 것은 글러브 대 글러브로 마주 때리는 것이었다. 마주 본 얼굴이 비지땀을 흘리며 내 글러브를 친다. 그럼 내가 밀린다. 내가 비지땀을 튀기며 상대방의 글러브를 친다. 세게 치면 세게 밀리고 약하게 치면 약하게 온다. 세게 치면, 어라? 아직도 기운이 있어요? 약하게 치면, 그쵸? 죽겠죠? 무언의 대화를 나눈다. 코치님과 할 때는 자세가 중요했다. 오른 다리도 꺾어야 하고 왼손은 바짝 올려야 한다. 그냥 막 치는 것도 힘든데 자세까지 신경 써서 치려면 두 배로 힘이 드는데, 아니나 다를까 힘들어 죽겠다고 생각하고 있는 3라운드 즈음 코치님이 말을 걸었다.

 "힘들죠? 힘들어도 해야 돼."

 말 그대로 힘들고, 힘들어도 하고 있다. 링 위에서 3라운드가 끝나면 바로 링 밖으로 나가서 샌드백을 친다. 샌드백 3라운드. 샌드백을 처음 쳤을 때의 기분은 벽을 치는 것 같았다. 생각보다 훨씬 묵직해서 있는 힘껏 치면 샌드백이 움직이는 대신 내 손목이 꺾였다. 땀이 엄청나게 났다. 샌드백을 마치고 기진맥진한 채로 비틀거리면 바로 코치님이 다가와서 글러브를 벗겨준다. 글러브를 벗으면 손에 감은 붕대에서 열기가 모락모락 났다. 하지만 감상하고 있을 틈 없이 빨리 붕대를 도르르르르르르 풀어야 한다. 30초 후 공이 울리면 복근 운동을 시작해야 하기 때문이다. 말 한마디 할 기운이 없어서 물어보지 못했는데 쉬지 않고 운동을 이어서 하는 것이 중요한 거 같았다. 붕대에서 해제되면 다시 링 위로 기어 올라가서 프로스펙스 운동화를 신은 선생님의 발을 활용하여 윗몸 일으키기 20회, 다리 올리기 20회, 상체 일으키기 20회를 연달아 한다. 그동안 코치님은 내 발을 밟고 내 붕대를 동그랗게 만다. 복근 운동을 마치고 귀신 머리를 한 채 귀신처럼 링에서 기어 내려오면 계란말이처럼 잘 말린 붕대가 각각 하나씩 글러브 안에 들어가 있다. 그럼 기분이 좋다. 나는 훈련에 집중하고 코치님은 서포트를 해주는 것. 김연아 선수도 경기를 마치고 아이스링크 밖으로 나오면 세계 일류 코치가 스케이트 날 보호대를 건네주고 수건도 감싸주고 그러는 것처럼.

   3라운드를 반복하다 보면 반바지를 입고 있어도 몸에서 김이 나는데 복싱장에는 땀복을 입고 뛰는 사람들도 많았다. 어느 날은 샤워실에서 옷을 벗고 있는데 나보다 6개월 먼저 시작한 경력자가 들어와 땀에 전 땀복을 비늘처럼 벗어내더니 찬물을 틀고 벽에 기대서서 한참을 물을 맞았다. 머리카락에서 모락모락 연기가 났다. 진짜 복서 같았고 진짜 폼났다. 그 옆에서 미지근한 물(뜨거운 물은 아님) 샤워를 마치고 옷을 갈아입으며 조심스레 복싱하는 건 좀 어떠냐고 말을 걸었더니 경력자는 운동을 좋아해서 스피닝, 수영, 요가 안 해본 것이 없으나 복싱을 배우는 것은 다른 스포츠를 배우는 것과 뭔가 다르다고 말했다. 가장 달라서 놀랐던 것은 코치가 물을 마시지 말라고 하는 것이라고 했다. 오, 정말이다. 어떤 운동을 하든 수분을 충분히 섭취하는 게 좋다고 들었는데 코치님은 중간중간 물 마시는 것도 체크하고 아주 조금만 마시라고 한다. 심지어 운동 끝나고 집에 갈 때도 갈증 나면 차라리 콜라를 한 모금 마시라고 했다. 수분량은 곧 체중. 그러니까 물 한 통 마실 바에야 콜라 한 잔이 나은 것이고 밥 한 그릇 먹을 바에야 카스텔라 반 개가 나은 것이다. 음식의 무게가 내 몸의 중량이 된다. 이렇게 땀을 흘리고 물을 안 마시면 피부가 처지지 않을까요? 주름이 생기지 않을까요? 건강에 안 좋지 않을까요? 이런 질문을 사치스럽게 만드는 것은 바로 코치님의 얼굴이다. 지금은 경기를 안 나가는데도 왜 눈두덩이는 어제 맞은 것처럼 부어있는 걸까. 감량이면 감량! 단일 목표지향적인 원초적인 트레이닝이지만 단순함을 지키는 것은 어렵고 그래서 멋있어 보였다. 나는 치킨도 맥주도 콜라도 밥도 물도 다 먹는 불량 학생이었지만 복싱장 안에서만큼은 코치님이 시키는 것을 열심히 따라 했다. 이곳은 열심히 하는 것을 당연하게 만드는 곳이다.

※ 관장님은 폭염 내내 관장실 문을 닫고 에어컨을 쐬며 나오시지 않았다. 우리 회사 대표님은 휴가도 안 가시고 일하는데 챔피언은 역시 급이 다르다.

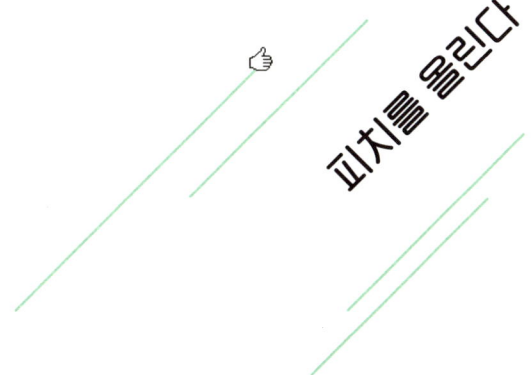

피치를 올린다

줄넘기를 하다 보면 목이 탔다. 쉼 없이 뛰니까 숨이 차서 입이 벌어지고, 입으로 숨을 쉬어서 그런지 목 안이 바삭하게 말라서 2라운드를 마치면 정수기밖에 보이지 않았다. 그럴 때면 코치님 허락을 받고 물 한 모금을 겨우 마셨다. 그렇게 2주가 지나자 3라운드를 마쳐도 목이 마르지 않았다. 그러자 바로 코치님이 줄넘기를 8라운드로 올렸다. 옷을 갈아입자마자 줄넘기를 들고 거울 앞에 서서 30분 동안 줄넘기만 했다. 4주 차가 되자, 코치님이 피치를 올리기 시작했다. 줄넘기 10라운드. "네? 10라운드요?" 하고 놀라서 물었더니, "응. 그렇게 해야지"라고 대답할 뿐이었다. 아득한 숫자였지만 대부분의 학생이 10라운드 줄넘기를 숨 쉬듯 하고 있었다.

줄넘기의 리듬에 익숙해지면 뛰는 동안에 딴생각을 할 수 있게 된다. 1라운드 동안 몇 번을 뛰는지 세어보기도 하고(1초에 한 번꼴로 뛰기 때문에 3분 동안 180~200회 정도를 뛴다.) 복싱장에 울려 퍼지는 노래 가사를 듣기도 하고 거울에 비치는 옆 사람의 모습을 보기도 한다. 그날 내 옆자리에서 줄넘기하던 청년은 발놀림이 화려했다. 줄넘기에도 다양한 방법이 있는데, 줄 한 번에 발 두 개를 동시에 구르는 '두 발 뛰기 법'이 기본이라고 하면 달리기하듯 한 발 한 발 번갈아 줄을 넘는 '달리기 법'이 있고, 그와 비슷하지만 발을 뻗는 방향이 뒤가 아닌 앞으로 향하는, 그래서 마치 스윙댄스를 추는 듯한 '발차기 법'이 있다. 그리고 고급자 버전으로 한 번 점프에 줄을 두 번 넘는 '쌩쌩이'와 양손을 한데 모아서 몸의 오른쪽 또는 왼쪽 뒤로 줄을 돌리면서 점프하는 '요리조리'가 있다.(쌩쌩이 외의 이름은 내가 편의상 지은 것이다.) 복싱장에서도 '요리조리'를 하는 사람은 어쩌다 가끔 볼 수 있었는데 매우 멋져 보여서 당장 따라 하고 싶었으나 몇 번을 봐도 어떻게 하는지 알 도리가 없었다. 내 옆자리 청년은 땀복을 입고 쌩쌩이와 달리기 법과 발차기 법을 번갈아 하고 있었는데, 그럼에도 불구하고 에너지가 남아도는지 쉼 없이 말을 걸었다. 한번 해보면 바로 알 수 있는데 줄넘기를 하면서 말을 하면 엄청나게 숨이 찬다. 줄넘기를 하면서 생각까지만 할 수 있는 나는 조용히 듣는 수밖에 없었다. 청년은 두 달 동안 20kg를 감량했다고 했다. 옆에서 안 듣는 척하면서 다 듣고 있는 코치님도 이런 사람은 처음 봤다며 어떻게 감량했는지 이야기를 좀 들어보라고 했다.

"저는 비타민 B, C, D만 먹어요. 소금, 후추, 고춧가루 같은 조미료는 먹지 않아요. 흰밥은 가장 피하는 음식이고 굳이 밥을 먹어야 되면, 흑미와 현미만 먹어요. 고기는 마음껏, 물은 목이 마를 때만 마시고요. 운동 전에는 탄수화물 60 대 단백질 40의 비율로 먹고, 운동 후에는 탄수화물 40 대 단백질 60의 비율로 먹어요."

청년은 복싱을 시작하기 전에 아토피가 심하고 탈모가 빠르게 진행되고 과일 알레르기가 있었다고 한다. 하지만 하루 3시간의 운동(줄넘기 1시간, 링 위에서 1시간 반, 근육 운동 30분)을 하고 식이요법을 하자 아토피가 나아지기 시작했고(흉터만 남은 팔을 보여줬다) 이제는 알레르기 유발자였던 복숭아, 키위까지 먹는다고 했다. 이 이야기를 줄넘기를 끊임없이 하며 줄넘기를 하고 있는 나에게 말했다. 나는 공이 울리면 쉬는데 이 사람은 공이 울려도 쉬지 않고 계속 뛰었다. 나와의 수다도 스스로 설정한 훈련의 하나로 보였다. 10라운드를 겨우 마치고 퍼져 앉아서 여전히 뛰고 있는 청년을 보며 생각했다. 몸에 붙은 병이나 살이나 습관을 떼어내는 것은 이렇게 독한 일인 거구나.

다시 공이 울리면 복싱장 베란다에 있는 사물함으로 가서 글러브와 붕대를 가져와서 감는다. 거울을 보고 원원투를 2라운드 연습하고 글러브를 끼고 링 위로 올라가서 링을 돌며 혼자서 원원투 1라운드. 운동을 하고 있는 상대와 마주 보고 3라운드 더. 연습은 나보다 잘하는 상대와 하는 것이 재미있다는 것을 알게 되었다. 여러 방향으로 자신의 몸을 틀면서 내가 펀치를 다양하게 할 수 있도록 유도해주고 더 뛰게 하고 더 길게 주먹을 뻗을 수 있도록 리드해주니까. 원원투를 마치면 코치님이 파란색과 노란색 도마처럼 생긴 스폰지판(미트)을 들고 링 위로 올라온다. 구령에 맞춰 미트를 팡팡, 팡! 팡팡, 팡! 치면서 3라운드를 해야 되는데 이때쯤 되면 혼이 나갈 정도로 힘이 든다. 실제로는 혼 대신 혀가 나간다. 링 위에 퍼지는 코치님의 구령과 규칙적인 리듬의 파장에 힘입어 계속 치다가 공이 울리자마자 링에 기대 주저앉았더니 코치님이 선심 쓰듯이 말했다. "오늘은 줄넘기 10라운드를 처음 한 날이니까 미트는 2라운드만."살았다고 생각하고 정수기를 향해 가는데, 뒷덜미를 잡아당기는 한마디. "샌드백은 해야죠? 2라운드, 빨리!" 샌드백과 물아일체가 되어 휘청거리고 있는데 코치님이 말했다. 다음 주부터는 줄넘기에 더 집중하라고. 이제는 기초 자세를 아니까 다음 자세를 배우기 위해서는 체력이 필요하다고. 그래서 줄넘기 10라운드를 해내야 한다고 말했다.

 다음 단계로 가기 위해서는 체력이 필요하다. 참 맞는 말이다.

누나가 달려드니까

　줄넘기 10라운드를 하고 나서도 물을 안 마시게 됐다. 줄넘기를 오래 한다는 말은 복싱장 내 수다들을 오래도록 들을 수 있다는 말이었다. 한 번은 우리 복싱장을 오래 다니다 그만뒀던 학생이 1년 만에 방문을 했다. 코치님은 친구를 만난 것처럼 반가워하며 옛날 이야기를 나눴다. 코치님이 가르치는 것 외에 본인의 이야기를 하는 것은 처음이었다. 왜 요즘 우리 복싱장에서 선수를 키워내지 않는지, 왕년에 관장님이 프로모션(프로 선수를 키워서 대회에 내보내고 타이틀을 따는 것)으로 얼마나 잘 나갔는지, 그래서 얼마나 많은 학생이 선수를 하겠다고 짐 싸 들고 우리 복싱장을 찾아왔는지 등 몹시 흥미로운 이야기들이었는데 코치님의 목소리는 작고 줄넘기 소리는 커서 잘 들리지 않는 것이 아쉬웠다. 왜 나한테는 저런 이야기를 해주지 않는 걸까? 나도 스포츠 전설의 화려했던 과거 이야기 정말 좋아하는데. 코치님이 나도 복싱 대화의 상대라고 인정해줄 날을 기대하며 발을 굴렀다.

10라운드에 겨우 익숙해진 어떤 날, 코치님이 기가 막히게 알아채고는 "체력 많이 좋아졌네" 하며 작고 까만 경력자 소년과 연습을 붙여줬다. 나랑 연습하면 얘는 뭘 배울 수 있을까를 걱정하며 소년의 글러브를 치고 있는데 내가 점점 소년 가까이로 가서 마구잡이 원투를 하는 것을 보고 코치님이 소년에게 소리쳤다. "넌 거리를 둬야지! 누나가 달려드니까!" 그 목소리가 너무 쩌렁쩌렁해서 웃음이 터졌다. 그래! 나, 달려드는 누나다! 이왕 이렇게 된 김에 더 적극적으로 달려들었더니 소년이 좌로 우로 뒤로 움직이며 내가 주먹을 뻗을 수 있는 공간을 만들었다. 점점 더 주먹을 쭉 뻗어도 될 만큼 공간이 넓어졌다. 못하는 사람하고 해도 연습이 되는 거라니 안심이었다. 3라운드가 끝나자 소년이 내려가고 나는 링 위에 혼자 남았다. 오늘은 체력이 좀 올랐으니까 미트도 3라운드를 한다고 한다. 1라운드를 마치자 코치님이 "이제 딴 것도 해봐야겠네"라며 새로운 자세를 시범 보여줬다.

지금까지 한 것은 **잽-잽-원투(왼손-왼손-왼손오른손)**뿐이었는데 앞으로는 **잽-잽-잽잽!(왼손-왼손-왼왼손 빠르게!)**과 **잽-잽-잽잽라이트!(왼손-왼손-왼왼오른손!)**, 그리고 **잽-잽-원투-원투-백-원투!(왼손-왼손-왼오른왼오른손)**를 훈련하라고 했다. 잽-잽-원투-원투-백-원투!는 양발로 뛰어 뒤로 물러섰다가 앞으로 뛰며 왼오른손!을 쳐야 했는데 네 가지 자세 중 가장 가장 역동적이고 리듬감이 좋아서 폼이 났다. 코치님이 네 가지 자세 중 하나를 호령하면 그 자세로 미트를 쳐야 하는데 발동작과 손동작의 합이 잘 안 맞거나, 발이 손보다 늦게 반응하든가 먼저 반응하면 미트를 치는 소리가 명쾌하게 팡! 터져주지 않았다. 팡이 아니라 퐡 같은 소리가 난달까. 네 가지 자세 중에 가장 힘든 것은 가장 단순한 잽-잽-잽잽! 이었다. 단순해서 쉬울 것 같지만 같은 손을 연속으로 네 번 뻗어치는 것은 여간 힘든 일이 아니었다. 수백 번의 퐡-퐡-파앝!과 몇 번의 팡팡-팡! 팡! 파열음을 듣고 미트 훈련을 마쳤다. 코치님이 나의 풀린 눈을 보고 선심 쓰듯 말했다. "오늘은 링 위에서 힘들었으니까 샌드백은 2라운드."

샌드백 앞에서 새로 배운 자세를 연습했다. 자세를 몇 가지 돌려가면서 할 수 있게 되자 샌드백 치기도 할 만했다. 아까는 봐줘서 샌드백 2라운드라더니 오늘부터는 윗몸 일으키기를 10회 늘려서 30회 하라고 했다. 곧 죽을 거 같은데 오늘부터는 다리 올리기도 30회! 상체 올리기도 30회! 끝나고 나니 진짜로 딱 죽겠어서 바닥에 나뒹굴었더니 코치님이 말했다. "그것 봐. 하면 된다니까. 되죠?"

나는 무엇을 해도 땀이 잘 안 나는 사람인데 티셔츠가 땀에 젖어서 묵직할 지경이다. 샤워를 하고 휘적대며 나가는 뒤통수에 대고 코치님이 소리쳤다. "힘들면 복숭아 먹어요!"

의외의 달콤한 처방을 받고 집 냉장고의 복숭아를 꺼내 베어 물고 소파에 벌렁 누워 코치님의 말을 생각했다. 하면 된다니까. 네네. 되긴 되는데 죽도록 힘들 때 되네요.

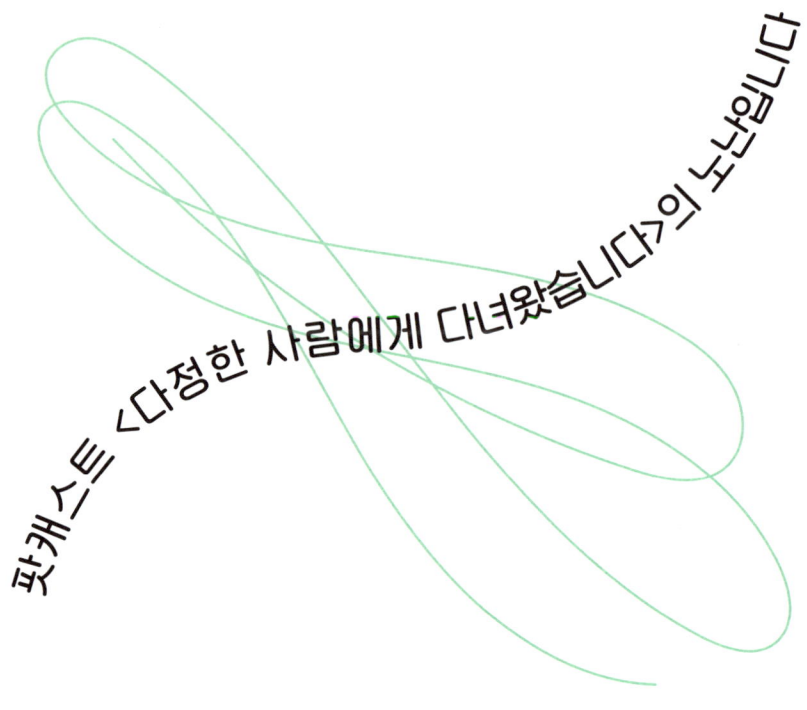

포캐스트 〈다정한 사람에게 다녀왔습니다〉의 노노입니다

　가을도 겨울도 아닌 날, 서울의 한 극장에서 〈보헤미안 랩소디〉를 봤다. 영화관보다 극장이라는 말이 더 어울리는 이곳은 붐비는 종로에서 인구 밀도가 가장 떨어지는 공간으로서 아무리 흥행 영화가 걸려도 타인의 온기를 느끼지 않고 영화를 볼 수 있는 곳이다. 하지만 〈보헤미안 랩소디〉를 볼 때는 달랐다. 깜깜하고 낡은 상영관 안에 드문드문 앉은 것은 똑같았는데 이상하게도 분산되어 앉은 점들이 이 영화에 조용하고 뜨겁게 반응하고 있다는 느낌이 전해져 왔다. 웜블리 스타디움 장면에서는 손과 어깨가 자라 마치 저 멀리 앉은 타인의 손을 꼭 잡고 어깨동무를 하고 있는 기분이었다. 뜨겁고 축축한 연대감이었다. 외롭고 희망적인 노래들도 물론 아름다웠지만 마음에 담아두고 싶은 대사도 많았다. 그중 두 대목을 꼽자면 이것이다.

<u>음반사 기획자</u> 퀸이 다른 록밴드랑 다른 게 뭐죠?
<u>프레디</u> 그건 내가 대답할 수 있어요. 어디에도 속하지 않은 사람들에게 소속감을 주는 음악을 할 거예요.
*내 맘대로 각색했다.

<u>어떤 사람</u> 낯선 사람 만나는 걸 싫어하면서 왜 파티를 열죠?
<u>프레디</u> 무대와 무대 사이가 외로워서요. '사이'를 메우기 위해서요.
*역시 내 맘대로 각색했다.

영화를 보고 와서 맞이한 주말에 별일 없이 앉아있자니 나도 소리를 내는 일을 해보고 싶어졌다. 소리로 공간을 다정하게 데우는 일을 해보고 싶었다. 아무 곳에도 소속되지 않은 채 소속감을 느껴보고 싶었다. 한번도 해보지 않은 일을 해보고 싶었다. 그렇게 팟캐스트를 시작했다.
이름으로는 유일한 저서이자 2쇄 허들을 간신히 넘고 1년째 숨을 고르고 있는 《다정한 사람에게 다녀왔습니다》의 제목을 그대로 썼다. 이유는 팟캐스트를 개설하려면 대문 역할을 할 고화질 이미지를 한 장 올려야 하는데 내가 가진 이미지 파일이 내가 찍은 사진 외에는 내 책 표지밖에 없었기 때문이었다. 매체로는 팟티를 선택했다. 가끔 "왜 팟빵에는 없나요?"라고 묻는 분들이 계시는데 그 이유는 이렇다. 팟빵에 올리려면 오디오 편집 프로그램을 다룰 줄 알아야 하는데 아주 간단하다는 설명에도 불구하고 어려웠다. 검색을 하다가 앱 하나만 깔면 스마트폰으로 녹음, 편집, 업로드가 한 번에 다 되는 팟티(Podty.me)라는 프로그램을 찾았고 매우 기뻤다. 팟티에 방송을 올리면 팟캐스트에는 공유가 되지만 팟빵에는 공유가 안 된다는 것을 알게 된 건 이미 1화 방송을 올린 뒤였다. 팟빵에 못 올린다는 것은 아주 힘 있는 매체를 잃는다는 의미였지만 게으름 이기는 장사는 없었다. 이토록 즉흥적으로, 하고 싶다는 마음이 곧장 방송이 될 수 있다는 것만으로 게으른 마음이 춤을 췄다.

대략적으로 정한 콘셉트는 내 책의 비하인드 스토리를 말해보자는 것이었다. 책에 못 쓴 이야기를 풀어놓고 책의 한 대목을 읽는다는 헐렁한 구성이었다. 편집을 잘할 자신이 없었기 때문에 쪽대본을 써놓고 〈올드보이〉 장도리 신처럼 원 테이크로 가려고 하니까 필연적으로 녹음을 여러 번(처음부터 다시) 할 수밖에 없었다. 박찬욱 감독의 애타는 심정과 최민식 배우의 빡치는 심정을 동시에 이해하게 된 하루였다. 첫 화는 녹음 상태가 좋지 않았다. 숨소리가 거친 잡음을 만들었고 소리가 갑자기 커졌다가 갑자기 작아지는 것이 반복되어서 조치가 필요했다. 몇 번의 시도 끝에 최적의 녹음실 세팅을 알아냈다. 거실 책상 앞에 앉는다. 책상 위에 각휴지를 세로로 세워둔다. 그 위에 스마트폰을 뉘어 놓는다. 스마트폰의 마이크 부분을 왼쪽으로 90도 돌린다. 입과 마이크가 직선으로 닿지 않게 하는 것이 포인트다. 마이크를 옆으로 돌리는 순간 잡음은 사라진다. 그리고 팟티 앱은 놀라울 정도로 주변 소음을 잘 차단해줬다.

 다섯 달 동안 30여 분 짜리의 방송을 11개 업로드했고 반응은 미미했다. 비인기인이 비인기 매체와 만났을 때의 바로 그 반응. 그때까지 다사다(천여 명의 분들이 나의 책을 이렇게 줄여서 불러주신다)는 가장 경쟁이 치열한 **문화&예술** 카테고리에 있었고 나 역시 수면의 질을 높이는 교양 팟캐스트를 지향하고 있었다. 그런데 녹음을 몇 차례 하고 나니 조금 웃기고 싶어졌다. 료칸의 혼탕 경험담을 쏟아내고 기뻐하는 나 자신을 발견했다. 이왕 마이너 방송이 될 바에 하고 싶은 말도 마음껏 하고 좀 웃기면 좋겠다는 생각이 들었다. **코미디**로 가기로 마음먹었다. 그래서 이동한 카테고리는 **직업&자기계발**이었다. 이게 무슨 상황이었냐면, 다들 알다시피 개그에는 자신감이 필요하므로 경쟁이 덜 치열했던 **직업&자기계발** 카테고리에서 1등을 하고 나면 개그할 자신감이 생길 거 같았다. 12화 방송에서 "**자기계발**에서 1등 하고 **코미디**로 갈게요!"라고 선언을 하고 났더니 잠이 깨는 기분이었다. 대본을 최소화하고 그날 하고 싶은 말을 목차 정도만 써놓고 녹음을 했다. 목표는 30분 방송에서 세 번의 웃음을 선사하는 것이었다. 그 이후로 조주기능사 필기시험을 보게 된 에피소드(13화), 멕시코 여행에서 분노를 터뜨린 사건사고들(15화)을 담았다. 여행 중에도 마음만 먹으면 얼마든지 녹음하고 편집하고 바로 방송을 올릴 수 있다는 것이 참 가볍고 즐거웠다. 자기계발 카테고리에서 5개의 방송을 올리는 동안 어떤 날은 2등, 어떤 날은 22등을 했다. (팟티 내 자기계발 카테고리에는 30개 전후의 방송이 존재한다.) 그러는 사이에 "팟캐스트 잘 듣고 있어요"라는 말을 블로그 댓글로, 메일로, 회사 엘리베이터에서, 새언니한테서, 구 직장동료한테서, 미국 사는 사촌동생에게서, 급기야 엄마에게서 들었다. 내 방송을 듣다니 웃기고 창피했다.

녹음은 비정기적으로 하고 있는데, 퇴근길에 친구와 만나서 딱 한잔하며 수다를 떨고 싶은 날, 그런데 그날따라 시간 되는 친구가 아무도 없을 때, 그럴 때 집에 들어와서 혼자 앉아 녹음을 한다. 30분을 혼자 떠들고 웃고 업로드하고 나면 친구와 만족스러운 수다를 떨고 귀가했을 때처럼 마음이 충만하다. 혼자 살거나 혼자 일을 하는 분들께 권하고 싶은 방법이기도 하다.

이렇게 누군지 모를 다정한 사람들을 향해 목소리를 전한 지 8개월 만에 다사다는 팟티 직업&자기계발 카테고리에서 1등을 했다. 아무도 팟티 앱에 들어가서 카테고리별 순위를 보지 않지만 내가 봤고 감격했다. 그리고 현재 나는 코미디 카테고리에서 〈송은이, 김숙의 비밀보장〉과 멀찌감치 떨어져 싸우고 있다. 나의 팟캐스트를 듣는 분들만이 하는 유행하지 않는 유행어가 생겼고, 나는 점점 더 뻔뻔해지고 있다. 바라는 것은 팟티가 마음을 좀 열어서 팟빵에도 내 방송을 공유하게 해주는 것이다. 목표는 여전히 똑같다. 30분 방송에 3회 웃음을 선사하는 것. 다사다는 스탠딩 코미디가 아닌 시팅 코미디다.

※ 팟캐스트, 팟티에 업로드되는 <다정한 사람에게 다녀왔습니다>는 역순 감상을 추천한다.
※ 카테고리명이 개편되어 현재는 엔터테인먼트 > 예능 카테고리에서 찾을 수 있다.(2021년 8월 기준)

나의 스페인어 선생님

멕시코 여행을 앞두고 한 달 동안 스페인어를 배우기로 했다. 멕시코에서는 영어가 잘 안 통한다고 하고 10년 전에 잠깐 스페인어를 배웠을 때 매우 즐거웠던 기억이 있어서였다. 학원을 알아볼까 하다가 여행에 필요한 문장만 속성으로 배우고 싶었기 때문에 개인 교습을 찾기로 했다. 스물세 살의 스페인어 전공 대학생이자 나의 선생님은 '숨고'라는 앱에서 만나게 되었다. 이 앱에서는 받고 싶은 과외의 종목과 장소, 시간 등을 입력하면 그 조건을 보고 여러 선생님들이 지원을 하는데 지금의 선생님을 선택한 결정적인 이유는 멕시코에서 교환학생을 하고 돌아온 지 얼마 되지 않았다는 소개 때문이었다. 나에게 스페인어와 함께 생생한 멕시코를 알려줄 사람! 선생님은 일주일에 두 번, 점심시간에 맞춰 회사 앞 카페로 와주었다. 회의가 있거나 외근이 있는 날은 수업을 다른 날로 미루기도 했지만 수업을 가는 길에는 늘 기분이 좋았다. 나의 어린 선생님은 언제나 활짝 웃으면서 카페에 들어와서는 책가방을 옆자리에 풀어놓고 날씨와 관계없이 아이스 아메리카노를 선택했다. 두 번 정도 아아를 선택하는 것을 보고 그다음 수업에서 "선생님은… 아아?"라고 물었더니 헤헤헤 웃으면서 "어떻게 아셨을까…?"라고 대답하는 모습이 매우 귀여웠지만 학생의 본분이 있으니 그런 건 속으로만 생각했다. 나이 많은 학생은 늘 뜨뜻한 아메리카노다. 각자의 커피를 마시면서 저번 시간에 배운 문장을 복습하고 새로운 문장을 공부했다.

에스또스 디아스, 땡고 모꼬스.*(요즘, 나 콧물이 나.)*

선생님 그런데, 모꼬스는 콧물이라는 뜻도 있지만 코딱지라는 뜻도 있어요.

학생 어머나. 되게 위험한 동음이의어네요?

선생님 그렇죠? 헤헤헤.

에스또이 끄루다.*(나 숙취가 있어.)*

학생 '불쌍해'는 스페인어로 뭐예요?

선생님 께 뻬나! 그런데 왜요?

학생 불쌍하잖아요. 숙취라니. 께 뻬나!

노 에스또이 보라차.*(나 안 취했어.)*

학생 '거짓말'은 스페인어로 뭐예요?

선생님 멘띠라! 그건 또 왜요?

학생 '노 에스또이 보라차'랑 '멘띠라'는 같이 외워두려고요.

돈데 에스따 운 수뻬르메르까도?*(슈퍼마켓은 어디에 있어요?)*

선생님 멕시코에는 OXXO라는 편의점이 제일 많고 세븐일레븐도 많아요.

학생 아 그럼, 세븐일레븐은 '씨에떼(7)온쎄(11)' 하면 되겠네요?*(나 100까지 센다 이거야~ 으쓱으쓱)*

선생님 그럼 다들 응??? 할 거예요.

학생 왜요? 틀렸어요? 씨에떼! 온쎄! 맞는데?

선생님 그냥 세벤일레벤 하면 되거든요.

학생 아… 세벤일레벤….

선생님 저도 처음 멕시코 갔을 때 핫도그를 '뻬로(개)깔리엔떼(뜨거운)'라고 해서 많이 놀림받았어요.

학생 ㅋㅋㅋㅋㅋ

선생님 한국에서도 핫도그, 그냥 핫도그라고 하지 '뜨거운 개'라고 안 하잖아요.

학생 ㅋㅋㅋㅋㅋㅋㅋㅋ

선생님 핫도그는 스페인어로 홋독이에요.

께 깔리엔떼!(아이고 더워라!)
선생님 그럼 '쿨하다'는 뭘까요?
학생 께 프리오(춥다)…?
선생님 께 꿀!
학생 께 꿀! 진짜 쿨하네요. 께 꿀!

이렇게 수업은 3분에 한 번씩 웃음을 터뜨리며 한 달 동안 계속됐다. 마지막 수업을 마치고 선생님과 포옹을 하고 헤어졌다. 너무 즐거운 수업이었다고 말하자 선생님이 언제나처럼 웃으면서 말했다. "멕시코에 가서 제가 필요할 때면 시차도 관계없으니까 언제든 만다메 멘사헤!" 나는 고개를 크게 끄덕이며 손을 오래도록 흔들었다.

만다메 멘사헤!는 메시지 보내!라는 뜻이다.

정동진
독립영화제에 다녀왔다

　정동진 독립영화제는 올해로 21회를 맞이했다고 한다.(첫 방문하고 이 글을 쓴 2019년 기준) 나는 왜 이곳에 이제야 처음 와봤을까. 깜깜한 길을 따라 달려 불빛이 새어 나오는 정동초등학교에 도착했더니 이렇게 귀여울 수가 없었다. 정문을 지나 운동장으로 걸어 들어가자 입구에는 영화제 굿즈와 함께 테라로사 커피, 강릉 크래프트 맥주, 뻥튀기를 팔았다. 부채질을 하는 스태프의 얼굴이 웃는 낯이다. 커다란 스크린에서는 영화가 한창이었고 그 앞으로 의자에 앉은 사람들과 돗자리에 누운 사람들과 모기장 텐트 안에 옹기종기 모인 사람들. 이 초등학교의 주인으로 보이는 꼬마들도 보인다. 사운드는 왜 그렇게 좋은지 맨 뒤에 누워도 선명하게 들렸다. 새카만 하늘엔 별이 **총총총**. 모기향 연기는 **뭉게뭉게**.

모르는 배우들이 모르는 이야기 속에서 열연을 했다. 웃기고 엉뚱하고 기발했다. 한 편이 끝나면 다같이 손뼉을 쳤고 다섯 편이 끝나면 감독과 배우가 무대 위로 올라와 인사를 하고 관객의 질문에 답했다. 한 감독이 말했다. 제 컴퓨터 하드 안에만 들어있던 제 영화를 이렇게 큰 스크린에서 많은 분들께 보여드릴 수 있게 되어 기쁩니다. 한 배우가 말했다. 제가 나온 영화가 상영이 된 것은 처음이라서 감격스러워요. 관객은 박수를 크게 쳤다. 다시 영화가 시작됐다. 커다란 스크린에 다시 모르는 배우들이 나와서 열연을 했고 나는 웃다 누웠다 웃었다. 깜깜한 저 멀리서 털컹털컹 소리를 내며 불빛을 주렁주렁 매단 기차가 나타나서 스크린 뒤로 털컹털컹 사라졌다. 밤하늘엔 별이 **총총총**. 모기향 연기는 **뭉게뭉게**.

마지막 영화의 엔딩 크레딧이 올라가자 관객들이 모두 무대 앞으로 단체사진을 찍으러 올라갔다. 진행자이자 이 영화제의 기획자는 처음으로 설 자리가 없어서 앞에 눕겠다며 기분 좋게 자세를 잡았다. 영화제가 끝이 나고 사람들이 기지개를 펴고 밤하늘엔 별이 **총총총**. 모기향은 **뭉게뭉게**. 이렇게 낭만적일 수가 없었다.

록키를 만난 록키를 만난 록키를 만난

    일주일에 세 번을 가려고 노력하던 중 어느 날부터인가 오른쪽 발등이 아파 정형외과에 갔다. 엑스레이를 보던 의사가 말했다. "금이 간 건 아니지만 스트레스성 골절이네요. 운동선수들한테서 흔하게 나타나는 증상인데 운동하세요? 좀 쉬세요."

    운동선수들한테 나타나는 증상이라는 말에 비록 환자의 신분으로 병원에 갔지만 앞에 앉은 하얀 의사도 두렵지 않은 기분이 들었다. 우쭐한 마음을 안고 선수 보호 차원에서 의사의 진단을 코치님한테 전했더니, 코치님은 조금 다른 처방을 내려줬다. "어느 발이 아파요? 오른발? 그럼 왼발로 뛰면 되지." 의사의 권위를 이렇게 가뿐하게 무시하는 사람은 처음 봐서 듣는 것만으로도 찌릿한 일탈감이 들 정도였다. 의사 선생님은 나의 발이 두 개인 걸 몰랐던 걸까? 한 발이 아프면 다른 발로 뛰면 된다고요! 코치님은 왼발로만 뛰다가 힘들면 왼발은 원래대로 발의 앞부분으로 뛰고 오른발은 발 전체로 뛰라고 했다. 그리고 상체를 조금 더 수그리고 뛰면 중력을 덜 받아서 수월하다고 했다. 뭔가 좀 의아한 코칭이었지만 이쪽이 훨씬 운동선수다웠기 때문에 코치님을 믿어보기로 했다.

어떤 날에는 점심시간에 복싱장에 갔다. 마룻바닥에 볕이 길게 들어오는 복싱장에는 학생도 몇 명 없어서 기분이 좋았다. 링 위에는 엄청나게 빠른 속도로 잽을 날리고 있는 청년이 있었는데 선수로 키우는 학생인지 코치님은 매섭게 코칭을 하고 계셨다. "한 라운드에 주먹을 350번은 날려야 돼." 한 라운드가 180초니까 1초에 2번 주먹을 뻗으라는 말이다. 옆에서는 줄넘기를 하다가 쉬고 있던 학생(나에게 다이어트 비법을 알려주던 그 청년)이 횟수를 세어주고 있었다. 눈에 보이지 않을 정도로 빠르게 잽, 훅, 원투를 하는데도 280번. 그러자 코치님이 한심하다는 말투로 주먹을 쥐고 몸소 시범을 보였다. "이렇게! 이렇게 치라고! 이렇게!" 그런데 이상하다…? 코치님의 주먹도 비슷한 속도 같은데….

코치님의 재촉에 링 위에서 5라운드 넘게 혼자 주먹을 날리던 선수(내 눈에는 이미 선수)가 이번엔 샌드백을 치러 내려왔다. 많이 지쳐서 속도가 떨어질 법한데도 샌드백 치는 기분은 또 다른지 팔 뻗는 속도가 여전히 빨랐다. 땀으로 범벅이 된 청년이 다리와 팔을 쉼 없이 움직이고 코치님은 계속 더 빨리 치라고 남들보다 더 빨리 쳐야 이길 수 있다며 옆에서 귀가 따갑게 "더 빨리! 한 번 더!"를 외쳤다. 그때,

으아아아아아아!!!!

샌드백을 치던 선수가 소리를 지르기 시작했다. **으아아아아아!!!!(훅훅훅훅) 으아아아아아!!!!(퍽퍽퍽퍽)** 괴성과 함께 땀이 튀고 주먹이 샌드백을 가격했다. 횟수를 세고 있던 다른 청년이 조용히 일어나 휴대폰을 가져오더니 음악을 틀었다. 서서히 음악이 커진다.

빰빰 빰빰빠 빰빠빠 빠빠밤 빠빠밤~

- Bill Conti, <Gonna fly now>

록키다. 뒤돌아서 줄넘기를 하며 이 모든 광경을 거울 너머로 보고 있던 나는 그만 웃음이 터졌다. 너무 신이 났다. 코치님이 웃으면서 재촉했다. "록키 틀어주잖아. 록키처럼 한번 더! 빠르게!" 깐족대는 코치님을 옆에 두고 선수가 웃을 힘까지 아껴서 스피드를 올렸다. **으아아아아아아!!!(퍽퍽퍽퍽퍽퍽!!!)** 더 빠른 속도로 땀이 튀고 더 빠른 속도로 주먹이 나갔다. 복싱장에 선수의 속마음이 가사가 되어 울려퍼진다.

Trying hard now! It's so hard now! Trying hard now!
(지금 하고 있다고요! 안 보이세요! 죽도록 치고 있다고요!)
Getting strong now! Won't be long now! Getting strong now!
(어라라?! 왜 더 세게 쳐지지?! 지금 뭐지? 왜 자꾸 쎄지는 거지?)
Gonna fly now! Flying high now! Gonna fly, fly, fly….
(이러다 챔피언 먹겠네! 이러다 나 짱먹겠네! 짱, 짱, 짱….)

※ 가사 번역에는 의역이 짱 많다. 요즘에는 짱을 아무도 안 쓰던가?

왼손잡이 복서

 한 달 정도 연습하자 네 가지 자세를 박자에 맞춰서 잘하게 됐다. 팡팡! 소리가 딱딱 맞아떨어지면 미트를 들고 있는 코치님이 웃는데 그러면 나도 웃었다. 내가 못하면 코치님이 퉁퉁 불은 라면처럼 인상을 쓰는데 그럼 나도 무서워서 인상을 썼다.
 새로운 자세를 배웠다. 코치님 발음에 따르면 **훅-아파**Hook-Upper. 원투가 상대방을 쫓아가면서 때리는 거라면 **훅**은 상대가 내 안으로 치고 들어올 때 뺨을 치는 거고, 내가 뺨을 치려고 할 때 상대가 아래로 피하면 그때 **아파**가 들어간다고 했다. 중요한 건 **훅**을 할 때도 **아파**를 할 때도 남은 한 손은 방어를 하는 것. 방어할 때는 오른발도 함께 움직여야 한다. 멋있는 자세도 새로 배웠겠다, 네 가지 기본자세도 오늘따라 팡팡팡팡! 잘도 맞아떨어지겠다, 기분이 한껏 고양되어 있는데 코치님이 웃으며 말했다.
 "왼손잡이네?"
 그 한마디 때문에 심장이 귀갓길 택시에서까지(선수 보호 차원에서 택시를 탔다) 큰 소리로 뛰었다. 왼손잡이. 어린 시절부터 왼손잡이들을 얼마나 부러워했던가. 왼손으로 글씨를 쓰는 애들. 왼손으로 가위질을 하는 애들. 잘도 왼손으로 젓가락질을 하는 애들에 비하면 나 같은 오른손잡이는 너무 평범했다. 너무 보통 사람이었다. 바깥세상에서 그렇게 평범하기 짝이 없는 오른손잡이였던 나는 복싱장에서 왼손잡이로 다시 태어났다. 사우스포(Southpaw, 야구나 복싱 등에서 왼손잡이 선수를 부르는 말)라 불리는 사람. 이로서 내가 아는 사우스포 복서는 둘이 됐다. 파퀴아오, 그리고 나.

파퀴아오: 사상 최초로 8개 체급에서 10번의 챔피언 타이틀을 획득한 필리핀의 전설적인 복서.

최초의 스파링

　오랜만에 점심시간에 복싱장에 갔다. 슬리퍼를 신고 들어서는데 기합 소리가 엄청났다. 링 위를 보니 스파링을 하고 있었다. 성 대결이다. 여자가 남자의 몸쪽으로 냅다 치고 들어가 주먹을 뻗고 남자가 가드를 바짝 올리고 링 위를 이리저리 뛰어다니고 있었다. 지켜보고 있던 코치님이 나를 흘깃 보더니 지금 여자는 쫓아가 때리는 연습을 하는 중이고 남자는 피하고 맞는 연습을 하는 중이라고 말했다. 여자는 배운 지 반년이 안 됐고 남자가 훨씬 오래 배운 학생이라고 했다. 때리는 사람, 맞는 사람 둘 다 땀을 뻘뻘 흘리며 링을 뱅뱅 돌면서 치고받는데 강아지들의 힘자랑을 보는 것 같아서 지켜보는 학생들도 웃고 코치님도 웃었다. 링 위에 있는 사람이 나만 아니면 즐거운 것이 복싱이다. 웃다가 본분을 자각한 코치님이 박수를 치며 여자 학생에게는 "더 세게 쳐! 왜 안 쳐! 계속 쳐!" 남자 학생에게는 "더 제대로 맞아야지! 피하지 말고 맞아!"라고 소리쳤다. 나도 줄넘기를 멈추지 않은 채 실실 웃으며 구경을 했다.

  스파링 3라운드를 마치고 두 선수가 다리를 떨며 기진맥진 내려오는데 코치님이 남자 학생을 향해 말했다. "넌 그대로." 그리고 옆에서 몸을 풀던 또 다른 여자 학생을 링 위로 올려 보냈다. 땀복까지 입고 있는 본격 복서의 모습이다. 공이 울리고 땀복을 입은 여자 학생이 잽을 날리자 이미 3라운드 동안 뛰고 피하고 맞느라 지쳐버린 남자 학생이 몇 번 피하다가 웅크려 버렸다. 그때를 놓치지 않고 여자 학생이 팔을 휘두르며 공격했지만 이내 힘이 빠져 잽이 제대로 들어가지 않았다. 그러자 이번에는 남자 학생이 놓치지 않고 달려들었다. 남자 학생의 기세에 밀려 여자 학생이 코너에 몰리자 코치님이 남자 학생을 향해 소리를 질렀다. "왜 대줘도 못 때려? 때려!" 코치님의 소리에 관람하던 학생들의 참견과 응원도 뜨거워졌다. "왼손! 훅!" "배! 빨리!" "얼굴 비었다! 얼른!" 링 위에 오른 사람이 나만 아니면 모두가 불굴의 파이터가 되는 곳이 바로 복싱장이다. 나도 덩달아 줄넘기에 속도를 내며 전력으로 속마음 참견을 했다. 아니, 저기 지금 비었는데 때려야지!

  마지막 1라운드를 남기고 남자 학생이 정신을 못 차리자 참견에 열을 올리던 다른 남자 학생(지난 시간 록키를 틀어줬던 학생. 자주 등장하니까 편의상 DJ복서라고 부르자)이 자진해서 올라갔다. 올라가자마자 깐족대며 이미 지쳐버린 땀복 학생을 글러브로 톡톡 처대는 걸 지켜보는 내가 다 열이 확 뻗쳐서 줄넘기 내던지고 올라갈 뻔했는데 잘 참았다. DJ복서는 너무 빨리 뱅글뱅글 돌아다니고 그걸 쫓아가지 못해 약이 바짝 오른 땀복 학생이 심호흡을 하더니 갑자기 주먹을 뻗었다. 머리 퍽퍽! 배 퍽퍽! 그러자 관객들이 한 목소리로, "잘한다! 잘한다!" 소리를 쳤다. 지금 흐름 딱 좋은데, 뎅! 하필이면 그때 공이 울리고 땀복 학생이 주저 앉았다. 긴박감 넘치는 스파링이었다. 덕분에 나도 줄넘기 10라운드 완료. 흥이 올라 신나게 글러브를 가져와서 미트 칠 준비를 하는데 코치님이 다가와서 밴드를 감아줬다. 나도 이제 혼자 잘하는데 왜 굳이 감아주시지? 하지만 코치님이 감아주는 밴드는 내가 감을 때랑 다르게 돌덩이처럼 단단했다. "역시 느낌이 다르네요"라고 했더니 코치님이 묘한 웃음을 지으면서 링 위로 올라가라고 했다. 링 위에 올라 싸한 기분이 들어서 뒤를 돌아보니 코치님은 없고 DJ복서가 있었다. 악! 링 밖에서 코치님이 팔짱을 낀 채로 간단하게 말했다. "스파링 시작."

　복싱 14주 차. 스파링을 하게 됐다. DJ복서가 이번에는 나를 재물 삼아 링 위를 뱅뱅 돌기 시작했다. 얘는 링 밖에서 볼 때는 꼴불견이었는데 링 안에서 보니까 광견이다. 무서워 죽겠다. 코치님은 나에게 원투만 하라고 지시했다. 몇 달 동안 연습했던 원투. 내가 제일 잘하는 원투. 그런데 앞에 있는 사람이 폴짝폴짝 움직이니까 어떻게 원투를 해야 할지 모르게 되었다. 코치님이 빨리 치라고 하는데 어디를 쳐야 하는지 도무지 모르겠다. 다급한 마음에 "어, 어디를 때려요?!"라고 소리를 질렀더니 코치님이 더 크게 소리쳤다.

　"아무 데나!"

　연습할 때는 마주하고 있는 상대방의 글러브만 때렸으니까 그게 생각나서 DJ의 복서의 글러브를 때렸더니 뒤통수를 때리는 고함소리. "손 말고 몸통!" 몸통을? 몸통을 때리라고요? 나의 핵주먹이 몸통을 때리면 DJ는 어쩌라고? 술 마시면서 옆 사람을 찰싹찰싹 때릴 때는 이런 기분이 전혀 아니었는데 링 위에 자리 깔아놓고 때리라니까 선뜻 주먹이 나가지 않았다. 나의 펀치는 무기가 아닌가! 어떻게 무기로 사람을 치는가! 마음을 다잡고 으아아아아 소리를 지르며 필사적인 원투를 날리는데 DJ복서가 방어를 하지 않았다. 가드도 올리지 않고 뒤로도 피하지 않았다. "왜 안 막아요!"라고 소리를 지르며 잽을 날리자 DJ복서가 말했다. "안 맞잖아요…."

아… 안 맞았구나… 코치님과 마주 보며 원투를 할 때 나의 스텝에는 망설임이 없고 절도만이 있었는데 상대방이 움직이며 돌아다니니 스텝은 길을 잃고 동공은 무너졌다. 그렇게 공이 울리자 심장은 터질 거 같고 정신은 하나도 없었다. 입은 자꾸만 흉하게 벌어진다. 들숨날숨 몇 번 했을 뿐인데 댕! 소리와 함께 다시 시작. 상대가 자리를 잡기 전에 벌처럼 빠르게 잽을 날렸는데 DJ복서가 내 주먹을 날파리 잡듯 툭툭 잡아챘다. 뭐지, 이 처음 보는 기분 나쁜 움직임은? "이거 반칙 아닙니까?"라고 소리치며 돌진해서 주먹 부림을 해도 들어가는 주먹은 하나도 없었다. 원투는 실전에 전혀 쓸모없는 기술인 것인가. 배움에 대해 의심하고 있는 나의 흔들림을 느꼈는지 코치님이 원투가 안 먹히면 **훅**을 하라고 했다. **훅**? **훅**은 뺨을 때리는 거랬는데? 뺨 앞에는 가드가 있는데? 하라는 **훅**은 안 하고 머리를 굴리고 있으니 코치님이 다시 소리쳤다. "머리가 비었으니까 머리에 **훅**!" 머리? **훅**은 내 눈높이로 치는 건데? 얘 머리는 지금 저 위에 있는데 그것도 **훅**인가? 궁금했지만 더 이상 물러날 곳이 없어서 머리를 향해 왼손으로 **훅**을 넣었다. 빠졌다. 또 넣었다. 또 빠졌다. 또또 넣었더니 드디어 한 방. 비어있는 머리로 한 방이 아주 가볍게 들어갔다. 나, 사람 머리 때렸네! 정신이 하나도 없는데 이번엔 코치님이 배가 비었다고 배를 치라고 했다. "아파!" 아파? 연습 시에는 **아파**를 하기 전에 항상 준비 자세로 잽 두 번에 스트레이트 한 번을 했기 때문에 바로 **아파**를 날리는 것은 해본 적이 없었다. 그래서 시동 걸듯 차례차례 스텝을 밟고 잽잽 스트레이트를 하고 났더니 DJ복서의 배는 이미 팔로 가려져 있었다. 뎅! 또 공이 울렸다. 어느새 나와서 한심하게 나를 보고 있는 관장님과 눈이 마주쳤다. 관장님을 향해 속삭였다. "수건 좀 던져주세요···."

  다시 공이 울렸고 그때부터는 어떻게 했는지 잘 모르겠다. 머리도 치고 배도 치고 여기저기 치는데 하나도 안 아프다고 DJ복서가 도발하길래 너무 열 받아서 으아아아아아! 하고 기합을 넣고 쳤더니, 칠 때마다 그렇게 소리를 치면 잘 피하라는 신호냐며 또 도발을 당했다. 가장 치고 싶은 부위는 쟤의 입이었는데 입은 되게 멀리 있었다. 그렇게 나의 첫 스파링 3라운드가 끝났다. 여전히 폴짝폴짝 눈꼴 사납게 방아깨비처럼 뛰고 있는 DJ복서 앞에 나는 저절로 꺾인 무릎을 꿇고 앉아 굴욕감에 떨었다. 그렇게 삼십분 정도 굴욕을 즐기고 싶었는데 어느새 코치님이 내 다리를 끌며 윗몸 일으키기를 재촉했다. 으아아! 코치님 당신은 대체 아껴서 뭐하려고 시간을 이렇게 알뜰하게 아껴 쓰는 겁니까! 누구에게도 내 얼굴을 보여주고 싶지 않아서 양 팔꿈치로 얼굴을 감싸 쥐고 윗몸일으키기, 다리 올리기, 허리 들기를 완료했다. 무슨 일 있었냐는 듯한 표정의 코치님이 다음부터는 줄넘기를 5라운드로 줄이고 링 위에서 10라운드를 뛰라고 말했다. 줄넘기에 대한 애정이 솟구쳤다.

한 장의 젖은 행주가 되어 글러브를 정리하고 있는데 DJ복서가 다가왔다. "아까 그거 반칙이 아니라 카운터예요. 상대방이 공격하면 툭 끊고 내가 치는 거예요. 상대방 공격이 보일 때만 할 수 있어요." 카운터. 상대방의 공격이 보일 때만 할 수 있는 것. DJ복서의 말을 되뇌며 버스 탈 힘이 없어 택시를 타고(이번엔 진짜 힘이 없었다) 회사로 돌아왔다.

상대방은 안 때리고 나만 때리는데도 사람은 링 위에서 만신창이가 될 수 있다. 스파링의 교훈은 이것이다.

누군가의
인생 첫눈을 함께했네

언젠가부터 에어비앤비 앱에 들어가면 숙소보다 체험이 자주 눈에 띄었다. 개인이 하는 숙박업에 관한 나라별 규제 때문에 체험 프로그램을 미는 것일까. 이 도시 저 도시 어떤 프로그램들이 있나 살펴봤더니 공방에서 가죽 공예를 가르쳐주거나 와이너리 투어를 진행하는 본격적인 투어부터 동네 맛집을 가이드하는 가벼운 체험까지 정말 종류가 다양했다. 보다 보니 나도 한번 해보고 싶어졌다. 내가 사는 동네에서 각국의 여행자들을 만난다면 나의 첫 책《다정한 사람에게 다녀왔습니다》에서 길다가 말했듯이,? 사람을 통해서 멀리 여행을 다녀올 수 있을 것 같았다. 그래서 내가 시간 날 때마다 뛰고 걷는 우리 동네 인왕산 자락길 산책에, 친구들이 놀러오면 자신 있게 데려가던 동네 치킨집 치맥을 넣어 3시간짜리 가벼운 코스를 짰다.

에어비앤비에서 요구하는 체험 내용, 만나는 장소, 오는 방법, 먹는 음식 등에 대한 세세한 설명을 쓰고 사진을 찍어서 프로그램을 구성

? "윤주, 나는 다른 나라로, 아니 다른 도시로 여행을 해본 적이 거의 없어. 그래서 이렇게 집으로 사람들을 초대하는걸 정말 좋아해. 사람들을 통해서 여행을 하는 거야. 나와 필립한테 너는 가장 멀리에서 온 손님이니까 우리 둘은 오늘 가장 먼 나라로 여행을 간 거야. 우리는 네 덕분에 오늘 많이 행복했어."
《다정한 사람에게 다녀왔습니다》, 108p

하고 에어비앤비에 신청을 했더니 까였다. 설명이 구체적이지 못하다고 했다. 설명을 보충해서 다시 올렸더니 까였다. 사진이 다양하지 못하다고 했다. 사진을 다시 찍어서 올렸더니 까였다. 프로그램의 차별성이 부족하다고 했다. 프로그램 주제는 계속 똑같았는데 그럼 처음부터 그 말을 해야지 왜 지금 와서 차별성을 걸고 넘어져? 글로벌 대기업한테 단단히 삐져서 두 달 정도 서먹하게 말 한마디 안 섞고 있던 어느 날, 갑자기 에이비앤비에서 체험 등록 축하 메일이 왔다. 다시 한번 진지하게 검토했더니 괜찮아 보인다나? 뭐야 밀당이야? 자존심이 상해서 기분이 나빴다기보다는 수준 높은 글로벌 기업에서 늦게나마 나를 알아보고 받아준다니 입꼬리가 올라가게 기뻤다. 우리네 직장인들이 바쁘면 가끔 실수도 하고 그런다는 거 나도 잘 알고 있다. 승인 직후부터 주말마다 프로그램을 오픈해두고 지구촌 친구들이여 오세요! 나의 체험으로! 하고 있는데 두 달이 다 지나도 아무 소식이 없었다. 그 누구도 나의 체험을 신청하지 않았기 때문이다. 그럼에도 매주 에이비앤비에서는 메일을 보냈다. **이번 주 체험 집계 현황, 0건!** 언젠가 모 쇼핑몰에서 받았던 메일이 생각났다. **노윤주 님의 보유 포인트는 0원입니다. 현금처럼 마음껏 사용하세요!**

　매주 0건 행진에 체험을 올렸다는 것조차 잊고 있던 어느 주말, 집에서 뒹굴대고 있는데 띠릉! 메시지가 왔다. 그리고 나의 체험 여정이 시작됐다. 첫 게스트는 멕시코 청년 호세였다. 상당히 추운 날이었는데 호세는 어딘가 뾰족한 데에 걸렸는지 팔 부분이 쭉 찢어진 가죽 점퍼를 입고 나타나서 가이드를 걱정시키고 체험 내내 사진을 딱 한 장 찍어서 내 체험은 사진 두 장 찍을 가치도 없는 것인가 긴장시키더니 치킨을 입에 넣는 순간 흥이 올라 수다가 폭발했다. 호세는 멕시코시티에서 금융쪽 일을 하다가 돈돈돈 하는 세상이 지겨워서 때려치우고 술 유통 사업을 소소하게 하며 여행을 다닌다고 했다. 직업적 전문성을 가지고 나에게 메스칼, 미첼라다 등 멕시코의 신비한 술 세계를 전파해주더니 여행을 자주 다녀서 멕시코시티에 있는 자신의 집도 에어비앤비에 자주 내놓으니까 언제든 놀러오라고 했다. 체험 참가비에는 치킨 반 마리와 맥주 한 잔 비용이 포함되어 있는데, 치킨과 맥주를 다 먹고도 호세는 술을 더 원하는 눈치였다. 그리고 나는 이제야 불이 붙은 이 체험을 어떻게 마무리 지어야 할지 감이 오지 않았다. 그래! 첫 체험이니까 기념 삼아 계획을 깨기로 하자! 하지만 이 게스트를 혼자 감당하기에는 무리라는 생각이 들어서 마침 퇴근한다고 연락을 한 친구를 불러 삼청동 '기사'로 이동하여 몇 잔 더 마시고 흥겹게 떠들다가 멕시코에서의 재회를 약속하고 헤어졌다. 체험, 이런 것이구나.

그리고 또 한참 뒤, 첫 번째 체험을 언제 했었나 기억이 나지 않을 무렵 두 번째 알림을 받았다. 두 번째 게스트는 세 명의 싱가폴 친구들이었다. 아리스, 티파니, 레슬리. 졸업 기념으로 친구들끼리 여행 왔다는 스무 살의 소녀들은 체험 내내 아직 덜 핀 꽃에도 예쁘다고 환호하며 사진을 찍고 이곳이 어디냐고 묻고 그때그때 인스타그램 스토리에 사진을 올리고 위치를 등록하곤 꺄르르 웃었다. 그야말로 스무 살이었다. 나는 가이드답게 정신을 바짝 차리고 "저기 한번 서보세요", "요기 한번 봐보세요" 하며 열심히 셔터를 눌러댔다. 4월을 코앞에 둔 영상의 날씨에도 춥다며 온몸에 핫팩을 붙이고 1보 1꺄르륵

하는 것을 보니 내 입꼬리도 저절로 올라갔다. 아이구 도토리 같아. 아이구 꽃웃음 보게. 매화 앞에서 벚꽃이 너무 예쁘다고 기뻐하며 사진을 찍는 그들에게 나는 차마 그게 벚꽃이 아니라고 말하지 못했다. 그래! 나도 스무 살 땐 매화가 벚꽃인 줄 알았어! 세상이 그냥 다 벚꽃인 줄 알았어! 흐뭇하게 뒷짐을 지고 몇 발자국 앞서 걷다가 자주 뒤를 돌아 젊음을 관망하던 나에게 아리스가 질문을 했다.

윤주. How young are you?

세상에. 이런 질문이 있다니! 나이를 묻는 아주 익숙한 질문에서 Old 하나를 Young으로 바꿨을 뿐인데 머릿속 벚꽃송이들이 파방팡 터지는 듯한 기분이 들었다. 와. 이토록 상쾌하게 실례되는 질문이라니. 나는 나이를 묻는 세상에서 가장 귀엽고 배려 깊은 질문을 받고 크게 웃으며 대답을 했다. I'm 38 years young. 나는 서른여덟 살만큼 젊단다.

웃고 떠드는 와중에도 꽃샘추위 속 서울의 날씨는 시시각각 바꼈다. 마른 하늘에 갑자기 바람이 심상치 않실래 열대국에서 온 손님들 감기 들라 이걸 어째! 발을 동동거리는데 급기야 하늘에서 뭔가 후드득 떨어졌다. 소금 같은 알갱이의 싸락눈. 소녀들이 돌고래처럼 환호성을 질렀다. 언 손을 뻗어 공기 속 눈 알갱이를 잡았다. 사진을 찍고 폴짝폴짝 뛰었다. 눈은 점점점 세차져서 사선으로 마구 마구 마구 쏟아져 내렸다. 소녀들의 함성이 더 더 더 커졌다. 서로의 흑단 머리에 앉은 하얀 눈 알갱이가 신기하다고 했다. 그리고 가장 신나서 사진을 찍던, 보름 뒤부터 유치원 선생님으로 출근한다는 레슬리가 외쳤다.

"나 눈 처음 만져봐!"

뭐라고? 이 고백에 가까운 선언에 나는 그만 감동을 해버리고는 서둘러 휴대폰을 꺼내 캐롤을 틀었다. 산타 클로스 이즈 커밍 투 타운. 손에 닿는 순간 녹아버리는 싸락눈을 맞으면서도 루돌프처럼 기뻐하는 나의 손님들을 보며 나는 오래도록 이 눈을 기억하고 싶어졌다. 내 눈앞의 풍경보다 소녀들 눈앞의 풍경이 더 아름답기를 바랐다. 그렇게 누군가의 인생 첫눈을 함께했다. 내 나이에 머물면서 아주 저 멀리 어린 시절로 여행을 다녀온 날이었다. 이날 나는 맥주를 마시면서 또 한번 놀라게 되는데, 이번에는 티파니가 맥주잔에 입술을 슬쩍 대보고는 "써! 나 술 처음 마셔봐!"라고 말했기 때문이다. 이봐요, 손님들. 인생의 이토록 중요한 순간들을 나와 함께 보내도 되는 건가요? 나는 손님들의 잇단 고백에 아찔해지는 기분이었지만 이내 정신을 차리고 다짐했다. 나는 여러분의 가이드, 여러분의 DJ, 그리고 여러분의 흑장미. 손님이 남긴 498.5mL의 생맥주를 대신 마시며 소녀들의 앞날에 눈처럼 맑고 개운한 음주 나날이 펼쳐지길 건배했다.

이날 이후, 나의 체험에는 멕시코 청년이 한 명 더 왔고(멕시코 청년들은 산과 치킨을 좋아하는 걸까?) 이어서 나의 팟캐스트 청취자 세 분이 내가 팟캐스트에서 소개한 체험을 듣고 신청을 하기도 했다. 한국인들이 과연 내 체험을 재미있어 할까 걱정됐지만 예상과 달리 수다가 끊이지 않는 역대급 신명나는 체험이 되었다. 어쩌다 시작한 팟캐스트가 어쩌다 시작한 에어비앤비 체험과 연결되는 아주 신기한 경험이기도 했다. 체험, 신나는 것이구나. 그 이후로도 한 달에 두어 번 간헐적으로 체험을 열고 가이드로 활동했지만 지금은 코로나 때문에 무기한 휴업 중이다. 어서 재개장의 날이 오기를.

인생 첫 카피

　인생에서 가장 오래 해본 일은 카피라이터다. 7년 전, 하고 싶은 만큼 해봤다는 마음과 동시에 더 이상은 하고 싶지 않다는 마음이 들었을 때 직군을 바꿔 AP(광고전략 플래너)가 되었지만 여전히 나의 커리어 정체성에 큰 부분을 차지하고 있는 것이 카피라이팅이다. 언젠가 AP로 함께 일하던 동료가 카피라이터는 어떤 훈련을 받냐고 물었을 때, 카피라이터 인턴과 신입사원 시절 받았던 글쓰기 훈련법에 대해 생각나는 대로 말해줬더니 흥미롭게 들어주었다. 같은 광고회사에 다녀도 직군이 다르면 일을 어떻게 배우는지 모른다는 것을 새삼 알게 되었다. 어느 날에는 카피라이터 후배를 만나서 비슷한 질문을 받고 비슷한 대답을 한 뒤 또 한 번 긍정적인 반응을 들었다. 카피라이터 일을 하더라도 어디에서 누구에게 배우냐에 따라 전혀 다른 훈련을 한다는 것을 알게 되었다. 이제 나는 잘 쓰지 않는 훈련법이지만 필요한 누군가에게 알려준다면 유익할 것 같다는 생각을 했다.
　그런 생각을 하던 중, HFK라는 직장인 자기계발 커뮤니티에서 카피라이팅 수업을 맡아보지 않겠냐는 제안을 받았다. 수업에 참여하는 분들은 대부분 광고와 관계없는 일을 한다고 했다. 내가 과연 2시간 반짜리 수업을 6회나 할 수 있는 사람인가 궁금해서 커리큘럼을 짜봤더니, 할 수 있을 것 같았다. 심지어 이 수업, 재미있을 것 같았다. 강의명은 초심자가 부담 없이 수강할 수 있도록 〈인생 첫 카피〉라고 지어보았다. 열두 명 내외 소규모로 진행되며, 실습이 매우 많을 예정이라고 소개글에 썼는데도 신청자가 많아서 마감이 되었다. 그리고 1기를 성공적으로 마치고 몇 달 뒤 다시 2기 수업을 진행했다.

수업을 운영하면서 가장 놀랐던 부분은 평일 저녁에 단 한 번의 펑크도 없이 이것을 할 수 있게 된 나의 워라밸이었다. 이것은 내 노동 역사에서 나 자신과 이 사회가 함께 이뤄낸 큰 성과이기 때문에 퇴근 후 수업하러 가는 길에는 늘 마음속에 단단한 뿌듯함이 있었다.

수업은 멤버들의 참여가 거의 전부라고 말할 수 있을 정도로 다양한 실습으로 구성했는데 그 실습들에서 나는 매번 '연결'을 요구했다. 거리가 먼 단어들을 연결해보세요. 문장이 너무 매끄러우면 더 먼 곳에 있는 단어를 가져와서 연결해보세요. 더 멀리 있는 단어가 생각나지 않으면 옆 사람의 단어를 가져오세요. 그것도 부족하면 좋아하는 가사에서, 메모장에 품어둔 문장에서 가져오세요. 한번도 붙여본 적 없는, 절대로 붙을 수 없을 것 같은 단어들을 연결해서 문장을 만들어보세요.

그런 뒤에 멤버들이 각자 연결한 문장들을 보면 정말 재미있었다. '여름'에 '에어컨'을 붙였던 사람이 '여름'에 '모기향 냄새'를 붙이다가 '기린'을 붙였다가 '1987년'을 붙이고 '울음'을 붙이는 것을 보며 손으로는 박수를 치고 입으로는 환호를 했다. 나는 매번 이것이 카피 수업인지는 잘 모르겠었지만 글을 매일 쓰지 않는 분들이 쓰는 글에 큰 자극을 받았다. 서로를 잘 모르던 우리는 2주일에 한 번씩 만나 같은 소재로 다른 글을 쓰고 그것을 차례로 말하며 그만큼 서로를 배웠다. 누구나 이름, 나이, 성별, 직업, 결혼 여부, 취미 유무를 말하지 않더라도 자신이 누구인지 표현하는 문장을 만들 수 있다는 것을 알게 되었다. 내 앞에서 연필을 쥐고 있는 모두가 각자의 모습으로 구체성을 띠며 풍요로운 세계를 가지고 있었다.

수경 님이 **벼락**, **할인**, **자랑** 세 개의 단어를 연결해서 만든 문장은 강렬하다.
벼락처럼 찾아온 그는 나의 모습 그대로 **자랑**스럽게 인정해줬다. 사랑엔 **할인**이 없다.

재훈 님이 **옳다**, **용**, **무겁다** 세 개의 단어를 연결해서 만든 문장은 한 방이 있다.
무엇이 **옳은지** 모르겠지만, 내 안에 잠들어 있는 입이 **무거운 용**은 내게 말한다. 일단 해보라고.

연수 님이 **나비**, **가벼운**, **뾰족한** 세 개의 단어를 연결해서 만든 문장은 뒤통수를 친다.
나비보다 **가벼운** 월급은 머리를 굴려 **뾰족한** 대안을 내기엔 턱없이 부족하잖아요?

아람 님이 **벗**, **볼우물**, **회심** 세 개의 단어를 연결해서 만든 문장은 어떤 사람을 눈앞으로 데려다 준다.

그의 벗은 회심의 미소를 지었다. **볼우물**이 한쪽에만 깊이 패였다.

명진 님이 **품위, 필연, 집, 포함하다** 네 개의 단어를 연결해서 나온 문장은 인생의 명언이다.

품위 있는 인생은 **필연**적으로 **집**을 **포함한다**.

휴. 멋져. 멋있는 문장이야. 멋있는 사람들이야. 나는 감탄하고 싶은 만큼 감탄하고 듣고 싶은 말을 듣고 싶은 만큼 들었다. *수업 재밌어요.* 새로운 걸 배우는 일만큼 아는 것을 나누는 일도 즐겁다는 것을 알게 되었다. 이 책을 무사히 탈고한 뒤, 〈인생 첫 카피〉 3기를 시작해볼 예정이다.

노난
갈비

한가롭던 어느 날, 셀럽들은 시간이 날 때마다 본인의 이름을 검색해본다는 것이 생각났다. 이른바 에고 서치 *Ego Search*. 셀럽은 아니었지만 시간만큼은 나눠주고 싶을 정도로 있는 참이라 노난을 검색해봤고, 갈비 사진이 잔뜩 나왔다. 노난을 검색했더니 갈비? 운명적으로 이끌려 스크롤을 내리자 노난갈비라는 갈빗집이 동탄에 있었고 여느 갈빗집과는 다른 기운이 느껴졌다. 블로그로 훑어본 식당 내부에는 여러 가지 인쇄물이 붙어있었다.

노난갈비 마시는 물

손님들의 안전한 먹거리와 건강을 위해 물은 매일 랜덤으로 변경하여 제공합니다.

국화차, 녹차, 결명자차, 잎차, 우엉차, 헛개차, 메밀차, 허브차, 돼지감자차, 핑거루트차, 둥굴레차, 보리차, 대추차...

손님에게 내놓는 물까지 신경을 쓴다는 글귀에 이름 제대로 걸고 장사하는 곳이라는 느낌이 들었다. 그리고 그 이름은 다름 아닌 나의 사이버 닉네임이 아닌가! 그래서 한번 가보기로 했다. 내 가게(?) 당연히 내가 가봐야지!

자기애의 정점을 찍는 식당 선정에도 불구하고 흔쾌히 동행을 해주는 친구가 있다는 사실이 더욱 나를 나르시시즘으로 빠져들게 만들던 어느 일요일 오후, 우리는 동탄을 향해 달렸다. 혹시나 하는 마음에 전화를 해보니 일요일에는 저녁 장사만 하신단다. 그래서 어쩔 수 없이 남는 두어 시간을 보내기 위해 동탄에 위치한 무봉산에 올랐다. 빼어나게 인상 깊은 산은 아니었지만 갈비를 먹기 위한 최상의 몸 상태를 만들었다는 것에 의의를 둘 수 있었다.

동탄은 제일 큰 건물도 삼성, 거리 이름도 삼성인 삼성타운이었는데 그 중간에 바로 노난갈비가 당당하게 자리하고 있었다. 그렇다면 사장님은 왜 식당 이름을 노난이라고 지었을까? 쓰리스타 갈비라고 지었다면 장사에 더 도움이 될 수도 있었을 텐데 말이다. 그리고 그 궁금증 역시 벽에 붙은 현수막에서 해결할 수 있었다.

노난갈비란?

노나다? 의 줄임말입니다. 노난갈비를 방문해주신 모든 분들에게 기쁜 일이나 좋은 돈벌이가 계속 있기를 바란다는 의미입니다.

? 노나다: 횡재를 얻거나 운수가 대통하여 모든 일이 잘 풀리게 되다.(출처: 고려대한국어대사전)

아름다운 마음씨다. 시간이 아직 일러서 마침 손님이 우리 외에 아무도 없길래 사장님 내외 분한테 가서 말을 좀 걸어보았다. "사장님~ 저 서울에서 왔는데요. 사실 제 별명이 노난인데 검색해보니까 노난갈비가 있길래 궁금해서 와봤어요." 이 말을 끝까지 마쳤다는 사실에 전신이 부끄러움으로 끓어오르는데, 여자 사장님이 반찬을 뜨다 말고 말했다. "어머머머! 정말요? 서울에서 여기까지 오시다니! 이름이 같다니! 오는 분들마다 이름이 특이하다고 뜻을 물어보셔서 저기 써놨어요. 너무 신기하다~" 이런 반응일 거라 예상을 못했던 나도 덩달아 신이 나서 발을 동동 구르며 대답했다. "앗! 사실 저는 저 의미로 만든 건 아닌데 그냥 제가 노 씨라서요!"(차마 명탐정 코난에 성을 붙였다는 이야기는 꺼내지 못했다. 나도 자존심이 있으니까.) 그다음 대화는 이렇게 이어진다.

"뭐라고요? 저도 노 씨예요!"

"네? 노 씨세요? 어머머 반가워요!"

노난갈비 사장님이 심지어 노 씨라니 이건 운명이었다. 사장님 내외는 정말로 노난이라는 이름을 좋아하시는지 식당 내부 곳곳에 노난갈비라는 인쇄물이 붙어있었다. 자기애까지 나랑 비슷하다.

갈빗집에 온 것이니까 일단 소고기를 시켜보았다. 안심 덧살과 안창살. 안심 덧살은 다른 고깃집에서는 먹어본 적이 없는 부위였다. 남자 사장님이 고기를 구워주러 와서 우리가 서울에서 왔다는 이야기를 듣고는 역시 놀라시며, 서울에서 왔다면 우리 집에서는 돼지고기를 먹어봐야 하는데 몰라서 소고기를 시켰다고 안타까워하셨다. 소고기도 물론 좋은 고기로 갖다 놓지만 소고기는 다른 가게보다 저렴

한 가격으로 먹는 정도고 진짜는 바로 돼지갈비와 삼겹살이라고 몇 번이나 말씀하셨다. 소고기가 더 비싼데도 돼지고기를 권하는 집이라니 노난갈비의 돼지갈비가 궁금해졌다. 우리의 위는 무봉산 등반 덕분에 아직 여유만만이었고 사장님을 실망시키고 싶지 않았기 때문에 돼지갈비 2인분을 추가했다.

여자 사장님의 삼촌은 수원에서 크게 갈빗집을 하셨던 분으로, 열여섯 살부터 갈비를 만진 갈비 장인이라고 했다. 수년 전 삼촌은 건강이 안 좋아져 큰 갈빗집을 접고 지방으로 내려가게 됐고 그 갈비 맛이 너무 아까웠던 부부가 함께 배워서 이 노난갈비를 차렸다고 했다. 그러니까 43년 전통은 삼촌의 경력이고 노난갈비는 8년이 되었다고 했다. 이 돼지갈비로 말할 거 같으면, 요즘 시중에서는 돼지 목살에 양념을 해서 돼지갈비라고 팔지만, 노난갈비에서는 정말 갈빗살을 내놓기 때문에 뼈가 이렇게 다 붙어있다고 하셨다. 비법 양념에는 간장을 넣지 않고 설탕을 조금만 넣어 다른 집 갈비와 다르게 색이 연하다고. 잘 익은 살코기는 양념이 세지 않으면서도 상당히 고급스러운 맛이었다. 나는 단맛을 싫어해서 양념고기보다 생고기를 선호하는 어른파 육식인인데도 계속 먹고 싶은 돼지갈비였다. 왼편에 놓인 겨자색의 비법 소스는 노란 빛깔과 다르게 젓갈맛이 났는데 살코기를 찍어먹으니 꽤 잘 어울렸다. 그리고 충격적인 부위는 바로 갈비였다. 사장님이 살코기를 먼저 먹으면서 갈비 부위는 숯불에 계속 뒤적거리면서 익히다가 나중에 다 익으면 쏙 발라먹으라고 하셨다. 마침내 다 익은 뜨거운 갈비를 손으로 들고 이로 뜯으니 말 그대로 살이 쏙 빠지면서 입안으로 홀랑. 어찌나 맛있는지 이 집의 삼겹살도 먹어봐야 한다는 결심을 하게 만들었다. 삼겹살 1인분 추가.

숯불에 직접 삼겹살을 굽는 것은 다른 고깃집에서는 힘든 일이라고 한다. 기름이 아래로 떨어지면서 연기가 너무 많이 나니까 야외에서나 이렇게 먹을 수 있지 실내에서는 불가능하다고 했다. 하지만 사장님은 연구 끝에 연기가 퍼져나가지 않는 테이블을 직접 만들어냈다. 그래서 이 노난갈비에서는 삼겹살을 숯에 직접 구워 먹을 수 있게 되었고 결과적으로 실내에서 삼겹살을 먹지만 캠핑장에 와있는 맛을 느낄 수 있게 된 것이다. 이미 둘이서 4인분을 먹은 뒤였음에도 불구하고 계속 식욕을 당기게 하는 맛이었다. 다 먹고 났더니 여자 사장님이 커피를 권하셨다. 노난갈비에서는 자판기 커피 아니라 정말로 맛있는 원두커피를 내려준다.

친절한 사장님 내외와 인사를 나누고 부른 배를 안고 노난갈비와 작별했다. 간판 앞에서 기념사진을 찍는 것도 잊지 않았다. 열정을 가지고 갈비를 파는 노난갈비 사장님들. 나는 노난갈비에 누가 되지 않도록 훌륭한 노난이 되고 싶어졌다. 훌륭한 노난이 되어 언젠가 도움을 줬던 분들과 함께 노난갈비에서 회식을 하고 싶어졌다. 그날을 위해 우리 둘 다 얼른 노났으면 좋겠다.

※ 다시 '노난'을 검색해봤더니 노난갈비는 아쉽게도 문을 닫았다. 혹시 동탄의 노난갈비 사장님들을 아는 분이 계시면 이 책을 전할 수 있도록 연락 부탁드립니다.

혼자서 하는 2인분의 여행

이번 주말에는 반드시 여행을 가야겠다는 마음이 들 때가 있다. 주로 퇴근길에 드는 마음이다. 그래서 갑자기 가게 된 제주 여행의 숙소는 비자림 코앞이었다. 잡다 보니 그렇게 된 것인데 덕분에 내가 한 번도 비자림에 가보지 않았다는 것을 알게 됐다. 매우 아름답다는 이야기를 들은 만큼 찾는 사람이 많아서 주차장에서 차를 돌려 나온 적도 있었다. 여행 이틀 차, 이른 아침에 일어나서 정원에 나가 해를 쬐고 있는데 숙소 사장님과 눈이 마주쳤다. "비자림은 몇 시에 문을 여나요?"라고 물었더니 "아직 문 안 열었지만 지금 가면 들어갈 수는 있을 거예요"라는 답을 들었고, 1분 뒤에는 텅 빈 비자림에 도착해 있었다. 그리고 첫 발을 딛자마자 왜 이곳에 사람들이 많았는지 알게 됐다.

그냥 쬐어도 좋은 햇살은 우거진 숲 틈으로 떨어지자 신비로운 빛이 되었다. 숲속을 걷는 내내 햇볕이 면과 원기둥을 만들었다. 볕이라는 공간 안에 녹색도 금색도 새소리도 있었다. 해변에서 쬐던 볕과는 분명 다른 볕이었다. 아마도 천국은 틈새를 볕으로 메운 숲의 모습이 아닐까. 아침에 숲을 한 시간 걸었더니 더 걷고 싶다는 마음이 들었다. 요즘 맛있는 데가 많다는 선흘에 가서 거하게 한 상 먹었더니 그 마음은 더 더 커졌다. 그래서 간 곳이 동백동산이다. 5km를 걷는 동안 동백꽃은 단 한 송이도 보지 못했지만 먼물깍이라는 인상적인 장소를 만났다. '저 멀리 끄트머리에 있는 물'이라는 의미를 가진 이 습지는 그야말로 환했다. 아까 숲에서 만져본 이끼의 감촉까지도 바삭하게 말려주는 곳이었다. 근육을 풀고 누워있으면 잠자리가 희롱하는 곳, 완벽하게 아늑하고 고요한 곳이었다. 서울로 돌아가면 먼물깍에 가서 눕고 싶다는 생각을 자주 하게 될 거라는 확신이 들었다. 하지만 이곳에서 다리를 완전히 풀어버리거나 해를 완전히 떨어뜨리지 말자. 왜냐하면 이곳에서부터 다시 2.5km를 더 걸어야 차에 올라탈 수 있기 때문이다.

비자림 근처의 숙소에서 선흘로 갈 때 달렸던 드라이브 코스는 정말로 좋았다. 비자림에 가지 않더라도 이 숙소에 묵지 않더라도 꼭 다시 달려보고 싶은 길이었다. 하지만 해가 떨어지고 숙소로 돌아가는 시간, 이 한적하고 아름다운 길은 암흑처럼 캄캄하게 변해있었다. 렌트한 모닝의 하이빔은 고정이 잘 안 되어서(내가 못해서) 왼손으로 하이빔을 올리느라 운전석 등받이에서 등을 10cm는 뗀 채로 검고 고요한 길에 홀로 빛을 만들며 달렸다. 조수석에 얹어놓은 포장 회의 비린내가 힘이 됐다. 와. 내가 이런 길을 운전하다니. 도착한 숙소에서는 본격 운전자가 된 기분이었다.

제주를 혼자 여행할 때 불편한 점은 최소 2인분부터 주문을 받는 식당이다. 전통의 강자 같은 맛집들은 이런 경우가 많다. 그런 곳은 잘 안 가게 되지만 그럼에도 불구하고 가는 곳이 '다시버시'라는 갈치

조림 집이다. 언젠가 맛있다는 추천을 받고 도착한 이 식당에서 갈치조림은 2인분부터 주문할 수 있다는 말을 듣고 망설이다가 그냥 2인분을 시켰다. "남으면 싸갈게요"라는 말도 덧붙였다. 그런데 먹다 보니까 하나도 남지 않았다. 바닥에 양념까지 긁고 있는 나에게 사장님 부부가 말했다. "요즘은 혼자 오는 손님들이 꽤 있는데 2인분부터 된다고 하면 남자 손님은 열에 아홉이 그냥 나가고 여자 손님은 열에 아홉이 남아서 그냥 시키더라고요?"

이곳에서, 만나본 적 없는 나의 자매들과 연대감을 느낀 이후로 제주 동쪽을 갈 때마다 찾는 식당이 되었다. 때로는 2인분을 먹고 2인분의 인생을 살면 되는 것이다.

꺼다리 복서

날이 추워지면서 복싱장에 가는 빈도도 줄었다. 빈도가 줄면 혼나는 횟수가 는다. 지난 시간에는 원투-훅, 양훅(양손을 차례로 Hook), 원투-아파(코치님의 발음상 Upper), 양아파(양손을 차례로 Upper)를 연습하다가 계속 박자도 못 맞추고 귀도 잘 안 들려서 엉뚱하게 치고는 코치님한테 "오늘은 60점이야! 평소에 80점이었다면, 오늘은 60!"이라는 소리를 들었다. 오늘이 60점이라는 것도 슬펐지만 평소에 80점이었다는 것도 슬펐다. 원투 흑흑 잽잽 아파아파.

해가 지면 더 추워서 도저히 복싱장으로 발이 안 떨어지기에 점심시간에 마음을 다잡고 나섰다. 줄넘기를 30분 하고 붕대를 동여매고 글러브를 꼈다. 코치님한테는 오랜만에 왔다고 이미 한 차례 혼난 상태였다. 글러브 찍찍이와 함께 마음도 꽉 당겨 매고 링 위로 올라갔다. 코치님이 미트를 높이 들며 말했다. "얼마나 까먹었나 보자." 아니요아니요 잽잽! 안 까먹었어요 훅훅! 나는 밤보다 낮에 컨디션이 좋은 대낮형 인간이라 확실히 힘이 잘 들어갔다. 소리도 팡팡 경쾌하게 나고, 코치님도 안 까먹었네! 하며, 잽잽잽 훅훅! 잽잽잽 아파 스트레이트! 처음 해보는 변형 동작도 가르쳐줬다. 신이 나서 땀을 흘리며 치는데 유유히 점심식사를 마치고 들어오시던 관장님이 쩌렁쩌렁한 목소리로 말했다. 풍채만큼 목소리도 정말 크다.

"이여! 멋있어! 누가 이렇게 폼이 멋진가 했더니! 창 밖에서 보고 우리 복싱장에 저렇게 키 큰 선수가 있었나 했네!"

좋아서 시뻘개진 얼굴로 빨간 글러브를 휘둘렀다. 저예요 잽잽! 저요 훅훅! 관장님한테 원투! 칭찬받았다 스트레이트! 지난 휴가 때 방문한 화란국에서는 꼬마로 불렸던 나지만(네덜란드 여자들의 평균 신장은 체감상 180cm였다. 나는 165cm인데 네덜란드 자매에게 꼬마라고 불렸던 것이 너무 굴욕적이어서 기억하고 있다.) 서울 변방 복싱장에서는 내가 바로 껑다리 사우스포다!(사실 내가 커 보인 것은 내 옆에 서 있던 상꼬마, 아니 라이트급 코치님 덕분이었다.) 다음 시간에는 피하는 기술을 가르쳐주겠다는 코치님을 뒤로하고 칭찬해준 관장님한테 가서 관장님 발등을 베고 누워 복근 운동을 마치고 나와서 순두부찌개를 먹었다. 한 봉지의 순두부처럼 기분이 몽글몽글 좋았다.

회사로 돌아와서 앉아있는데 코치님의 말이 생각났다. 피하는 기술은 뭘까. 드디어 **위빙**인가. 아파를 연속으로 두 번, 세 번 치는 동작이 아무리 해도 익숙해지지 않아서 몇 주째 지루하게 연습을 하고 있던 어느 날, 링 위에서는 어떤 학생이 무릎을 굽히고 앉았다 일어서는 동작을 하고 있었다. 총알을 피하는 듯한 날렵하고 유려한 리듬감이 너무 멋있어서 저게 뭐냐고 코치님께 물었더니 저건 훅을 피하는 동작이라며 **위빙**이라 부른다고 했었다. 나도 **위빙**을 배우고 싶다고 했더니 아파를 다 배우면 가르쳐 준다고 사람 없을 때 오라고 했더랬다. 다음 번엔 드디어 그 **위빙**을 배우는 것인가.

한 해의
마지막 날엔 복싱을

    12월 31일 오후 4시. '나밖에 없지 않을까? 오늘이야말로 차분하게 위빙을 배우기 좋은 날이 아닐까?'라는 생각으로 복싱장을 향해 올라가는데 현관 바닥이 보이지 않을 정도로 신발이 많았다. 세상에. 복싱장에 등록하고 난 이후, 이렇게 많은 사람이 이렇게 엄청난 열기로 운동하고 있는 것은 처음 봤다. 두 겹으로 열을 지어 줄넘기를 하고 링 위에도 사람이 여럿이다. 공이 울려도 쉬지 않고 뛰는 사람들이 있었다. 코치님이 다가와서 벽을 가리켰다.
    12월 31일 오후 5시까지.

"아. 빨리 해야겠네요"라고 말하자 코치님은 "오늘은 쉬는 시간 패스하고 하세요"라고 답했다. 한 해 동안 운동을 게을리했던 자신을 지우기 위해 마지막 날 마지막 시간에 모여 아마추어 복서들이 힘차게 뛰고 있었다. 가라. 묵은 해야! 잽잽! 오라. 새해야! 훅훅! 사람이 너무 많아서 위빙은 새해부터 배우기로 했다. 줄넘기를 마치고 링 위로 올라가자 코치님이 다른 사람과 나를 번갈아 코칭해 주셨다. 양훅. 양아파. 아파훅. 훅아파. 원투원투. 원투-백. 원투쓰리-잽잽. 복싱 한 달째에는 1라운드만 코칭을 받아도 숨이 차고 발바닥이 아파서 눕고만 싶었는데 이제는 쉬는 시간 없이 2라운드를 연속으로 뛰어도 예전만큼 힘들지는 않았다. 발바닥에도 물집이 잡히지 않게 됐다. 강해진 것도 있겠지만 그만큼 요령도 생겼다. 샌드백을 2라운드 쳤더니 5시가 가까워졌길래 복근 운동을 하겠다고 하자 코치님이 그냥 샌드백을 더 치라고 했다. "시간 다 됐는데요?"라고 하자 "어디, 가려고요?"라고 한다. "코치님이 어디 가셔야죠"라고 공을 슬쩍 넘기자 "나는 안 가요. 청소할 거야"라고 하셨다. "에이. 좋은 데 가셔야죠. 연말인데" 하고 재빨리 복근 운동을 시작했다. 복근 운동이 끝날 때쯤에는 사람들이 다 빠지고 나밖에 남지 않았는데 그때 한 명이 들어왔다. 오늘은 5시까지라는 안내문을 보고 그냥 가겠다고 하자 코치님이 똑같이, "6시까지 하고 가요. 나 청소할 동안." 그렇게 한 명을 남겨두고 청소기를 돌리는 코치님께 신년 인사를 하고 복싱장을 빠져나왔다. 뒤에서 두 번째라는 것이 마치 이 복싱장에서 두 번째로 열심인 사람이 된 것 같아서 기분이 좋았다.

집에 와서 오븐에 피자를 데웠다. 피자를 먹으면서 영화 〈암살〉을 보겠다는 것이 올해의 마지막 계획이었는데 IPTV 목록에 〈사우스포〉가 보였다. 선물을 받은 기분이 들었다. 그렇게 따뜻한 마음으로 따뜻한 피자를 먹으며 보기 시작했으나 영화는 생각보다 고통스러운 내용이었다. 양 주먹을 불끈 쥐고 움찔거리다가 허공을 향해 버둥대며 욕을 하다가 결국엔 질질 울면서 다 봤다. 상대방의 주먹을 피하지 않고 다 맞는 맷집으로 챔피언이 된 복서가 소중한 사람을 잃고 나서야 자신을 보호해야 한다는 것을 깨닫고 위빙부터 새로 배우는 이야기. 위빙은 자신을 방어하는 기술인 동시에 자신을 지켜보는 소중한 사람들을 위한 기술이기도 했다. 위빙은 슬프고도 멋진 기술이었던 것이다. 새해에는 위빙을 꼭 배우고 싶다. 스파링도 한 번 더 해보고 싶다. 복싱을 보러 가고 싶다.

올해 시작한 일 중 가장 잘했다고 생각하는 일. 무엇도 꾸준히 못하는 내가 5개월 동안 해온 일. 내년에도 계속하고 싶은 일. 복싱을 배우는 거 자체도 좋았지만 복싱장이라는 공간과 코치님도 좋았다. 나이도 결혼 여부도 남자친구 유무도 직업도 직급도 묻지 않지만 솔직한 곳. 못하면 혼내고 잘하면 칭찬해주는 곳. 바닥에는 땀이 떨어져 있고 유리창에는 김이 서려있는 곳. 많이 가르쳐주고 더 많이 가르쳐주려고 하는 곳. 크게 인사를 하고 들어가서 크게 인사를 하고 나오는 곳. 해피 뉴 이어. 해피 뉴 복싱.

이번 주말에는 승마를 하고 싶다

말을 싫어하는 사람을 본 적이 없긴 하지만, 나는 말을 좋아한다. 10여 년 전 몽골에 갔을 때 대평원 위를 말에 태워져 달려본 이후로 말을 사랑하게 되었다. 말은 **또각또각** 걷다가 **뚝뚝뚝뚝** 뛰다가 갑자기 **툳딱!----- 툳딱!------ 툳따악** 달리기 시작하는데 그럴 때면 말의 다리가 역삼각형이 된다. 앞다리 양쪽이 한 쌍, 뒷다리 양쪽이 한 쌍을 이뤄서 역삼각형을 만들어 뛰어오를 때마다 그 위에 앉은 인간도 함께 붕 뜨게 되는 것이다. 저절로 손아귀에 힘이 들어가 고삐를 꽉 쥔 채로 안장 위에 앉아있으면 공포와 함께 자유로움이 엄청난 속도로 찾아온다. 네 다리가 땅을 칠 때 심장이 쿵 하고 바닥을 찧고 네 다리가 땅에서 뜰 때 심장이 쾅 하고 몸 밖으로 이탈한다. 그런 경험을 마치고 말에서 내려오면 다리는 숭구리당당 무너지지만 눈앞에 있는 말에게는 견고한 신뢰가 쌓인다. 나에게 기꺼이 등을 내어주고 *a whole new world*로 이끌어준 이 멋진 생명체를 사랑하게 되는 것이다. 그렇게 박력 있게 달린 뒤에도 이렇게 고요한 동물. 그토록 놀라운 경험을 매일같이 하면서도 이토록 담백한 존재.

몽골 여행 후 아스팔트 깔린 내 나라로 돌아와서도 그때의 기분이 자꾸 생각났다. 그래서 승마를 배우고 싶었지만 그것은 쉬운 일이 아니었다. 일단 승마장이라는 것이 희귀했고 대부분 도시 외곽에서도 한참 떨어진 곳에 있어서 차 없이 가기는 너무 불편했다. 버스와 택시를 갈아타고 어찌저찌 간다고 해도 강습료가 꽤나 비쌌다. 더 찾아보니 가장 가까운 과천 경마장에서 승마 대중화를 목표로 시민을 대상으로 해마다 여는 승마 레슨이 있었는데, 이것은 경쟁률이 너무 심해서 될 리가 없었다. 여러 개의 장애물을 만나는 동안 승마를 하고 싶다는 마음을 어딘가에 떨어뜨렸다.

4월의 어느 금요일 밤, 불금에 방구석에 누워있다고 해서 일하지 않는 노동자가 행복하지 않을 수는 없지만 대자로 누워 TV를 보고 있자니 이렇게 누운 채 주말을 맞이할 수는 없다는 각오가 차올랐다. 다른 것은 다 낭비해도 주말까지 낭비할 수는 없는 것이다.

엉덩이를 바닥에 대고 누워있다가 옆으로 돌아누우며 주말의 각도를 틀기 위해 열심히 머리를 굴리는데 하고 싶은 것과 할 수 있는 것의 교집합이 좀처럼 생기지 않았다. 그러다가 문득 내가 운전을 하게 되었다는 사실이 떠올랐다. 그리고 이어서 까맣게 잊고 있던 하나의 단어가 생각났다.

승마.

하고 싶은 것과 할 수 있는 것이 만나 작은 교집합을 만들며 반짝. 옆으로 누운 상태에서 다시 등을 대고 누워 휴대폰을 손에 쥐고 검색을 몇 번 했더니 음? 내가 승마를 잊고 있던 사이에 승마장이 꽤 여러 개 생긴 거 같았다. 강습료는 회당 7~10만 원 사이로 10년 전과 비슷했는데 다른 것이 있다면 그새 PT와 필라테스가 이 도시를 장악했다는 점이었다. 가격 허들 때문에 나는 PT도 시도하지 않았었지만, 그것은 마치 내가 오늘날 승마를 하기 위해 과거의 내가 해낸 절약이었다는 생각이 들었다. 집에서 가까운 순서대로 승마장 몇 군데에 전화를 걸어 당장 내일부터 강습을 시작할 수 있는 곳을 찾았다. 전화기 너머로 들리는 기운 찬 목소리가 기분이 좋았다. 소리만으로도 그곳은 활기가 가득한 곳이었다.

다음 날 아침, 50분쯤 달려 도착한 승마장의 모습은 이랬다. 파란 하늘 아래 넓고 둥그런 진흙 바닥, 보더콜리 한 마리가 뛰어다니고 갈색 털을 반짝이는 늠름한 말들 위에 허리를 꼿꼿하게 펴고 앉아있는 우아한 사람들. 따각따각 말발굽 소리. 흙냄새와 건초 냄새, 그리고 말 냄새가 들숨 한 번에 뒤섞여 맡아지는 곳. 눈으로 들어오는 모든 풍경이 목가적이다. 와. 이곳이 천국인가?

하얀색 승마 바지에 검정 부츠, 노란색 밀착된 셔츠를 입고 포니테일로 머리를 야무지게 묶은 승마장 원장님은 내가 생각하는 승마인의 모습 그대로였다. 원장님이 나에게 맞는 헬멧과 챕스(승마부츠를 신지 않은 사람이 다리를 보호하기 위해 종아리에 두르는 가죽 덮개)를 골라주는 동안 궁금한 것들을 물어보았다. 원장님은 20년 전에 제주도에서 처음 승마를 체험하고 반해서 본격적으로 승마를 배우게 됐다고 했다. 그때는 승마장이 몇 개 없을 때라서 일산에 있는 집에서 가장 가까운 승마장이 두 시간 반 거리였는데도 무리해서 매주 승마장을 찾았다는데, 그 이유가 근사했다.

"말 위에 앉으면 세상에 부러운 사람이 한 명도 없더라고요."

그 말을 하는 원장님의 얼굴이 지금 세상에 부러운 게 하나도 없는 사람의 표정이었다. 그렇게 나는 이 승마장의 첫인상에 반해 20회 강습권을 등록했다.

승마의 장점은 명확했다. 말 곁에 있을 수 있다는 것. 승마장에 도착하면 그날 탈 말을 배정받고 마방에 가서 내 말을 찾는다. 조공용으로 당근을 가져간 날에는 말에게 잘 부탁한다고 말하며 당근을 건넨다. 내 앞의 말이 커다랗고 가지런한 치아로 당근을 어그적 어그적 씹어먹으면 금세 다른 말들이 각자의 마방에서 얼굴을 내밀고 콧바람을 슝슝 내뿜는다. 넉넉히 챙겨온 당근 봉지를 들고 구면인 말부터 초면인 말까지 친한 척하며 다가가 일부러 천천히 당근을 꺼내 하나씩 입에 넣어준다. 둥그렇게 큰 눈들이 나를 봐주는 것이 너무 좋다. 다시 나의 말에게 돌아가 문을 열고 들어가 조심스럽게 목을 쓰다듬다가 고삐를 채운다. 이제는 연습할 시간. 마방을 빠져나와 상급자용 야외 연습장을 지나 초보용 원형 연습장으로 나란히 걸어간다. 나는 이때 말에게 말 거는 것을 좋아했다. 오늘 기분은 좀 어떠니? 나는 엄청 좋은데. 오늘은 좀 움직여줄 생각이니? 나는 좀 달리고 싶은데.(초보라 못 달림.)

네 달 동안 강습 20회를 띄엄띄엄 받는 동안 여섯 마리의 훌륭한 말을 만났다. 절대 잊지 못할 첫 번째 말은 순한 눈망울의 **소망이**, 내 마음을 가장 잘 알아줬던 **루이**, 묵직하고 듬직했던 **퀸**, 장난꾸러기였던 어린 **오공이**, 한숨이 나올 정도로 아름다웠던 **엔젤**, 날 듯이 가볍게 달리던 **원더우먼**. 소망이는 나를 업어 재우려는 듯한 외할머니 같은 말이었고 오공이는 쭉정이를 골라내려고 키질하듯 나를 가지고 노는 말이었다. 어떤 날에는 루이처럼 내 마음대로 잘 달려주는 말을 만나지만 어떤 날에는 퀸처럼 아무리 애를 써도 꿈쩍하지 않는 말을 만나기도 했다.

어느 날 코치님이 말했다. "말을 오래 탔다는 것은 다양한 말을 탔다는 뜻이에요. 자신의 말이 있는 사람이 몇 명이나 되겠어요. 승마는 매번 새로운 말을 만나고 그 말을 배우는 과정이에요. 그래서 잘 달리는 말을 만나면 그날은 잘 배웠고 안 달리는 말을 만나면 그날은 못 배운 것이 아니라 어떤 말을 만나든 그 말을 배운 거예요."

오늘은 퀸을 타고 다음 주는 엔젤을 탄다. 그러면 나는 두 가지 승마법을 배우는 것이다. 아마도 세상에는 수백만, 수천만 가지의 승마법이 있겠지. 이것이 승마라면, 말을 잘 탄다는 말은 함부로 할 수 없게 된다. 말을 잘 탄다고 어떻게 장담할 수 있겠어? 아직 안 타본 말이 세상에는 별처럼 꽃처럼 많은데. 그래서 20년 가까이 말을 탄 코치님도 어디 가서 말 좀 탄다고 말하지 않는다고 했다. "말은 30년을 타도 초보예요!"라고 웃으며 말했다. 나는 승마가 가진 이 광활한 세계가 매우 멋지다고 생각했다. 혼자 기술을 익히고 반복하면 완성되는 세계가 아니라 한 번의 만남과 한 번의 경험으로 한 번 더 넓어지는 세계. 매번 초심으로 돌아가 새로운 생명을 만나 인사하고 관찰하고 교감하는 것으로 배워가는 세계. 그래서 늘 새것이고 평평한 세계.

이렇게 멋진 세계를 엿봤음에도 불구하고 나는 20회 수강을 끝으로 승마 강습을 그만뒀다.

승마법에는 세 가지의 기본 부조가 있다. 부조란 말에게 보내는 신호를 말한다. 첫 번째는 고삐를 잡아당기는 주먹 부조. 두 번째는 혀로 쯧쯧! 소리를 내거나 채찍으로 말의 엉덩이를 때려 소리를 내는 음성 부조. 세 번째는 발 뒤꿈치로 말의 배를 쿵 하고 차거나 양다리로 말의 배를 꾸욱 감싸는 다리 부조다. 이 세 가지 신호는 말을 출발시키거나 속도를 조절하는 데 필수적이기 때문에 초보들은 당연히 이 부조 연습을 반복한다. 코치님은 언제나 정확한 신호를 요구했다. 발로 찰 때도 정확하고 세게 쿵! 채찍을 쓸 때도 정확하고 세게 찰싹! 망설이느라 흐릿한 신호를 보내면 말이 제대로 알아듣지 못하고 엉뚱한 행동을 하게 되고 그럼 또 차고, 또 채찍질을 해야 하니까 말도 사람도 힘들어진다. 단호할 때는 단호하게, 정확한 신호로 말을 리드해야 한다는 말을 몇 번이나 들었지만 그대로 이행하는 것은 쉽지가 않았다. 내가 발로 차야 하는 대상이 공이나 땅이 아니라 말이기 때문이었다. 전문가의 글을 찾아보면 승마는 적정량의 운동이 꼭 필요한 말에게 오히려 도움되는 운동이라는 의견이 많다. 말은 사람을 좋아해서 등에 태우고 달리는 것도 좋아한다는 이야기도 나온다. 말을 오래도록 연구한 사람들의 이야기이니까 그것은 신뢰할 수 있는 말일 것이다.

하지만 나는 결국 이 허들을 넘지 못했다. 발로 말의 배를 찰 때마다 매번 죄책감이 들었다. 몽골의 대평원에서 말을 탈 때에는 말이 나를 태워준다는 기분이었는데, 원형 연습장에서 말 등에 올라타 트랙을 돌고 있으면 내가 말을 괴롭히고 있다는 기분을 지울 수가 없었다.

무엇이라 정의할 수 없지만 떳떳하게 즐겁지가 않았다. 이런 마음이라면 그만두는 것이 맞았다. 승마를 계속하고 싶다면 더 알아보고 공부해서 이 불편함이 맞는지 틀린지 확인한 다음에 타는 것이 맞다는 결론을 내렸다.

언젠가는 트이고 너른 땅에서 말과 다시 달려보고 싶다. 순한 눈을 보고 목을 쓰다듬고 너는 어떤 성격의 말인지, 어떻게 달리는 것을 좋아하는지 살피고 합주하듯 달리고 싶다. 세상 하나도 부러울 것이 없는 말과 함께 세상 하나도 부러울 것이 없는 사람이 되어보고 싶다.

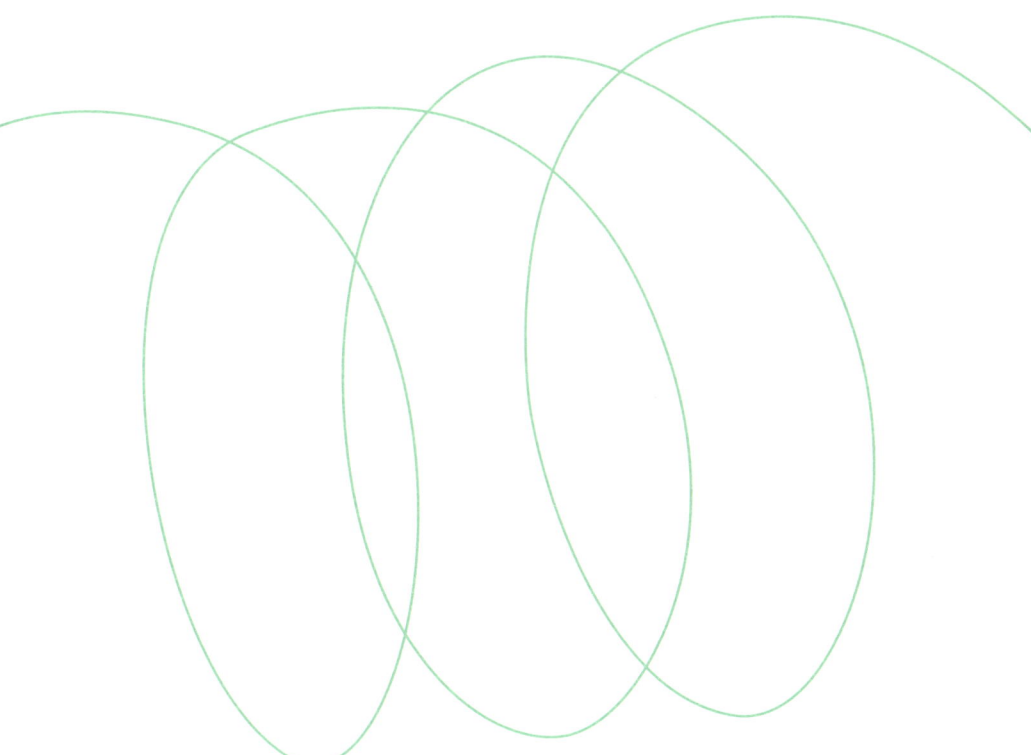

비봉은 무섭다

비봉은 무서운 곳이다. 거대한 암석 몇 개가 불안정하게 쌓여있는 봉. 그 암벽을 기듯이 타고 올라가면 추사 김정희가 발견했다는 진흥왕 순수비가 나타난다. 알록달록한 사람들이 날듯이 바위 위를 뛰어 겁 없이 벽을 타고 올라가 순수비를 잡고 사진을 찍는다. 그 비석을 나는 만져본 적이 없다. 올라가고 싶었지만 발이 경사진 바위에 붙어 떨어지지 않았고 벽을 양손으로 잡고 있다가 왼손을 떼기라도 하면 균형이 무너져 바로 왼편의 낭떠러지로 떨어질 거 같아서 몇 번이나 비봉의 무릎 근처에서 포기하고 내려와 버렸다. 다들 쉽게 올라가는데 나만 못 올라가는 게 이상한 기분이 들 정도였지만 나는 그 봉이 정말 무서웠다.

'못 오르면 어때. 산이 이렇게 예쁘고 나는 이렇게 즐거운데'라고 생각했던 것이 어제까지라면 오늘은 오르고 싶었다. 비봉을 목표로 북한산을 가고 싶었다. 마음을 다잡고 비봉의 입구로 올라서는데 북한산 국립공원 관계자인 듯한 한 아저씨가 막았다. 정면으로 들어가는 길을 통제한다고. 분명 지난달까지만 해도 이 길로 올라갔건만 무슨 일인가 하면서 뒷길로 돌아가는데 사람들이 수군거렸다.

"얼마 전에 누가 떨어져 죽었나 봐? 아님 크게 다쳤거나…".

아아. 그런 말 마요. 나 오늘 여기 올라야 되는데.

사람이 죽었다고 해도 놀랄 일은 아니었다. 그럴 정도로 험한 곳이니까. 다만 겁이 더 났을 뿐이다. 뒷길로 돌아서 올라가는 길은 정면으로 올라가는 길보다는 경사가 덜했지만 그렇다고 높이가 낮아지는 것은 아니었다. 절벽이 없어지는 것은 아니니까. 늘 포기하는 높이인 비봉의 무릎까지 겨우 기어가서 위를 올려다봤다. 아, 이건 역시 아니다. 한숨을 내리쉬며 포기할 타이밍을 보고 있는데 뒤에서 누군가 말을 걸었다. "가요. 먼저." 뒤를 돌아보니 한 아저씨가 앞서 올라가라 재촉한다. "저는 못 가니까 먼저 가세요"라고 말하자 "아니 먼저 가요. 나는 뒤따라 갈 테니까"라고 한다. "아뇨. 저는 무서워서 못 가요. 그냥 먼저 가세요" 하니까 "다들 가는데 왜 못 가요. 가세요."

'이 양반아. 여기서 사람 죽었다니까?'라고 생각하며 쏘아보는데 발이 움직였다. 얼마나 많은 사람들이 이 바위를 걸어 올라갔는지 바위에는 홈이 파져 있다. 그 홈을 딛고 한 발씩 오르라는데 말은 쉽다. 오른발 딛었던 곳을 왼발이 딛으려면 오른발을 떼야 하는데 오른발을 움직이면 왼발이 닿기 전에 절벽으로 떨어질 것만 같다. 사람이라면 꼭 안아서 매달리고 싶은데 바위는 어찌나 넓고 크고 딱딱한지 안으려고 해도 받아주지 않는다. "잘하고 있다"라는 말을 뒤에서 들으며 뭘 하고 있는지도 모르는 채 바위에 얼굴을 묻고 질감을 관찰하며 움직였다. 위로 가는 듯한 느낌도 있고 바닥으로 치닫는 느낌도 있고 조금이라도 더 바위랑 가깝게 붙어 가려고 비비듯이 올라가자 거기가 비봉이라고 했다. 밑에서 고개를 잔뜩 뒤로 젖혀 올려다본 적은 있어도 직접 와본 것은 처음이었다. 밑에서 기다려본 적은 있어도 올라와서 누군가를 기다려본 적은 처음이었다. 아저씨는 추사 김정희의 글씨가 적힌 진짜 비는 국립중앙박물관으로 옮겼기 때문에 이건 가짜라고 했지만 내가 손으로 이렇게 꽉 잡고 있는데 뭐가 가짜야. 아저씨는 사진도 찍어줬다. 얼굴이 잘 나와야 한다고 자꾸만 뒤로 물러서며 구도를 잡는 바람에 몇 번이나 아저씨가 뒤의 벼랑으로 떨어지는 상상을 해야 했다. 내려가야 할 시간이었지만 내려갈 생각을 하니 더 무서웠다.

 그리고 실제로 내려가는 길은 더 무서웠다. V자로 꺾인 골을 내려갈 때는 팔은 앞에 있는 바위를 밀고 다리는 뒤에 있는 바위를 밀면서 서서히 내려가라고 했는데 이미 다리 힘은 풀렸고 팔은 원래 가진 힘이 없어서 주저앉았다. 앞에 가는 사람도 뒤에 따라오는 사람도 그렇게는 절대 못 내려간다고 했다. 억지로 억지로 일어나서 시키는 대로 팔도 밀고 다리도 밀면서 찔끔찔끔 내려왔더니 절벽. 절벽을 오른편에 두고 설설 기어 내려왔더니, 내가 언제 이 길을 다 올라온 것인지 의심될 정도로 내리막은 아직도 한참 남았다. 처음이 힘들지 나중에는 아주 쉽게 갈 수 있다며, 산에 처음 왔냐며, 처음 왔는데 이 정도면 잘하는 거라는 등 등산객들의 따뜻한 격려와 응원을 들었다. 나는 산을 처음 온 것도 아니었고 안나푸르나도 올라봤고 인왕산 바로 근처에 살며 북한산도 심지어 네 번째였지만 그것을 말하고 싶은 마음은 조금도 없었다. 너무도 어수룩하고 겁이 나서 처음 자전거를 배우는 사람처럼 누구에게라도 의지하고 싶었다. 마침내 바위가 끝나고 땅이 나타났고 평평한 곳에 발을 내딛자 허벅지가 욱신거리고 땅은 울렁거렸다.

 마침내 비봉을 다녀왔다고 말할 수 있게 됐지만 다시 갈지는 모르겠다. 무서운 곳을 다녀왔다고 해서 무서움을 이겨낸 건 아니니까. 그래도 비봉을 다녀왔다. 한 발 한 발 기어서 얼마나 무서운지 직접 경험하고 왔다. 비봉은 정말 무섭다.

I have a+N dream

어느 화창한 주말, 나만 심심할 수 없어 뭐하냐고 보낸 문자에 친구가 사진으로 답해왔다. 초록과 파랑의 시원시원한 부피감. 넉넉한 녹색 평야 뒤로 넓은 각의 봉우리들이 병풍을 치고 그 위로 환한 하늘이 크게 걸렸다. 비옥한 향기가 나는 사진이었다. 친구야, 너는 아름다운 땅을 밟고 있구나. 방바닥에 놓인 나의 발바닥 밑이 허전하다.

- 거의 20년 만에 큰아버지 댁 왔음
- 여기서 빈집 고쳐서 뭐라도 하라던데 아이템 없냐

응? 큰아버지? 그 큰아버지? 얼마 전 생선구이집에서 도루묵에 술을 마시던 중 친구가 아버지 가족의 이야기를 한 적이 있다. 오랜 친구지만 친구의 친가에 대해 듣는 것은 처음이었다. 친구의 아버지는 땅부자집의 막내아들이라고 했다. 그것도 아주 느지막이 낳은 막둥이 아들. 아버지의 형제자매는 아홉, 그중에 형은 한 명. 그리고 그 넓은 땅이 그 한 명에게 물려졌다는 말에 나는 입을 벌리다 말고 고개를 갸웃했다. "아들들한테만 나눠준 것도 아니라 큰아들한테만? 와.

왕위 같아." 같은 부모에게서 아홉이 태어났지만 유일한 경험을 하며 자랐을 큰아버지는 이제 나이가 지긋하시다. 분을 삭이지 못해 등을 돌려버린 고모들도 여럿이다. 그런데 그 땅부자 큰아버지 댁에 다녀왔다고? 빈집이 있다고?

이야기는 분절되어 몇 년 전 겨울, 그러니까 비좁은 공간에 사람들이 바글바글 모여서 마시고 떠들어도 숙취 외에는 옮을 것이 없었던 시절에 나는 송년회 술자리에서 사주를 본 적이 있다. 처음 만난 사람이었지만 옆 자리의 취한 호랑이들에게 아주 용하다고 검증이 된 분이었다. 그 분이 말씀하시길 내 사주에 물려받을 재산이 보인다는 것이다. 그런데 그 재산이 부모나 형제처럼 가까운 사이는 아니고 어딘가 한 다리 건너 숨어있던 인연에게 받는 것이라 했다. 사주를 여러 번 봤지만 물려받을 재산이 있다는 말은 들어본 적이 없다. 태어나서 처음 들어보는 말이었지만 계속 듣고 싶은 말이었다. 밤을 새우며 영험하신 분과 눈이 마주칠 때마다 "그러니까 제 말년이 꽤나 기름지다는 말씀이시죠?"하고 사람에서 곰이 될 때까지 묻고 물었다. 며칠 후 술도 깨고 새해도 밝았을 때 엄마, 아빠의 집에 가서 공손하게 세배를 한 뒤 입을 열었다. "혹시 양가 집안에 제가 모르는 연을 끊은 친인척이 있으신지요?" "쓰잘데기없는 소리 말고 올해엔 시집이나 가." 나는 평생 한 번도 한 적 없는 질문을 던졌는데, 해마다 반복해서 듣던 답을 받았더랬다. 아직은 때가 아닌가. 언제쯤 나타나 주시려나 하며 새해를 맞이하길 몇 년… 너니? 너였니? 큰아버지셨어요…? 나는 스마트폰을 고쳐 쥐고 팔당대교 건너 양지바른 땅에 서 있을 나의 친우에게 침착하게 답문을 보냈다.

아이템 있지 -

홀라댄스 학원 어때 -

　백만장자들은 평균 7개의 수입원을 가지고 있다는 기사를 본 적이 있다. 3개도 4개도 아니라 7개. 백만장자가 되는 비법을 혼자 알게 된 사람처럼 정신이 번쩍 들었다. 생각나는 순서대로 박박 긁어모아 세어봤더니 나는 6개의 직업을 가지고 있었다. 문제는 그중 하나는 수익을 10원도 내본 적이 없고 그 외의 것들 역시, 지속적이지도 생계에 확실한 도움이 되는 수입도 아니기 때문에 직업이라 볼 수 있을지 애매했다. 6개의 직업을 각자의 자리에서 가열차게 굴려도 백세시대 살아생전에 백만장자가 되기는 많이 힘들어 보였다. 하지만 말이야 여자로 태어나서 백만장자 한번은 해봐야 할 거 아닌가. 각오를 다지며 머리를 굴려보았더니 희망이 보였다. 7-6=1. 아직 가져본 적 없는 마지막 1개의 직업이 황금열쇠가 될 것이라는 수학적 희망이다. 그렇게 필연적으로, 나의 오랜 취미이자 지속해야 할 활동은 창업 아이템을 궁리하는 것, n잡러 인생의 마지막 1을 찾는 것이다. 2020년 기준 대박 아이템 홀라댄스 학원의 청사진을 말하기 전에, 내 취미의 여정을 조금 이야기하자면 시작은 대학 시절이다.

　대학생이었던 나를 사로잡은 아이템은 **고구마방**이었다. 언덕 위에 있고 오래된 벽돌 건물이 많았던 우리 학교는 9월 초부터 시작된 추위가 5월 말까지 이어졌다. 건물 사이사이와 교실 곳곳에 오삭오삭 오한이 드는 그런 냉기가 있었다. 매점 온장고에서 데워진 데자와 캔을 깊숙이 품고 강당형 교실 한구석에 구겨져 앉아서 수업을 듣던 나와 내 친구들에게 간절한 것은 세련된 카페가 아닌 뜨끈한 방이었다. 어깨를 쭉 펴고 궁둥이를 바짝 붙이고 누워있을 수 있는 푸근한 공간. 엎드려서 숙제도 하고 책도 읽고 입이 궁금하면 뭘 먹으면 좋을까? 고구마지. 찐 고구마. 등허리가 뜨끈할 때 입속도 뜨끈하게, '뜨끈함'이라는 일관된 가치를 제공하는 것. 친구들 사이 유일한 광고홍보학 전공자(졸업학점 2.**)였던 나는 주위들은 전공지식을 자신 있게 떠들었다. "얘들아, 이게 바로 브랜드 정체성이라는 거야." 방은 여섯 개 정도 있으면 됐다 싶고, 시간제로 한 시간에 5천 원의 이용료를 받되, 요금에는 찐 고구마 한 바구니가 포함되어 있다. 동치미? 그건 추가 요금이지. 그리고 알바생(너희들)이 이렇게 인사를 하는 거야. "어서 오세요. 고구마방입니다! 방문해 주셔서 고구맙습니다!" 나는 다 식은 데자와를 트로피처럼 쥐고 뜨겁게 외쳤다. "고구맙습니다! 이게 바로 브랜딩이지!" 고객은 이 인사를 듣고 웃을 거야! 그 웃음은 고구마방을 다시 찾게 할 거야! 머릿속에는 줄을 서서 대기표를 받는 학생들의 모습이 그려졌다. 냉기 서린 교실 여기저기서, 고구마방 가서 한 시간만 지지고 올까?라고 속닥이는 목소리들이 들렸다. 그 이후로 학창 시절 내내 들락날락하던 술집과 식당과 카페에서 이 자리가 고구마방 하기에 적합할 거 같다며 떠들어댔지만 내가 한 행동은 취업전선에 뛰어들어 광고대행사에 취직을 한 것이다. 그래서 떠들기를 멈췄냐 하면 그때부터는 또박또박 월급을 받아 '000방'이라는 이름을 달고 탄생했다 사라지는 공간들을 소비하며 그때 정말 고구마방을 해야 했다고 질척거렸다. 소개팅 자리에서까지 "제가 사실 하고 싶은 게 있는데요. 그게 뭐냐면요"라고 시작되는 수다를 떨어대서 가끔은 내가 정말 고구마방을 차렸던 것이 아닐까 하는 착각이 들기도 한다. 끝끝내 같이 해보자는 말은 해주지 않았지만 참고 들어줬던 모든 분들께 인사를 전하고 싶다. **고구맙습니다.**

여행지의 슈퍼마켓에 갈 때마다 사는 것은 맥주와 생리대다. 맥주야 말할 필요가 없고 생리대는 여행을 가서 생리가 시작되어 어쩔 수 없이 사게 된 것이 시작이었는데 진열대에 빼곡하게 꽂힌 미지의 생리대들 앞에서 상상력을 동원하여 고르는 것은 맥주만큼은 아니지만 꽤 재미있는 경험이었다. 생리대 쇼핑 덕분에 여행지에서 생리 시작이라는 불안하고 날카로운 고통이 조금 유해졌달까. 그 이후로는 당장 필요하지 않아도 생리대 쇼핑을 했다. 신기함을 기준으로 생리대를 사 오면 친구들에게 하나씩 나눠줬다. 이거 한번 써봐. 향이 희한해. 되게 달아. 이거 한번 써봐. 되게 길어. 엉덩이 지나 허리까지 올라온다니까. 여자의 체형과 취향이 한 가지가 아닌 것처럼, 세상에는 정말 다양한 생리대가 있었다. 그러던 어느 날, 치앙마이의 구멍가게에서 생리대를 고르다가 이것으로 창업을 해야겠다는 생각이 들었다. 온갖 종류의 생리대를 수입해서 **생리대 숍**을 여는 거야. 그곳에서는 생리대를 잡고 뜯고 펴보고 만져볼 수가 있는 거야! 매달 지겨운 생리를 조금이라도 즐겁게 만들어주는 경험을 선물하는 거야. 5년 차 카피라이터(히트작 없음)로서 말하는데, 이제 물건을 파는 시대는 끝났어! 경험을 팔아야 해! 다시 돌아온 창업 귀신이 만나는 사람마다 붙잡고 열변을 토했다. 그리고 생리대를 검색하기 시작했더니 호주에는 Moxie라는 디자인에 아주 신경을 쓴 생리대가 있었다. 직구로 사서 펼쳐봤더니 정말로 귀여운 생리대였다. 이런 생리대가 있다면 이 사업은 성공할 가능성이 있어 보였다. 생리대 숍은 여대 앞에서 시작하면 좋겠다는 생각이 들어서, 부푼 마음으로 모 여대 근처의 부동산 시세를 알아봤더니 생리대만 한 2층 가게의 월세가 200만 원이었다. 그리고 5년 차 카피라이터의 월급봉투는 팬티라이너만큼 얄팍했다. 현실의 벽에 부딪혀 국내 최초 생리대 편집숍 '생리적 기쁨'(네이밍까지는 비용이 안 들어서 해뒀다)은 그렇게 잠시 말아서 접어두었다.

생리대 사업을 꿈꿨지만 몇 년 후 나는 생리대를 완전히 졸업하게 된다. 생리컵을 만났기 때문이다. 이 만남을 통해 인생의 새로운 전기가 시작되었고 이 인생 후반전에는 나의 황금기가 포함될 것이었다. 왜냐하면 생리컵을 삽입하면 생리 기간에도 거동의 자유를 100%에 가깝게 얻을 수 있기 때문이다.

그래서 나의 세 번째 아이템은 거동의 즐거움을 극대화하는 것에서 시작된다. 조깅을 하거나 자전거를 타면서 음악을 크게 듣고 싶은 욕구는 누구에게나 있다. 하지만 이어폰을 끼고 달리면 자동차가 다가오는 소리나 경적 등 위험을 경고하는 소리가 잘 들리지 않아서 겁이 난다. 음악과 안전 중에 하나를 선택해야 한다면? 2년 차 AP(광고전략 플래너. 전업했음)는 이 불편함에서 **소리띠**를 생각해냈다. 소리띠를 하면 소비자는 선택이라는 고민을 할 필요가 없다. 음악과 안전을 둘 다 누릴 수 있기 때문이지. 소리띠의 제작과정은 이렇다. 운동선수들이 머리카락이 흘러내리는 것을 막고자 하는 얇은 스포츠 밴드에 작은 스피커를 단다. 양쪽 귀에 맞게 두 개. 블루투스 스피커다. 골전도 스피커라면 더 좋겠지만 가격도 덩달아 비싸지겠지. 2년 차 AP로서 말하는데 지금은 소비 양극화의 시대, 초저가 아니면 초고가의 브랜드만 살아남는다! 소리띠는 샤오미와 경쟁하는 거라고! 운동할 때 머리띠 대신에 소리띠를 하는 세상이 올 거라며 흥분의 시동을 걸었더니, 내가 흥분하면 꼭 한술 더 떠 휘발유를 붓던 당시의 남자친구가 홈페이지 도메인부터 사야 한다고 드릉거렸다. 창업 아이템을 떠들고 다녔던 십수 년 동안 한 번도 경험하지 못한 열정적 반응에 놀라서 머뭇거리자 급기야 본인이 사버리겠다며 핸드폰을 열었다. "내가 사서 나중에 너한테 천만 원에 팔 거야"라며 웃지도 않고 말하더니 정말로 앉은 자리에서 soriti 도메인을 사버렸다. 이런 도라이를 봤나. 폭주 기관차 앞에서 나는 내 사업의 오너십을 갖기 위해 그날 밤 집에 가서 투자 유치를 위한 소리띠 기획서를 썼다. 그리고 쿠팡에서 스포츠 밴드를 주문해서 안 쓰는 이어폰을 연결하여 목업도 만들어 시험해보았다. 소리가 의외로 너무 잘 들려서 이거 성말 되는 거 아닌가 두려움에 가까운 두근거림을 품고 몇 걸음 걷는데, 퐁! 다시 머리에 끼고 걷는데 퐁! 한국인(나)의 뒤통수 구조상, 밴드형 머리띠는 걷기만 해도 쉽게 뒤로 퐁! 벗겨져 버린다는 사소하고 치명적인 단점을 발견했다. 하늘 아래 단점이 없는 아이템은 없으니까 단점을 밝히지 않고 뿌린 기획서에 응답한 투자자는 없었다. 소리띠의 도메인은 현재 계약 만료되어 주인이 없는 상태다.

   (이미 눈치채셨겠지만) 나의 오랜 취미를 한마디로 정리하면, 아가리 창업이다. 공부 말고 무엇, 취업 말고 무엇, 월급쟁이 말고 무엇, 본업

말고 하고 싶었던 것들을 '백만장자가 될 창업 아이템'이라는 이름으로 포장하여 쉴 새 없이 떠드는 것이다. 누군가 꿈이 무엇이냐 물으면 입술을 적시다가 그만, "러브 앤드 피스?"라고 얼버무려버리는 사람이지만 창업하고 싶은 아이템이 있느냐 묻는다면 30분은 충분히 혼자서 떠들 수가 있다. 꿈보다는 가볍되 꿈보다는 구체적인 꿈, 그것이 바로 내가 생각하는 아가리 창업의 두 번째 미덕이다. 첫 번째는 물론 나를 백만장자로 만들어주는 것….

그렇다면 왜 **훌라댄스**인가. (큰아버지의 빈집 잊지 않으셨죠?) 친구가 보내온 비옥한 사진을 보는 순간 나는 훌라댄스가 생각났다. 조금 더 설레발을 치자면, 쨍한 하늘 아래 왼쪽으로 두 번 오른쪽으로 두 번 바람 타고 살랑이는 잎사귀 같은 사람들 그리고 그 옆에서 온화한 얼굴로 향긋한 돈을 버는 내가(아, 우리가) 생각났다. 그러니까 왜 훌라댄스인가. "훌라댄스 좋아해?"라고 물었을 때, "싫어해"라고 똑 부러지게 대답하는 사람을 본 적이 없기 때문이다. (의심된다면, "개다리춤 좋아해?"라고 물었을 때와 비교해보자.) 교외로 드라이브를 가서 맛있는 음식을 먹고 훌라댄스를 한 시간 배우고 돌아오는 이 근사한 주말을 거부할 수 있는 사람이 도저히 상상되지 않기 때문이다. 곧장 친구에게 서울에 몇 개 없다는 훌라댄스 교습소를 찾아 링크를 보냈다. 심지어 너희 집 근처야. 출발이 좋네. 그치? 그렇다. 친구는 훌라댄스 출발점에서도 한참 전에 서있는 사람이다. 문외한이라고 할 수 있다. 그렇다면 나는? 응, 나도. 훌라댄스는 춰본 적도 추는 걸 직접 본 적도 없다. 이제부터 할 일은 1번 직업이 올린 수입을 덜어 나의 예비 7번 직업을 위한 투자, 홀라댄스 학원을 등록하는 것이다. 일주일에 하루는 홀라댄스를 배우고 나머지 여섯 날엔 친구들에게 나의 마지막이 될 창업 아이템에 대해 떠들면 되는 것이다. 그렇게 나의 중년이 홀라댄스가 있는 풍경으로 살랑살랑 들어간다.

✽ 워커스 라운지 01 ≪n잡 시대에 부쳐≫에 수록한 글이다.

복싱은  멋있다

새해 다짐과 다르게 1월에는 일주일에 겨우 한 번 복싱장에 갔다. 겨울은 복싱장의 성수기라고 했는데 점심시간에 갔을 때는 혼자 한적도 있을 정도로 학생이 적었다. 독감 때문인가. 복서들이 독감이라니 약하네. 불량한 출석률을 자랑하면서도 나는 결국 위빙을 배웠다.

첫 번째는 훅을 피하는 위빙. 왼손을 왼쪽 눈 옆에, 오른손을 오른쪽 턱 앞에 두고 무릎을 굽혀 앉았다 일어난다. 이것을 손의 위치를 바꾸며 양쪽 방향으로 연습한다. 앉았다 일어났다 반복하면서 날아오는 왼쪽 훅, 오른쪽 훅을 피한다.

두 번째는 스트레이트를 피하는 위빙. 무릎을 굽히지 않고 오른 주먹을 턱에서 눈쪽으로 올리면서 어깨를 튼다. 훅을 피할 때는 리듬감이 있는데 스트레이트를 피할 때는 강단이 있다. 첫날은 거울 앞에서 연습을 하고 다음 날엔 미트를 치면서 연습했는데 여러 번 맞았다. 미트를 때릴 때는 코치님과의 호흡이 중요한데 박자를 자꾸 놓쳐서 맞았다. 셋째 날 연습할 때는 DJ복서가 상대를 해줬다. "훅 들어갑니다!" 하면 내가 무릎을 굽히고 피했다. 피해놓고 뿌듯해하고 있는데, "뭐해요?"라고 소리진다. 무슨 말이지 싶어 쳐다봤더니 "피했으면 때려야죠. 훅을 피했더니 어디가 비어요. 내 오른쪽 뺨 비었죠? 그럼 훅 들어가야죠"라고 다그쳤다. 나는 아직도 복싱을 상대방과 합을 맞춰서 하는 댄스 수업 정도로 생각하고 있는지 칠 때도 피할 때도 규칙을 따라서 한다. 그래서 안 배운 건 안 했다. 그런 상상력은 상상도 안 해봤다. "그럼 어떻게 때릴까요?" 하고 어벙하게 있자 DJ복서가 말했다. "막 때려야죠. 빈데 아무 데나 빨리 막 때려야죠. 피하는 거는 체력 떨어질까 봐 하는 거지, 체력 좋으면 그냥 맞으면 돼요. 맞고 가까이 가서 한 방 제대로 내리기만 하면 끝나는 건데요 뭐."

DJ복서가 가드를 풀고 다가와서 "나 때려봐요"라고 말하길래 훅을 뺐더니 코치님이 가르쳐준 위빙을 하지 않고 뒤로 점프하듯 물러섰다. 그리고 링 위를 뒷걸음치며 돌았다. 뭐지? 저건 피하는 거 아닌데. 쫓아가서 다시 주먹을 뺐으니까 이번에는 내 주먹을 카운터로 쳐버리고 주먹을 뺐다. 기다리던 위빙이 안 나와서 어버버 대고 있으니까 DJ복서가 말했다. "그냥 때리기 쉽게 피하면 돼요. 상대보다 팔이 길면 상대가 뒤로 물러서면서 피해도 난 칠 수 있잖아요." 나는 많이 혼란스러웠다. 가나다라 배웠으니 가나다라 쓰고 싶은데 이상한 애가 나타나서 과놔돠뤽 해도 다 알아들어요. 까놔딸아라고 해도 알아듣고 그느닳와라고 해도 알아들어요,라고 말하고 있는 것 같았다. 근데 나보다 엄청 잘 나가는 것처럼 보였다. 6개월의 복싱 역사가 흔들리고 있는데 나의 일탈 기운을 눈치챘는지 코치님이 어느새 다가와서 저지했다. "얌마. 이상한 거 가르치지 뫔롸!" DJ복서가 "에이, 괜히 혼났잖아요"라며 입을 다물었다.

다시 코치님과 미트. 다시 교과서 속으로 돌아온 안전한 기분으로 주먹을 꽉 쥐고 훅과 스트레이트를 피하는 연습을 계속하다가 질문을 하나 했다. "코치님, 잽은 어떻게 피해요?" 코치님이 대답했다. "잽은 그냥 맞아야지. 잽 맞고 들어가서 때려야지." 응? 코치님도 이러긴가. 코치님까지 피하는 기술 가르쳐 주면서 잽은 그냥 맞으라고 말하는 건가. 코치님이 다시 아무렇지 않게 말을 이었다.

"몇 대 맞았는지 누가 기억해요? 한 대만 제대로 때리면 되지."

누가 나한테 화를 내거나 뒤에서 욕을 하면 신경이 곤두서고 한참 동안 욕먹은 것 때문에 부들부들 떠는 나는 많이 놀랐다. 누가 나한테 화를 내는 것이 내가 지는 것이라고 생각했었다. 자존심이 상하고 창피했다. 그런데 그까짓 욕먹었는지 나 말고 누가 기억해? 그러네. 욕먹는 걸 무서워할 필요 없다. 자잘한 욕 정도는 먹으면서 가는 거다. 그리고 한 번만 제대로 때리면 된다. 맞으면서 더 깊이 들어가서 제대로 한 번 때리는 거다. 복싱은 여전히 멋있다.

배신자의 다짐

복싱 7개월 차, 위빙을 배우던 중에 출장과 휴가가 잡혔다. 딱 한 달만 복싱을 쉬기로 했다. '진짜 딱 한 달만 쉬고 다시 복싱장으로 돌아와서 위빙을 마스터해야지'라고 생각하며 비행기에 오르고 비행기에서 내렸다. 복싱장에 가는 것은 매번 힘이 들었는데, 가지 않는 것은 너무 쉬웠다. 더우면 생맥주가 마시고 싶고 추우면 와인이 생각나는 것 같은 자연스러움으로 복싱을 가지 않은 채 시간이 흘렀다. 한 달이 지나고 두 달, 세 달이 지나갔다. 점심시간에 동료들이 "복싱 안 가세요?"라는 말을 할 때마다 "아, 가야죠"라고 머리를 긁적이면서도 마음을 다시 다잡지 못했다. 복싱장 구석 사물함에 놓여 있을 나의 빨간색 글러브와 검은색 붕대가 생각났다. 땀 냄새가 나는 것 같았다. 그립다가도 다시 그 치열한 세계로 들어간다는 것이 두려웠다. 다시 링 위에 올라 코치님을 마주하고 미트를 치고 숨이 턱까지 차오른 채로 샌드백을 칠 자신이 점점 사라졌다. 그 대신 TLX(회원권을 사면 등록되어 있는 전국의 필라테스 학원, 요가원, 헬스클럽, 심지어 네일숍도 갈 수 있는 피트니스 앱) 20회 회원권을 끊었다. 그리고 어느 날의 점심시간에 필라테스를 배우러 갔다. 도착한 필라테스 학원 빌딩에는 복싱장이 있었는데 놀랍게도 내가 다니던 복싱장의 분점이었다. 내가 복싱장을 다닐 무렵 관장님은 분점을 내는 것 때문에 바쁘셨는데 그게 이곳이었나 보다.

필라테스 학원이 있는 8층에 내리자 복싱장이 있는 9층에서 툭! 툭! 툭! 샌드백 치는 소리가 들렸다. 관장님이 계실 것 같았지만 나는 그 한 층을 올라가 보지 못했다. 그 대신 반짝거리는 인테리어의 필라테스 학원에서 세련되고 군살 한 점 없는 강사님의 손길 아래 정갈하게 누워서 근육을 쓰는 새로운 방법을 배웠다. 그때 복싱장을 뒤로하고 걸어 나오는 내가 느낀 감정은 배신자의 마음이었다. 가족을 덥고 가난한 고향에 두고 혼자 향긋한 부자 나라로 유학을 떠나는 마음. 마음은 무겁지만 떠나온 곳은 참 쾌적했다.

퇴근한 배신자가 찾아본 것은 〈부르카 복서*Burqa Boxers*〉라는 다큐멘터리다. EIDF˚ 수상작 중 하나였는데 인도의 무슬림 여자들이 복싱을 하는 이야기다. 집에는 못 들어가면서 고향 주변을 맴도는 배신자처럼 나는 TV 속 복서들 앞에 멀찌감치 앉았다.

(스포일러가 대량 포함되어 있지만 이 글이 이 다큐멘터리를 보게 할 것이라 믿고 쏟아낸다.)

여자아이는 학교도 잘 보내지 않는 인도의 어느 시골, 복싱하는 여자를 곱게 볼 리가 없는 이 마을에 복싱코치 자격증을 딴 여자가 있

˚ EBS에서 매해 8월에 개최하는 국제 다큐멘터리 페스티벌. 의미 있고 재미있는 작품들이 쏟아지니 8월 즈음에 잊지 않고 TV를 틀어 EBS에서 보거나 공식 홈페이지에 들어가서 챙겨보면 즐겁다.

다. 코치는 내친 김에 복싱 심판 자격증까지 따버린다. 그리고는 소녀, 소년 할 거 없이 아이들을 위해 복싱을 가르친다. 맨 처음 이 코치가 복싱을 한다고 했을 때 친척들과 마을 사람들은 코치를 욕하고 코치의 부모를 욕했지만 코치의 부모는 딸을 지지했다. "우리의 소원은 딸이 꿈을 이루며 사는 것이에요." 한 명의 강력한 지지자가 있으면 이토록 척박한 땅에서도 나무는 자란다. 그렇게 부모의 지지 아래 인도 최초의 여자 복싱 코치가 탄생했다. 이 코치에게 복싱을 배우러 오는 소녀들의 사연은 다양했다. 때리고 이기는 것이 좋아서. 가난을 탈출할 수 있을 거 같아서. 직업을 가질 수 있을 거 같아서. 성폭력으로부터 자기방어를 할 수 있을 거 같아서. 가족을 지킬 수 있을 거 같아서. 사연은 다양하지만 부딪혀야 하는 상황은 비슷했다. 가족의 반대. 여자라서 안 돼.

맞기 싫어서 주먹을 슬슬 피하는 연습생에게 코치가 말했다. "맞는 것을 싫어하면 복서가 될 수 없어!" 코치의 말에 연습생이 심호흡을 하고 대답했다. "알았어요. 좋아. 때려. 한 방 날려!"

복싱이 왜 좋냐는 질문에 다른 연습생이 대답한다. "방어할 수 있잖아요. 복싱을 열심히 배웠으니까 남자가 공격해도 세 명까지는 혼자서 상대할 수 있어요. 그런데 그 이상이, 열 명이 한꺼번에 덤비면 어쩔 수 없는 거잖아요. 복싱을 배웠지만 그럼 어쩔 수 없는 거잖아요."

무기력해지려는 찰나, 자기방어를 위해 복싱을 배운다는 연습생들에게 이 복싱장을 후원하는 아저씨가 쉐도우 복싱을 흉내 내며 도발했다. "자기방어를 위해 복싱을 한다고? 자기방어만 하면 돼?" 그럼 뭘 더 하면 좋은 건지 몰라 우물쭈물하는 연습생들에게 이런 목소리가 들린다.

"복싱은 챔피언이 되기 위해 하는 거야. 두 개의 챔피언이 있어. 경기에 나가서 되는 챔피언. 또 하나는 인생의 챔피언. 복싱은 챔피언이 되기 위해 하는 거야."

복서라면 꿈도 복서답게. 복서의 꿈은 더 원대해도 좋은 것이다. 눈물 찔끔 흘릴 틈도 주지 않고 다큐는 다음 장면으로 넘어간다. 그중에서도 가장 열심히 한, 이제는 챔피언이 될 준비가 된 선수가 다른 마을로 경기를 하러 가야 하는데 엄마는 딸을 말린다. 무슬림 여자는 남자 없이 여행을 하면 안 되니까. 딸이 복서의 눈빛을 하며 화를 낸다. "엄마, 제발 쓸데없는 소리 하지 마! 혼자 갈 거야! 엄마만 안 말리면 돼! 여자인 게 뭐 어때서…." 바락바락 대드는 버르장머리 없는 딸을 보던 엄마의 인터뷰가 이어진다.

"딸이 말을 안 들어서 속상하지만… 한편으로는 기분이 좋아요. 내 딸은 꿈을 향해 나아가는 거니까요."

소리쳐 우는 딸과 조용히 눈물을 닦는 엄마, 리모컨을 쥐고 오열하는 나. 이것은 모두의 성장기였다. 대들며 크는 딸과 대드는 딸을 말리며 크는 엄마. 엄마도 싸우고 있는 것이다. 드디어 열린 복싱 경기에 복서들이 출전을 앞두고 몸을 풀었다. 등근육이 멋지고 풋워크가 가볍다. 진행자가 마이크를 쥐고 말했다. "이것은 축제예요. 아주 진지한 자리는 아니지만 누군가의 인생에 **임팩트**를 줄 수 있는 자리죠."

그렇다. 복싱은 내 인생에 **임팩트**를 줬다.

풍덩

1인 가구의 가장입니다

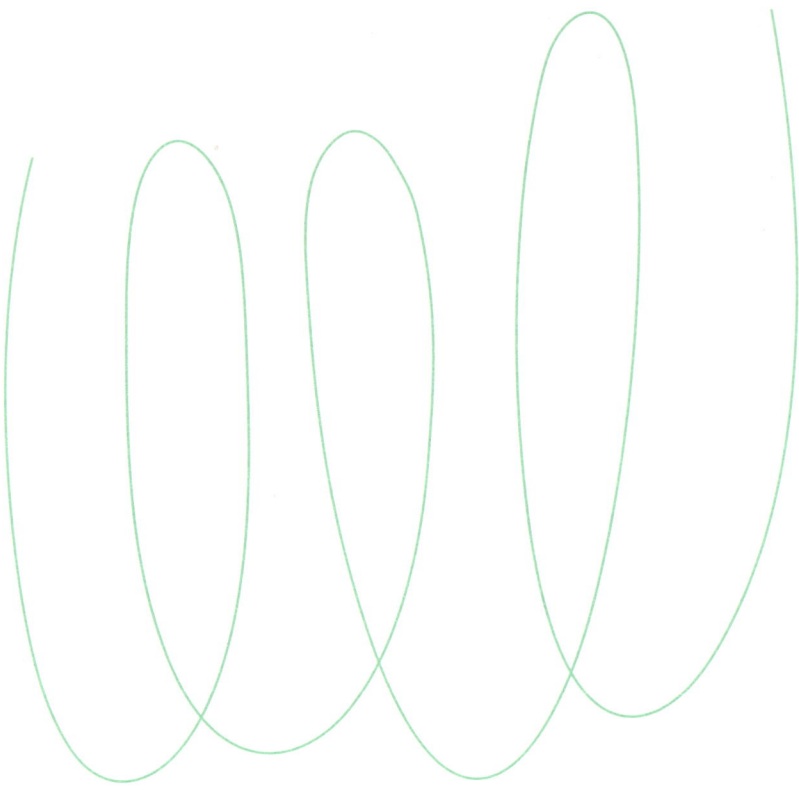

나가는 것을 좋아하니까 집의 중요도가 떨어질 것이라 생각할 수 있지만 그렇지 않다. 나가 노는 것의 폭발력은 안락한 집이 기다리고 있을 때 더 커지기 때문이다.

1인 가구로서의 나는 평범하다. 혼자 사는 것이 안락해서 평생 이렇게 살고 싶다는 생각을 하다가도 혼자 사는 것이 버거워서 누군가의 품과 손이 간절할 때도 있다. 다만 가족과 함께 사는 사람이 문득 혼자 있는 시간이 그립다고 갑자기 부동산 앱을 켜서 원룸을 계약하지 않듯이, 혼자 사는 사람도 누군가가 필요하다고 하루 아침에 혼자 사는 것을 그만두지 않을 뿐이다. 지금은 괜찮아도 나이가 들면 외로울 거라는 걱정의 말들 너머로 괜찮은 지금을 살며 괜찮을 미래를 만들기 위해 착실하게 살고 있다.

   혼자 살아보니, 혼자 잘 사는 데에 정말 필요한 기술은 요리도 청소도 못질도 아니라 잘 노는 것이었다. 여럿이 한 집에서 잘 살아가기 위해 소통의 기술이 필수적이라면 혼자 사는 데에는 지치지 않는 에너지로 *나와 노는 기술*이 필요했다. 나의 소중한 가정이 윤기 있게 굴러가도록 나는 나와 꾸준하고 즐겁게 놀아야 한다. 어떻게 하면 혼자 더 잘 놀 수 있을까를 고민하며 오늘도 1인 가구의 가장은 팔을 걷어 부치고 나가 일을 하고 그렇게 번 돈으로 나의 유일한 식솔(나)에게 빵과 장미를 건네며 살아가고 있다.

이사의 마음

비가 많이 오던 날, 비를 맞으며 이사를 했다. 그리고 비가 그치고 눈이 오던 날, 새 집 정리를 시작했다. 못을 빼고 못을 박고 매달고 떼고 붙이고 치우고 넣고 다시 빼고 다시 넣고를 반복하며 집 구석구석을 만졌다. 자다가도 벌떡 일어나서 서랍을 다시 정리하고 새벽녘에 번뜩 생각이 나서 컴퓨터를 켜고 인터넷 쇼핑을 했다. 이렇게 잠을 자도 깨어있는 듯한 흥분감이 나흘 정도 반복되자 남의 집이 나의 집이 됐다.

이사는 생각보다 수월했는데 동시에 생각보다 훨씬 힘들기도 했다. 짐을 옮기고 잔금을 치르고 짐을 풀고 청소를 하는 일은 생각보다 수월했지만 짐을 옮기며 만난 사람들과 잔금을 치르며 만난 사람들과 짐을 풀 때 만난 사람들이 생각보다 훨씬 힘들었다. 화가 날 정도로 이해가 안 가는 사람도 있었고 이해는 가는데 말이 너무 많은 사람도 있었고 부푼 마음을 자꾸 무너뜨리는 사람도 있었다. 사람 때문에 힘들었다. 많이 들었던 말은 이런 것들이었다.

"**남자친구**는 없어요?" "도와줄 **남자**는 있어요?" "같이 들어줄 **남자**는요?" "이럴 땐 **남자친구**가 와서 도와줘야 되는데." "그런 건 **남자친구** 오면 맡겨요."

힘을 쓰는 구역 내에서 남자들은 서로에 대한 신용이 어찌나 두터운지, 그에 대한 반작용으로 여자에 대한 불신이 얼마나 깊은지 "제가 할 수 있어요"라는 내 말을 하나같이 무시하며 혹시라도 숨어있는 남자가 없는지 주변을 살폈다. 독립을 한다고 회사 사람들에게 말했을 때, 많이 들었던 이야기는 이런 것들이었다.

"집에서 해줬어?" "집에서 얼마나 해줬어?" "엄마가 혼수자금 당겨줬나 보네?"

대다수의 남자들이 나의 '독립'을 '독립'으로 받아들이지 않았다. 나를 아는 사람도 나를 모르는 사람도 약속이나 한 듯이 한결같이 나를 독립할 수 있는 사람으로 보지 않았다. 여러 사람들 덕분에 완벽하게 지쳐있던 이삿날, 입주 청소를 맡겼던 아주머니가 벽을 박박 닦으면서 말하셨다.

"아가씨가 참 알뜰하게 돈을 모았네. 용하네. 엄마한테 용돈도 줘요?"

이 아주머니가 나와 같은 여자로 보였던 때가 그때부터다. 이 분과 내가 같은 구역에 있구나. 굳이 양해를 구하고 부탁하지 않아도 이해가 되는 구역. 그래서 덕분에 조금 숨 쉴 만했다.

며칠 사이에 몇 번이나 들락날락 거린 집 앞 슈퍼마켓에서는 여자 사장님이 손님들 얼굴을 다 기억하는지 "이사 왔나 봐요? 잘 왔어요. 이 동네 좋아요"라고 말을 건넸다. 그리고 또 한 번 망치를 사러 갔을 때에는 망치가 없다며, 옆 가게 아저씨한테 빌려다 주기까지 했다. 사방에서 망치질만 당하고 돌아다니다가 망치를 빌려주는 사람을 만나니 기운이 났다. 망치같이 단단하게 잘 살고 싶다는 생각을 했다.

내 기준의 필수품

"가성비를 따지는 게 아주아주 일반적이 됐잖아요. 저도 매일을 그렇게 살고 있습니다만… 생각해보면, 가성비 쇼핑을 할 때는 매번 기준이 바뀌어요. 품질 대비 이 정도 가격이면 좋지 않나? 가격 대비 이 정도 품질이면 괜찮은 거 아닌가? 매번, 만 원을 쓰는데도 기준이 흔들리니까 타협을 하는 거예요. 왔다 갔다 타협 타협. 누가 시킨 것도 아닌데 계속 타협을 하는 거죠. 그러니까 가성비 쇼핑이 주는 만족은 타협을 아주 잘했다는 것에 대한 만족이라서 진짜 기쁨, 기억에 남을 만한 기쁨, 고통을 잊을 만한 기쁨은 못 얻는 거 같아요. 다른 사람한테는 말도 안 되는 것을 오직 내 신념과 취향으로 샀을 때는 왜 좀 다르잖아요. 너무 신나잖아요? 말도 안 되는 화병을 백만 원 주고 산다든가, 그 반대로 마음에 쏙 들어서 산 만 원짜리 원피스를 입고 으리으리한 자리에 갈 때는 또 얼마나 신이 나는지. 결국 중요한 건 기준 같아요. 나만의 기준. 부자가 되기는 힘든 삶이겠지만 원래 취향이란 것은 비싼 거라 그걸 가지면 부자가 됐다는 의미이기도 웅얼웅얼…."

얼마 전 회의에서는 이렇게 한참 동안 잘난 척을 했다. 늘 하고 싶었던 이야기였는데 일기장에 해야 할 말을 회의실에서 했다는 것이 문제라면 문제였다. 1인 가구니까 집을 고르는 기준도 그 집을 채우는 취향의 기준도 1인(나)일 것 같지만 사실 대부분의 경우는 그렇지 않다. 과연 이것이 필요한가. 과연 이 가격이 적절한가. 손해 보는 것인가 이득 보는 것인가. 나의 필요와 취향을 무게 달아 이 노트북은 과한 것인지, 이 설탕은 모자란 것인지, 이 원피스는 적당한 것인지. 내 취향과 관계없는 내 형편과 내 취향이 모른 척하고 싶은 세상의 기준에 맞춰 따지고 다듬고 깎아진 것들만 집이라는 공간에 들어오게 된다. 합리적인 소비란 이렇게 적당한 선을 찾아 아슬아슬하게 자리하는 것으로 탄생한다.

그럼에도 불구하고 내가 갖고 싶은 것은 그릇장이었다. 그릇이 많은 것도 아니었지만 그릇장이 갖고 싶었다. 그릇장을 놓을 정도로 큰 집을 갖고 있지 않지만 그릇장이 갖고 싶었다. 그래서 그릇장만큼은 오로지 내 취향만 고려해서 사고 싶었다. 이 마음을 품은 지는 2년 정도 되었고 본격적으로 그릇장을 찾은 지는 반년이 넘었다. 인스타그램에서 #그릇장, #가구공방을 찾아서 가구 만드는 곳들을 방문하기도 하고 요리조리 디자인을 짜 맞춰 제작을 의뢰해보기도 하고 도쿄의 빈티지 가구 거리를 배회하기도 하고 인터넷 쇼핑몰을 뒤지고 또 뒤지기도 했다. 그리고 알게 된 것은 세상에 마음에 쏙 드는 그릇장은 없다는 것과 그 안에서도 비싸고 마음에 안 드는 그릇장과 싸고 마음에 안 드는 그릇장이 있다는 것이었다. 어쩌다 카페에서 마음에 드는 그릇장을 발견하면 그것은 반드시 비매품이었다. 카페 사장님도 나와 같은 과정을 통해 그렇게 마음에 쏙 드는 그릇장을 구입했을 테니까 그것을 남에게 팔 수 없다는 마음은 이해가 갔다. 내 머릿속 그릇장에 대한 생각을 그릇장으로 표현해보면 이런 그릇장이 나온다.

	세상의 모든 그릇장	
비싼 그릇장	싼 그릇장	비매품
마음에 안 드는 그릇장		마음에 쏙 드는 그릇장

실수하고 싶지 않아서 하루에도 몇 번씩 친구들에게 그릇장 샘플을 보여주고 의견을 물었더니 이제 제발 뭐든 좀 사라며 고통을 호소하는 이들이 나타났는데 내 고통이 더 커서 살필 틈이 없었다. 마음에 드는 그릇장 하나 찾지 못하는 사람이라면 못생긴 그릇장을 평생 보며 벌을 받는 게 낫지 않을까 무기력해져 있는 찰나, 보다 못한 친구(본업: 인터넷 쇼핑, 특기: 최저가 찾기)가 한번 보라며 그릇장 사진을 하나 보냈다.

'으음? 뭐지? 뭔가 가슴이 간질간질해. 음? 이건가…? 이건가!!!'

집을 직접 골라본 사람이라면 아는 기분인데 별의별 황당한 집들을 수십 개 보다 보면 뭐가 마음에 드는지도 모르겠고 나의 취향 따위는 상대적일 뿐인 것이고 모든 걸 포기하고 싶을 때 즈음에 갑자기 '내 집이다!'라고 느낌이 오는 집을 만나게 된다. 그럴 때 보통 주변인들은 고개를 갸웃한다.

<u>친구 1</u> 야… 너무 낡았고 무엇보다 집이 7각형이야….(훗날, 나의 두 번째 집이 됨.)

친구 2   야… 베란다만 운동장만 하고 화장실은 성냥갑만 해….(훗날, 나의 세 번째 집이 됨.)

하지만 모든 조건을 뛰어넘는 힘이 발현되는 순간, 결단은 내려지게 되는데 그렇게 나는 나의 그릇장을 만났다. '조금만 더 고민해볼까?' 싶은 마음이 더 이상 들지 않는 그릇장이었다. 나중에 친구에게 이 그릇장을 왜 지금에서야 보여준 거냐 따졌더니, 내가 주구장창 말했던 사이즈보다 너무 컸기 때문이라고 했다. 다시 보니, 나의 그릇장은 계획했던 사이즈보다 두 배 가까이 크고 내내 추구했던 빈티지 스타일이 전혀 아니었다. 내가 세운 기준에 부합된 것이 거의 하나도 없었지만 내 집에 들여놓고 나니 너무나 나의 그릇장, 누가 봐도 나의 그릇장, 이제 없이는 못 살 내 인생의 필수품이 되었다.

공동 거주 실험 & 공동 거주 실험

 '언제, 누구와 결혼할 것인가'라는 일생일대의 질문이 '어떤 가정을 꾸릴 것인가'라는 질문으로 바뀐 것은 30대 중반에 들어선 무렵이었다. 3년째 독립생활을 하던 중 사정이 생겨서 부모님 집으로 다시 들어가게 됐는데, 엄마 아빠의 울타리 안에 웅크리자 곧바로 안정감이 찾아왔지만 얼마 안 가서 답답함도 방문을 두드렸다. 주어진 공간의 크기로 치자면 원룸보다 부모님과 함께 사는 집이 더 넓었음에도 불구하고 어딘지 모르게 갑갑했다. 끼니를 챙기는 일도 혼자 살 때보다 훨씬 덜하게 되었음에도 어쩐지 여유가 없었다. 주체적인 공간이 그리웠다. 그리고 그 공간을 구체적으로 상상해보니 결혼의 모습이 아닌 것 같았다.

 그런 고민을 하던 즈음 친한 친구들에게 새로운 형태의 가정을 꾸려보고 싶다고 웅변하다가 그 자리에 있던 둘에게 함께 살아보자고 제안했다. 이른바, 공동 거주 실험 프로젝트. 에어비앤비로 집을 하나 빌려서 세 명의 친구가 열흘간 함께 살아보는 것. '함께 먹고 따로 잔다'라는 규칙 아래 거실 하나, 주방 하나, 방 세 개인 집에서 함께 요리해서 함께 먹고 따로 자고 따로 출근하지만 같은 곳으로 퇴근해서 논다는 헐렁한 콘셉트의 프로젝트였다. 말이 나온 다음 날 열심히 검색을 해서 집을 알아봤고 바로 예약을 했고 그다음 날 짐도 안 싸 온 채로 입주를 했다. 그렇게 열흘간의 공동 거주가 시작됐다. 들뜬 마음의 세 명이 낯선 집에 둘러앉았다.

공동 거주 인원	유 기자, 윤서, 나
공동 거주 공간	서울시 마포구 연남동의 모 빌라(방 3개, 거실 1개, 부엌 1개, 화장실 1개, 베란다 1개)
공동 거주 기간	10일

실험에서 배운 것 1. 공동생활에 사감은 필요없다

퇴근을 하니 8시. 거주 공간에 두 번째로 도착했다. 연남동 골목에 위치한 빌라에는 멀쩡한 방이 세 개 있고 베란다에는 동그란 테이블과 캠핑 의자 두 개, 거실에는 3인용 소파가 있었다. 보일러를 틀어놓고 첫날 저녁은 외식을 하기로 했다. 함께 사는 공간으로 이 집을 선택한 이유는 가볍게 나가서 밥 한 끼, 술 한 잔 하기에 적당한 동네인 동시에 집이 골목 안으로 들어가 있어서 '진짜 집' 같은 느낌도 들기 때문이었다.

첫날밤의 목표는 방 배정. 제비뽑기로 방을 정하기로 했다. 윤서가 가장 큰 안방, 유 기자가 중간 방, 내가 가장 작은 방이다. 각자 짐의 크기가 방의 크기와 비례할 것이라서 별 불만이 없었다. 화장실에 각자의 칫솔을 꽂아놓는 것으로 영역을 표시했다. 와인을 한 병 까놓고 TV를 보면서 시작한 것은 뜨개질. 새로 시작한 나의 취미다. 셋 다 짐을 챙겨 오지 않았지만 난 그래도 잠옷 한 벌을 챙겨 왔고 유 기자는 칫솔이라도 챙겨 왔는데 윤서는 정말로 무엇 하나 챙겨 오지 않아서 이날 밤, 집으로 돌아가서 내일 다시 오기로 했다. "야, 그건 규율 위반이지!"라고 말했다가 "네가 사감이냐?"라는 말을 들었다. 그러네. 공동생활에 사감은 필요 없지. 윤서가 가고 둘이 남아서 와인을 마시다가 유 기자가 먼저 자러 들어가고 난 계속 뜨개질을 했다.

실험에서 배운 것 2. 함께 장을 보면 집단 지성이 발휘된다

일어나서 가장 먼저 한 일은 커다란 종이에 식단 계획을 짠 것이다. 십여 년의 낮과 밤 동안 밥집과 술집을 함께 격파해온 우리는 서로의 식성을 잘 알아서 칸을 메우는 데 거침이 없었다. 일단 3일 치 식단을 빼곡하게 짜놓고 소파 뒤에 붙였다. 뿌듯했다.

뜨개질을 하면서 TV를 보고 있는데 윤서가 거대한 캐리어를 끌고 왔다. 큰 방에 어울리는 사이즈의 짐이었다. 본격적인 공동 거주 생활 시작의 의미로, 장을 보러 가기로 했다. 셋 다 만두를 좋아하기 때문에 만두 찌는 용으로 커다란 냄비를 샀다. 파티용 냅킨도 샀다. 저녁에 친구들을 초대해버렸기 때문이다. 누구도 장보기 리스트를 적어 오지 않아서 생각나는 대로 먹고 싶은 것을 공격적으로 담았는데 계산할 때 보니 고기가 참 많았다. 혼자 장을 볼 때는 못 느꼈던 카트를 가득 채우는 즐거움을 느꼈다. 셋이 모두 양손에 바리바리 들고 올라와서 택시를 잡으러 가는 길에 누군가, 뭐 빠뜨린 거 없지? 하고 물었고 누군가 피자 도우를 빠뜨렸다고 말했다.(저녁에 예정된 파티 메뉴가 피자였다.) 택시 타기 전에 이런 것도 생각나고 대단하네. 역시 여럿이 함께 장을 보니까 집단 지성이 발휘되는구나.

허리까지 오는 높이의 꼬마 냉장고에 식재료를 다 넣으니 냉장고가 터져 나갈 위기에 처했다. 고기 위에 고기, 연어 위에 문어, 맥주 위에 맥주를 쌓아올렸다. 문을 열 때마다 달걀이 떨어져서 깨지고 맥주가 떨어져서 구르고 귤이 떨어지는 일이 연속적으로 일어났다. 냉장고의 크기란 가족의 크기에 비례해야 한다는 것을 알게 됐다. 초대한 친구들 포함 여섯 명이서 피자 여덟 판을 구워 먹었더니 매우 흡족한 파티가 되었다. 결혼한 친구인 래래네 집에 놀러 가면 래래 남편인 초짱이 우리한테 "자고 가"라는 말을 자주 하는데 난 그게 참 부러웠다. "자고 가"라고 말할 수 있는 건 집주인뿐이니까. 그래서 나도 친구들에게 해봤다. "자고 가." 그러나 아무도 자고 가지 않아서 다시 셋이 남았다.

실험에서 배운 것 3. 의외의 인물이 가장이 된다

밤에는 집 근처로 놀러온 애인을 만났다. 재밌냐고 묻길래 생각보다 더 재밌다고 대답했다. 집에 가면 친구가 있고 밖에 나오면 애인이 있고 뭔가 선물 가게 옆에 선물 가게 느낌이야. 집으로 돌아와서 한 일은 뜨개질. 거실 스피커로 데미안 라이스 신보를 들으며 뜨개질을 했더니 와인이 마시고 싶어져 한 병 땄다. 혼자라면 딸까 말까, 괜히 땄다가 반도 못 먹고 버리는 것은 아닌지 고민했겠지만 셋이서 와인 한 병쯤이야. 이때가 바로 유 기자가 뜨개질에 입문한 순간이다. 유 기자는 나름 손이 야무진 사람이라 코 만들기, 겉뜨기, 안뜨기만 가르쳤더니 자투리 실을 써서 그럴싸한 물병 감싸개를 만들어냈다. 아까 낮에 동네에서 산 꽃을 물병에 꽂아뒀는데 물병 감싸개로 감싸자 그

럭저럭 화병처럼 보였다. 내일은 눈이 오고 추울 거라지만 우리 집은 뜨개실로 감싼 것처럼 아늑했다.

아침에 일어나 거실로 나갔더니 유 기자가 피곤한 얼굴로 맞이했다. "낯선 집이라 보안이 걱정돼서 새벽 4시 반까지 불침번 서다 잤어." 유 기자는 상당한 겁쟁이라서 깨어있는다고 해서 우리 집 안전도가 높아지는 것은 아니지만 의외의 인물이 가장의 역할을 하는구나 싶었다.

실험에서 배운 것 4. 함께 살면 충동의 전체량이 줄기도 한다

유 기자가 주말 출근을 하러 나가고, 윤서와 나는 커피를 마시고 싶어서 동네 산책 겸 외출을 했다. 마침 비가 내려 창이 큰 카페에 들어가 커피를 마셨다. 동네에 커피숍이 많으니까 참 좋다. 커피를 마시면서 나는 뜨개질을 하고 윤서는 책을 읽었다. 근처에서 베트남 쌀국수를 파는지 냄새가 너무 좋았지만 우리는 밥을 전기밥솥에 안쳐놓고 나온 생활형 자취인이라서 커피만 마시고 들어갔다. 혼자였다면 먹고 들어갔을 텐데. 충동적인 사람들이 함께 살면 충동의 전체량이 줄어들기도 한다는 것을 배웠다.

김치찌개만 가볍게 끓이려다 어제 사둔 삼겹살이 너무 맛있어 보여서 고기랑 야채도 구웠다. 날씨가 춥지 않아서 베란다 테이블에 상을 차렸다. 밖은 흐리고 고기는 맛있고 집은 안락하고 너무 좋네. 고기와 김치찌개를 먹으며 한참 수다를 떨다가 윤서가 함께 보면 가장 재미있는 TV 프로그램인 〈인기가요〉를 보자고 해서 거실로 들어왔다. 이날 오후 〈인기가요〉를 보며 계속 털실을 만지작거리던 윤서가 뜨개질의 세계로 들어왔다. 소파에서 뜨개질을 하며 떠들고 있는 사이 슬슬 해가 지는 거 같고 유 기자의 귀가 시간이 다가오고 어젯밤에 피자 도우로 만들어둔 반죽이 베란다에서 식고 있길래 우리가 만든 저녁 메뉴는 수제비다.(식단표에 없던 메뉴 등장.) 첫째 날에 산 유일한 세간, 큰 냄비에 아리수를 채워 넣고 파와 양파를 숭덩숭덩 넣고 팔팔 끓여 육수를 내는데 30분째 끓여도 맛이 맹맹. 너구리 다시마와 수프를 넣었더니 단번에 해결. 반죽을 뜯어 수십 개의 작은 빵이 떠있는 듯한(피자 도우용 밀가루 반죽이라서 이스트가 조금 들어가 있었다) 수제비를 만들고 계란을 풀었더니 맛있었다. 그리고 주말 노동을 마치고 귀가한 유 기자를 위해 어제 충동구매한 채끝살을 구웠다.

실험에서 배운 것 5. 세 명의 사람은 세 마리의 돼지도 될 수 있다

냉장고의 음식물을 남겨둘 수가 없어서 7시에 일어나서 씻고 아침상을 차렸다. 아침밥을 챙겨 먹은 건 정말 오랜만이었다. 설거지까지 하고 다 같이 홍대입구역으로 향했다. 나는 공항철도 방향으로, 유 기자랑 윤서는 2호선으로. 이 동네를 거주 지역으로 정한 것에는 세 명의 회사를 고려했을 때 모두에게 멀지 않은 곳이라는 점도 작용했는데 나의 새로운 출근길이었던 공항철도는 지하철이 가는 길이라기보다는 지하철을 향해 인간이 걷는 길이라고 보는 것이 맞아 보였다. 걷고 걷고 걸어서 지하철을 겨우 타서 트위터를 몇 개 보려고 치면 벌써 서울역에 도착해 있었고 역에서 내리면 또 목적지를 향해 내 두 발로 걷고 걷고 걷고 또 걸어야 했다. 지하철비는 지하철 공사가 아니라 내가 받아야 할 거 같은 기분. 지하철 두 정거장이니 너무 일찍 출근할까 봐 걱정했는데 도리어 지각이다.

눈이 엄청나게 내리고 그치고 녹고를 반복하다 다시 눈이 그쳤을 때, 휴대폰에서 퇴근했다는 소식이 하나둘 울렸다. 야근하며 발을 동동 구르던 나도 드디어 우리 집에 도착해 외쳤다. 이런 날씨엔 뜨거운 정종이지! 백화수복 대자를 전자레인지에 덥히면서 남은 삼겹살에 남은 호박에 남은 숙주를 넣고 볶았다. 페이스타임으로 싱가포르에 거주 중인 벗, 나리에게 전화를 걸었다. 나란히 소파에 앉아 나리를 마주하고 수다를 떨며 뜨거운 정종을 건배했다. 통화를 마치고 남은 연어와 남은 밥으로 김밥을 말아먹었다. 다음 날 아침에는 냉장고에 남은 베이컨과 계란으로 아침상을 차려 먹자는 이야기를 하면서 잠을 잤다. 공동 거주 후에 남는 것은 세 돼지일 듯한 예감이 강하게 왔다.

실험에서 배운 것 6. 눈 오는 날이 세 배로 즐거워진다

윤서가 귀샷실에 지하철역에서 집으로 가는 도중 술장(술을 장보는 행위)을 봤다는 소식이 들려왔다. 그 가게 옆 타파스 식당이 맛있다는 소식도 함께. 아, 나도 가고 싶은데. 밤 열 시쯤 귀가. 오는 길에 택시에서 생각난 대박 사업 아이템 세 가지를 떠들면서 테킬라를 마셨다.(동거인 수가 많아지면 술의 종류도 늘어난다.) 내년엔 각자 뭔가를 해보자며 흥분하고 있는데 유 기자가 튀김소보로를 들고 귀가. 밥을 안 먹었다 그래서 남은 토마토소스와 간 돼지고기를 넣고 파스타를 만들었다. 사업 이야기를 이어 하며 떠들고 있는데 눈이 온다는 메시지가 왔다. 베란다 커튼을 젖혀보니 우와, 눈이 언제 이렇게 왔지. 언제 이렇게 쌓였지. 이 집은 번화된 길에서 한 번 꺾여 들어간 골목에 있을 뿐인데도 정말 조용하다. 좁은 골목에 눈이 쌓여있고 가로등이 빨갛다. 모자를 쓰고 우르르 뛰어나갔다. 자정 넘은 시각, 눈이 쌓이고 집에 친구가 있다는 것은 좋은 일이다. 취했고 춥고 내일은 지각을 할 거 같고 여전히 일이 많고 여전히 하기 싫지만 참 즐거운 밤이었다.

실험에서 배운 것 7. 꿈의 집을 미리 경험해볼 수도 있다

매일 밤 "내일은 대륙식 아침식사를 차려먹자"라고 다짐하고 매일 아침 "아아, 내일은 반드시"라고 다시 다짐을 번복하다가 드디어 아홉째 날, 핫케이크, 베이컨, 웨지감자, 베이크 빈, 스크램블 에그, 커피로 구성된 대륙 스케일의 아침을 만들었다. 엄청 많다고 생각했는데 먹다 보니 딱 부족함이 없는 정도였다.

오후엔 동네 산책을 하러 나갔다가 부동산에 들러서 공동 거주 공간 코앞에 나온 집을 하나 봤다. 이 동네가 마음에 들어서 여기서 정말 살아도 좋겠다 싶었기 때문이다. 집보다도 탁 트인 옥상이 매우 마음에 드는 집이었다. 열흘 정도 짧게 살아보는 거라면, 이왕이면 서로의 집에 대한 로망을 묻고 그런 집에 도전해보는 것도 좋았겠다는 생각이 들었다. 마당이 있는 집이었다면 어땠을까? 혼자서는 엄두가 잘 나지 않지만 셋이라면 가능했을 텐데. 집은 사지 못했지만 동네를 돌아다니며 쇼핑을 잔뜩 하다가 라이브 바에서 가족 회식을 하고 귀가했다.

실험에서 배운 것 8. 하우스메이트로서 살아가는 인생

며칠 만에 날이 풀렸다. 해가 드는 골목으로 유 기자와 윤서가 커다란 캐리어와 가방을 주렁주렁 들고 떠났다. 올 때보다 더 짐이 많아졌다고 의아해하면서. 그리고 나도 캐리어를 끌고 나가 현관문을 잠갔다. 열흘간의 공동 거주를 마치면서 윤서가 이렇게 말했다. "나 앞으로 일주일간 금주할 거야." 이런 말을 하는 윤서는 처음이니까 우리의 공동 거주에는 공동 음주가 큰 부분을 차지한 게 맞았을 것이다. 그럴 줄 알았지만 공동 거주는 참 즐거웠다. 회사가 중심이 되는 삶에서 집이 중심이 되는 삶으로 내 중심이 옮겨지는 것이 좋았다. 퇴근하면 씻고 이거 저거 좀 보다가 자는 집의 생활에서 퇴근 뒤에 할 수 있는 것이 정말 많다는 것을 체험하는 것이 좋았다. 요리도, 대화도, 뜨개질도, 음주도, 무엇이라도 집에서 할 수 있다는 것이 좋았다. 열흘이 한 달이 된다면 운동도 했을 거 같다. 그리고 각자의 방에서의 시간도 가질 거 같다. 한 달이 일 년이 된다면 무언가를 해야 한다는 조바심에서 오늘이 아니면 내일이어도 된다는 여유로움이 생길 거 같다. 윤서는 샤워를 하고 나면 샤워기 줄을 돌돌 말아 정리한다는 것과 유 기자는 침대 정리에 재주가 있다는 것 같은 서로가 가진 생활의 기술을 더 알게 될 거 같다. 일주일에 하루는 영화를 보는 밤, 일주일에 하루는 요가를 하는 아침, 일주일에 하루는 금주의 밤, 일주일에 하루는 대륙식 아침상의 날 같은 거주자들의 전통을 만들 수 있을 거 같다. 하지만 이 열흘이 일 년이 되고 몇 년이 되다가 하나둘 떠나게 된다면 좋았던 만큼 허전함이 커질 거 같다는 생각도 들었다. 그래서 이 공동 거주의 시작점과 끝점이 내 인생에서 즐거운 또는 슬픈 분기점이 될 수 있겠다는 생각도 했다. 아닌가. 셋으로 시작해 넷도 다섯도 될 수 있는 건가. 결혼을 하거나 또 다른 사람들과 살게 된다고 해도 하우스메이트로서의 나로 살아간다면 가사도 동거의 의무감도 즐거울 수 있을 거 같다는 생각을 했다. 어떤 형태의 가정을 갖게 되더라도 이 열흘의 경험에서 얻은 것을 기억하고 싶다. 밀도 있게 열흘을 살았다.

유아 낫 슈가

스물두 살, 터키를 여행할 때의 일이다. 39일 동안 햇빛이 쨍쨍하다가 마지막 날에 갑자기 비가 세차게 쏟아졌다. 굵은 빗방울이 머리를 때리는 순간 스위치가 눌린 듯 허겁지겁 뛰기 시작했다. 머리 위에 손바닥을 펴서 얹는 것은 자동이었다. 그 길에는 비와 상관없이 느긋하게 걷던 터키 아저씨도 있었는데 뛰는 나를 쳐다보며 말했다.

"Don't run. Don't worry. You're not sugar."

(뛰지 마. 걱정 마. 넌 설탕이 아니잖아.)

You're not sugar. 그 말이 마치 얼음땡 놀이의 땡!처럼 해방감을 줘서 다급한 두 발이 녹아 여유로워졌다. 나는 설탕이 아니니까. 녹지 않으니까. 털 끝 하나도 녹아 사라지지 않을 거라 생각하니 나의 속도로 걸을 수 있게 되었다. 폭우를 피할 이유가 없어졌다. 녹지 않는 신체를 가졌다는 것이 즐거워졌다.

그 다음 해에는 스쿠버다이빙을 해봤다. 갑갑한 다이빙 수트를 입고 무거운 공기통을 메고 등부터 깊은 바다로 뛰어드는 것은 겁이 나는 일이었다. 나의 거친 숨소리를 들으면서 오리발을 차례로 차며 바다 밑으로 밑으로 들어가자 그간 보지 못했던 70%의 세상이 나타났다. 그 안에 산도 있고 꽃도 있고 집도 있었다. 엄청난 수의 생명체들이 규칙을 지키며 자유롭게 물을 타고 있었다. 허리를 길게 뻗어 더 깊이 들어가고 조류에 쓸리고 밀려도 내 몸은 끄떡없었다.

그 이후로는 물에서 하는 것이라면 무엇이든 하고 싶어졌다. 헤엄도 다이빙도 낚시도 비를 맞는 것도 젖은 채로 목욕탕에 가는 것도 젖은 머리로 술을 마시는 것도 전부 신이 났다. 뛰어들 때의 상쾌함도 물론 좋지만 어느 정도 수온과 물살에 적응한 뒤 찾아오는 안전한 기분이 정말 좋다. 안전한 동시에 자유로운 기분. 발 뒤꿈치가 까진 채로 물에 들어가면 처음에는 감각이 모두 상처 부위에 쏠릴 정도로 적극적으로 따갑다. 하지만 조금 있다 보면 아픔이 줄어들고 편안해진다. 그 편안함은 까진 부위에 밴드를 붙이고 다시 걸을 때의 편안함과는 차원이 다르다. 밴드가 아픔을 무디게 해준다면 물은 고통에도 불구하고 해방감을 준다. 아프지만 어디든 갈 수 있다는 자유, 아프지만 녹지 않는다는 자신감을 준다. 그래서 나는 근심이 있는 날도 으슬으슬 추운 날도 기어코 물을 찾는다.

녹아 사라지지 않는데, 물에 뛰어들지 않을 이유는 없다. 우리는 설탕이 아니다.

풍덩 2

서울의 수영장 기록

처음 수영을 배운 초등학교 시설 이후로 실내 수영장에 나시 간 선 대학교 1학년 때였다. 내 마음대로 시간표를 짤 수 있다는 것에 흥분해서 들어야 하는 수업과 듣고 싶은 수업을 마구 넣고 합쳤더니 무모한 시간표가 완성됐다. 수요일에는 수업을 연달아 세 개 들어야 했는데 모두 다른 건물에서 진행됐다. 그리고 수업과 수업 사이에 교양 수영이 끼어있었다. 나는 체대생도 아니면서 첫 학기에 수영 수업을 신청하는 패기 있는 사회대 신입생이었던 것이다. 첫 번째 수업을 마치면 쉬는 시간은 15분. 그 사이에 캠퍼스를 가로질러 수영장이 있는 건물로 뛰어가서 로커에 옷을 벗어던지고 샤워장에서 몸을 씻으며 수영복에 다리를 끼어 넣고 수영모를 쓰고 수영장에 뛰어들었다. 준비운동이 필요 없었다. 수업이 끝나면 다시 뛰어나와 수영복을 돌돌 말아 벗어 내리고 샤워를 하고 옷을 입고 젖은 머리를 휘날리며 다른 수업을 향해 뛰어갔다.

그렇게 정신없이 다녔지만 학교 수영장은 즐거운 곳이었다. 건물의 입구부터 훅 하고 끼치는 락스 냄새와 소리가 우엉우엉 울리는 넓고 높은 실내 공간. 수영장은 ㄱ자 모양으로 특이했는데 │자 부분은 1.5m 깊이의 레인이 있는 풀이었고 위쪽 ━자 부분은 3m 깊이의 레인이 없는 오픈된 풀이었다. 우리가 │자 부분에서 수업을 받고 있으면 가끔 ━자 부분에 싱크로나이즈 선수들이 와서 연습을 했다. 우리 학교 수영장을 대여해서 연습하는 선수들이라고 했다. 탄탄한 근육질의 다리 네 쌍이 **쑥 쑥 쑥 쑥** 나왔다 들어가고 다시 머리가 **촤 촤 촤 촤** 하고 나왔다. 같은 물에 들어가 있다는 것만으로도 신이 나는 역동감이었다. 교양 수영은 알고 보니 체대생들이 학점을 쉽게 따기 위해서 수강하는 수업이었다. (나만 몰랐나?) 수영을 너무나 잘하는 대다수의 멋진 체대 언니들 사이에서 유일한 신입생이자 하위권 학생이었던 나는 귀여움을 받았다. 어떤 날엔 수업을 마치고 급하게 샤워를 하는데 길고 풍성한 머리를 감고 있던 선배가 "너는 집이 어디니? 내가 태워다 줄까?"라고 말을 걸었다. 고등학교를 졸업한 지 한 달이 조금 넘은 나는 얼굴에 거품을 묻힌 채로 크게 놀랐다. 차가 있다니! 차를 타고 학교를 다닌다니! 그 차로 나를 데려다준다니! 벌거벗고 저런 제안을 하다니! 뒷 수업이 기다리고 있었기 때문에 어쩔 수 없이 사양해야 했지만 이 일로 수영장은 더 멋있는 곳이 되었다. 학점은 B+를 받았다. 1학년 1학기 수강 과목 중 무려 최고 학점이었다.

졸업하고 몇 년 뒤, 회사 앞에서 원룸살이를 하던 시절에도 아주 가끔 정시 퇴근을 하는 저녁에는 자전거를 타고 20분 정도 달려 수영장에 갔다. 양재역 근처라고 하기에는 애매한 곳에 있는 한전아트센터 수영장은 아침잠 없는 회사 선배가 새벽 수영을 하는 곳이었는데 수영장 물이 해수라 좋다고 했다. 해수보다 더 좋았던 건 천장에 창이 있어서 뿌옇게나마 하늘을 보며 수영할 수 있다는 것이었다. 마지막 시간대에 가면 라인 세 개를 거둬서 한편에 큰 공간을 만들고 아쿠아로빅 강습을 했는데 쿵짝쿵짝 음악에 맞춰서 알록달록 중년의 수영인들이 들썩거리는 동작을 보는 재미가 있었다. 그때는 야근으로 늘 지쳐있었는데도 이상하게 쉬지 않고 스무 번을 왕복하는 것이 힘들지 않았다. 뺑뺑이를 돌다 보면 생각이 없어져서 좋았다. 머릿속 근심과 마음속 분노가 조금씩 녹는 기분이었다. 하늘이 보여서 그런지 감상적이 되어서 수영을 하다가 울기도 했는데 수경에 눈물이 차는 게 뭔가 시적이라는 도취에 빠지기도 했다. 해수도 짜고 나도 짜고 이 물은 어디에서 흘러왔는지 나는 어디로 흘러가는지 모를 그런 기분이었달까.

다시 본가로 들어가서 살게 된 뒤에는 집에서 자전거로 15분 거리인 문래청소년수련관 수영장에 갔다. 여기는 그야말로 전투적이고 본격적인 생활체육관이었다. 한편에 마련된 유아용 풀에서는 아이들이 돌고래 소리, 코끼리 소리를 내며 물장구를 쳤고 성인용 풀에서는 어른들이 줄지어서 숨 돌릴 틈 없이 팔다리를 움직였다. 잠깐만 벽에 기대 쉬어도 이 스피디한 흐름에 방해가 되기 때문에, 그리고 꼬마들의 목소리가 만들어내는 울림이 어마어마해서 나도 그냥 머리를 다시 물속에 담그게 됐다. 어느 날에는 수영이 당장 하고 싶었는데 하필이면 얼마 전에 낡은 원피스 수영복을 버려서 가지고 있는 것이 비키니밖에 없었다. 한국에서 실내 수영장을 한 번이라도 가본 사람은 알겠지만 그곳은 도무지 비키니를 입을 만한 분위기가 아니다. 5세 이하의 여아들도 입지 않는다. 그래서 가진 것 중에서 가장 정중한 비키니를 골라 가방에 넣고 수영장을 향해 걸으며 계획을 세웠다. 하나, 수영장에서 수영복을 빌려준다면 그걸 빌려서 입는다. 둘, 만약 빌려주는 데가 없다면 비키니를 입고 들어가자마자 입수, 퇴장할 때까지 쉬지 않고 뺑뺑이를 돈다. 그럼 내가 비키니를 입었는지 아무것도 안 입었는지 아무도 모를 것이다. 사람들은 타인에게 관심이 없으니까.

도착한 수영장은 여느 날처럼 활기찼고 수영복을 빌려주는 곳이 없었다. 파는 곳도 없었다. 나는 두 번째 계획을 이행했다. 비키니를 입고 최대한 티가 나지 않게 달려 물 속으로 쏙 들어갔고 그 뒤로는 쉬지 않았다. 가장 튀지 않는 평영을 했다. 마침 비키니는 하늘색이었기 때문에 내가 물인지 물이 나인지 모를 정도로 평범한 수영객이었다. 턴을 하려고 하는데 사람이 많았다. 그래서 잠시 발을 땅에 대고 섰는데, 그 틈으로 어떤 아주머니의 목소리가 꽂혔다. "아가씨. 여기서 비키니 입으면 안 돼요!" 물안경 너머로 보이는 아주머니의 얼굴에서 수영장 군기반장의 강인함이 보였다. 그리고 물기를 먹은 내 입이 준비하지 않은 대답을 해버렸다. "규정에 있나요?" 선글라스가 태양을 직선으로 볼 수 있는 용기를 준다면 물안경은 군기반장의 시선에 맞설 수 있는 객기를 준다. 아주머니가 내 말에 당황하며 "규정에는 없지만 그걸 꼭 말해야…"라고 말을 잇는데, 나는 얼른 물속으로 몸을 숨겼다. 아주머니로부터 최고 속도로 멀어지며 뜨거운 심장을 물에 식혔다. 당황하면 귀가 빨개지지만 지금 내 귀는 수영모 안에 있다. 군기반장한테 대들었다는 사실 때문에 아드레날린이 솟구쳐 뺑뺑이를 쉼 없이 도느라 집에 가지 못할 뻔했다. 사람들은 의외로 타인에게 관심이 있다는 것을 배웠다.

서울역 근처로 회사를 옮긴 이후로는 가끔 중구회현체육센터의 수영장에 갔다. 고불고불 골목길 너머 남산 언덕배기에 있어서 도착하는 시점에 이미 준비운동은 끝나게 된다는 것이 장점이었다. 점심시간에 가면 할머니들이 많았다. 재밌는 점은 할머니들이 스피드스케이팅 팀추월 경기처럼 무리를 지어 수영하신다는 거였다. 보통 수영을 가면 앞사람과의 간격을 최대한 벌린 뒤 출발하는데 할머니들은 달랐다. 다섯 명의 할머니가 거의 동시에 출발하고 중간에 4번, 5번 할머니가 뒤처지면 1번 할머니가 멈춰서 "에잉~ 빨리 와야 출발하지~"하시면서 기다렸다. 그리고 다시 다섯 명의 할머니가 다 모였을 때 줄줄이 출발. 누군가 속도 조절을 못해서 중간에 엉키는 일이 발생해도 상관하지 않는다. 다 같이 자유형을 하고 그다음으로 다 같이 배영을 하고 심지어 다 같이 접영까지 한다. 팀워크에 감탄하다 보면 어느새 그 레인의 왕따가 되어 있다.

팁을 하나 공유하자면, 이곳은 평일에는 12시에 자유수영이 시작이라 그전에는 수영장 불을 모두 꺼둔다. 5분 정도 일찍 도착해서 들어간다고 하면 막지 않는데, 바로 그 5분 동안 캄캄한 수영장을 혼자

유영하는 다소 우주적인 경험을 해볼 수 있다.

  지금 살고 있는 서촌으로 이사 와서 좋은 점이 참 많지만 그중에는 청운초등학교 수영장도 있다. 동네의 좁은 골목 안, 초등학교 옆에 붙어있는 수영장인데 크고 사람이 적어서 언제나 한적하다. 어느 날 퇴근하고 수영장에 갔더니 옆 레인에서 한 어린이가 개인 강습을 받고 있었다. 배영을 배우는 중이었는데 어린이가 자꾸 몸을 비비 꼬니까 코치님이 몇 번 주의를 주더니 휙 하고 물 밖으로 나가서 종이컵을 가지고 다시 풍덩 들어왔다. 종이컵을 왜 들고 왔을까. 출발하려다 말고 궁금해서 좀 더 지켜봤는데 코치님이 종이컵에 수영장 물을 반쯤 담더니 어린이의 이마 위에 올려놓고 "요거 안 떨어뜨리고 레인 끝에 갈 때까지 계속하는 거야"라고 말했다. 그레이스 켈리가 모나코 왕비가 됐을 때 왕실의 예절 선생님이 머리 위에 책을 얹어놓고 위엄 있게 걷는 연습을 시켰다면 청운초등학교 수영선생님은 정확한 배영 자세를 가르치기 위해 종이컵을 머리 위에 얹는 것이다. 어린이 학생은 몇 번이나 종이컵을 엎어뜨리고 다시 출발해야 해서 심통이 난 눈치였지만 나는 학생이 부러웠다. 나도 머리 위에 종이컵을 얹어놓고 당당하고 우아한 영법을 다시 배우고 싶어졌다.

  이렇게 나는 수영장을 좋아한다. 이사를 가거나 회사를 옮기면 가까운 수영장을 찾아서 자유수영을 한번 가본다. 마음에 들면 한 달 등록을 해서 점심시간 또는 퇴근 후에 간다. 어떻게 점심시간에 수영을 하냐고 물을 수 있는데 점심시간에 수영장에 가면 의외로 많은 직장인들이 수영을 하고 있다. 수영장까지 가서 수영복을 갈아입고 수영하고 씻고 머리를 말리고 비비크림을 다시 바르는 것은 매우 번거로운 일이지만 물에 들어가는 순간의 기쁨 하나에 수영복을 챙겨 출근하게 된다. 수영인으로서의 꿈은 서울시청 앞 플라자 호텔 18층에 위치한 수영장의 회원권을 소유하는 것. 낮에는 자연광 아래, 밤에는 도시 야경을 감상하며 헤엄을 칠 수 있는 수영장에 다니기 위해 오늘도 출근을 한다.

5만 원어치의 새해 계획

새해 첫날 엄마 아빠한테 안부 전화를 하지 않아서 혼이 났다. 불효를 만회하고자 둘째 날에 함께 저녁을 먹기로 하고 내가 좋아하는 고깃집으로 장소를 잡았다. 먼저 도착한 엄마 아빠가 자리가 없어서 바로 옆 다른 고깃집에 들어가 있는다고 했다. 그 집이 만석인 적이 없는데 이상하다고 생각했다. 뒤늦게 도착해서 앉자마자 맥주와 소주를 따고 고기를 굽고 찌개를 끓이며 분주하게 먹고 마시고 있는데 찌개가 생각보다 별로였다. 원래 가려던 고깃집이 찌개랑 밥도 맛있는데 아쉽다고 했더니 엄마가 그 가게에 자리가 두어 개 있었는데 주인이 예약석이라고 말했다고 했다. 그랬더니 아빠가 담담하게 말했다. "요즘은 노인들이 식당에 가면 자리가 있어도 예약석이라고 말한다더라. 노인들은 많이 먹지도 못하니까 안 그래도 힘든 때에 노인 받으면 손해란 거지." 엄마는 아빠의 말에 놀라서 "정말이야?"라고 되물었다. 나는 정말인지 아닌지 대답을 할 수가 없고 다만 아빠가 고깃집을 나오면서 그런 생각을 했다는 것이 콕콕 쑤셔서 다 익은 고기를 뒤적거리면서 말했다. "그래서 요즘 식당에서는 젊은 아가씨들이 가는 것도 싫어한대. 술도 조금 마시니까." 어디서 한번도 들어본 적이 없는 말을 잘도 지어내 떠들면서 우리 엄마 아빠 상처받지 말라고 애꿎은 아가씨들의 주량을 끌어내렸다.

아마도 그 식당은 신년회를 하려는 직장인들 때문에 아주 오랜만에 예약이 가득 찼을 것이다. 사장님은 아주 오랜만에 기분이 좋았을 거고 그때 하필이면 예약하지 않은 딸을 둔 나의 엄마 아빠가 식당에 들어선 것이다. 그래서 누구나 식당에 자리가 없으면 못 들어가고 그 옆 식당에 가는 것처럼 그렇게 그 식당을 나왔을 뿐인 것이다. 아주 일상적인 일을 겪은 것뿐이다. 그럼에도 불구하고 나이가 많은 누군가는 그 식당에 못 앉은 이유를 나이 때문이라고 생각한다. 나이일 수도 있지만 성별일 수도 있고 장애일 수도 있고 피부색 때문일 수도 있는 일. 노키즈존 앞에서는 머리로 부당하다 생각했던 것이 나의 일이 되니 마음으로 울컥했다.

불편한 마음이지만 고기는 더 먹어야 되겠어서 항정살 2인분을 추가해서 굽고 있는데 언제나 고기를 마지막 한 조각까지 다 끝내고 밥 한 그릇에 냉면까지 싹싹 비웠던 아빠가 고기를 남기고 수저를 내려놓았다. 양이 줄어서 이제는 많이 먹지 못한다고 하셨다. 많이 못 먹어서 식당에 도움이 되지 않는 손님이라고 생각하고 계신 것만 같았다. 지금까지 아빠가 전국 고깃집에 올려준 매상을 생각하면 오늘부터 채식주의를 선언한다 해도 아빠는 VIP야!라고 말했어야 했는데 나는 그만 갑작스럽게 대식가의 대열에서 벗어난 아빠가 낯설어서 그 말을 못하고 식사를 마쳐버렸다.

납작한 봉투를 꺼내서 새해 용돈을 조금씩 드리고 계산하겠다는 아빠한테서 계산서를 뺏어들고 나와서 엄마랑 수다를 떨고 있는데 아빠가 지갑에서 5만 원을 꺼내서 건넸다. 오랜만에 아빠가 꼬미션(커미션)을 받아서 이것만 준다고 하셨다. 돌고 도는 게 돈이라지만 봉투 건넨 사람이 용돈을 받는 게 이상해서 손사래를 치자 엄마가 말했다. "아빠가 주는 거니까 받아~ 얼마 전 출장 다녀오시더니 그걸로 꼬미션 받으셨나 보다."

  5만 원을 두 번 접어 지갑에 넣고 엄마 아빠한테 손을 흔들다가 버스를 타고 집에 들어왔다. 내가 이 5만 원을 들고 어디를 갈 거냐면 건장한 장정들과 함께 만석이었던 그 고깃집에 갈 생각이다. 자리가 있어서 들어가 앉게 된다면 김치전골 하나 시키고 소주 한 병을 시켜서 두 시간 먹다 나올 생각이다. 젊은 사람들에 대한 기대감을 확 낮추는 것으로 기울어진 시선에 균형감을 1도 정도 올릴 생각이다. 5만 원을 다 쓸 때까지 그렇게 해볼 생각이다. 뻔히 자리가 보이는데도 예약이 꽉 차서 못 들어간다고 하면 젊은 장정들과 갔는데도 까였다고 엄마 아빠한테 꼭 말할 생각이다. 완전 인기 맛집인 거 같다고 다음 번에는 꼭 예약하고 가자고 말할 생각이다.

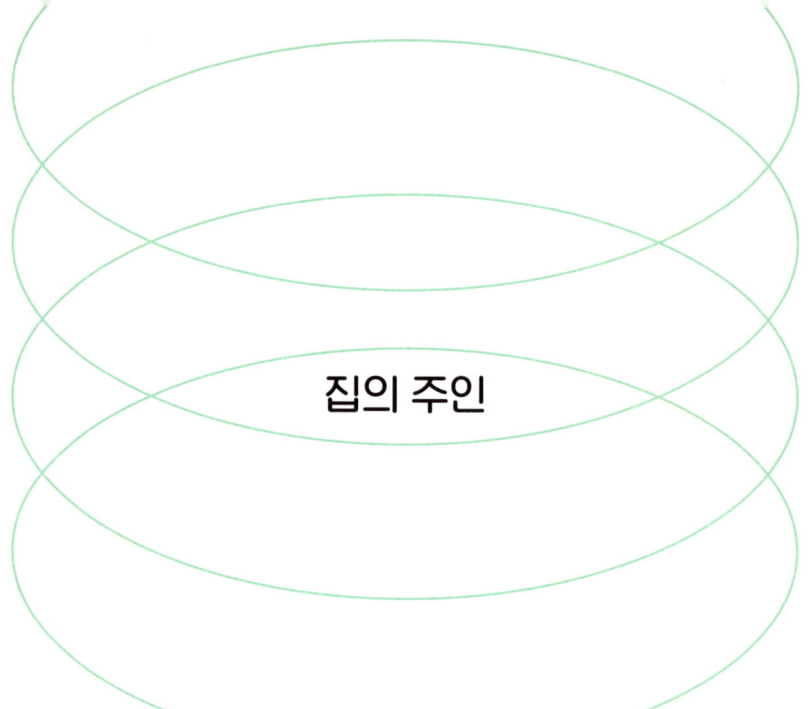

집의 주인

　이사 온 지 3년이 넘었다. 3년째 같은 집에서 살고 있는 것이다. 이사 온 첫날에는 짐을 거의 다 정리하자 밤이 되었다. 조금 추워서 보일러를 켰는데 알 수 없는 오류 사인이 뜨고 작동이 되지 않았다. 겁이 덜컥 났다. 보일러가 고장 난 집에 들어온 건가. 내가 이 집을 구할 때 그걸 살피지 않았었나. 찬 기운이 도는 집에서 불안하게 자고 일어나자마자 보일러 회사에 전화를 했다. 상담사가 자초지종을 듣더니 가스가 들어오지 않는 거 같다고 가스 회사에 전화를 해보라고 했다. 겁이 덜컥 났다. 가스도 잘 안 들어오는 집에 들어온 건가. 내가 그것도 살피지 않았었나. 가스 회사에 전화를 해보니 집 건물 어딘가에 가스 밸브가 있을 텐데 그것이 잠겨있는지 살펴보라고 했다. 슬리퍼를 끌고 나가서 건물을 한 바퀴 돌아봤다. 건물 1층에 있는 스위치들은 전기에 관련된 거 같고 건물 뒤로 돌아 무성한 잔디를 밟고 들어가니

과연 가스관이 여러 개 있었다. 우리 집 번호가 적힌 밸브를 찾으니 그거 하나만 가로로 돌아가 있었다. 기운이 났다. 이것만 세로로 돌리면 가스가 들어오는 건가. 밸브를 돌려놓고 한걸음에 뛰어올라 와서 보일러를 켜니, 우우우우우웅 낮은 시동을 걸며 보일러가 돌아갔다. 뿌듯한 기분이 들었다. 보일러가 고장나지 않았다는 것도 좋았지만 가스 밸브가 어디에 있는지 이제 알고 있다는 것이 더 뿌듯했다.

어떤 날에는 퇴근을 하고 들어왔더니 집 안이 온통 수증기로 가득 차 있었다. 물방울이 벽과 천장, 가구에 주렁주렁 맺혀 있었다. 겁이 덜컥 났다. 쏴아아아아 하는 소리를 따라 가보니 베란다에 세탁기를 연결해둔 수도꼭지에서 더운물이 분수처럼 새어 나오고 있었다. 옷을 다 적셔가며 물을 잠그고 나서 혹시 누전이 될까 걱정돼 전기 콘센트를 모두 분리했다. 집 안 전등은 스위치를 눌러도 켜지지 않았다. 집 밖으로 나와서 집주인한테 전화를 했더니 무슨 일인지는 모르겠으나 수리기사를 불러줄 테니 걱정 말라고 했다. 전화를 받은 수리기사 아저씨는 심란한 내 마음과는 다르게 한가한 목소리로 저녁을 먹고 와보겠다 하셨다. 나는 불을 켜지도 못한 채 축축한 내 집 안에 서서 마음을 졸였다. 도착한 수리기사 아저씨는 손전등을 켜고 여기저기를 둘러보시더니 세탁기와 연결된 수도꼭지가 문제라고 했다. 그것에 균열이 조금 생겼는데 세탁기 때문에 항상 물을 틀어놓은 데다가 마침 더운물이 나오는 쪽이라서 집 안에 작은 분수가 생겨버렸다고 했다. 아저씨는 수도꼭지를 새것으로 갈아주고 두꺼비집을 찾아 불을 켜주셨다. 환한 불 아래 눈을 찌푸리며 보니 내 집은 가구가 모두 들어있는 사우나 꼴이었다. 집에 있는 걸레와 수건을 모두 꺼내서 벽과 천장을 닦고 진공청소기로 벽지의 습기를 빨아들였다. 닦아낼수록 마음이 안정됐다. 자정이 넘어 눅눅한 침대에 누워서 여행을 갈 때는 세탁기 수도를 꼭 잠그고 가야겠다고 다짐했다. 세탁기가 있는 베란다 문은 출근할 때마다 꼭 닫아야겠다고 생각했다.

어떤 여름에는 문단속을 잘 해도 자꾸 모기가 나타나길래 여기저기 살펴봤더니 베란다 방충망에 구멍이 나 있었다. 그 사이로 모기가 들어오는 거 같았다. 방충망을 갈아야 하나 고민했지만 집수인에게 전화를 거는 것이 번거로웠다. 그래서 찾아보니 방충망 테이프라는 것이 있었다. 그걸 사다가 쭉쭉 찢어서 붙였더니 모기가 줄었다. 장마가 지나고 테이프가 혹시 닳으면 새걸로 다시 사다 붙여야겠다고 생각했다.

눈이 오면 뒷 베란다가 예쁘다. 뒷 베란다에서는 주차장이랑 산과 절이 보이기 때문에 밤에는 주차장 가로등 아래로 눈이 날리는 모습이 예쁘고 아침에는 산과 절에 소복하게 쌓인 눈이 예쁘다. 앞 베란다 너머에는 나무가 우거져 있는데 겨울에는 해가 낮고 잎이 없어서 볕이 거실까지 오래도록 든다. 여름에는 해가 높고 잎사귀가 무성해서 베란다까지만 해가 들어 시원하다. 해만 들면 베란다는 사계절 온실처럼 따뜻해서 주말 아침엔 눈곱을 단 채로 베란다 테이블 앞에 앉아 커피를 마시면 좋다. 3년째 조금씩 느리게 집을 알아가고 있다. 이 집을 가장 잘 아는 사람이 되어가고 있다. 영화 〈리틀 포레스트〉에서 가장 인상 깊었던 장면은 주인공이 지붕 위로 기어올라가 기와를 가는 모습이었다. 비가 새면 지붕에 올라가서 헌 기와를 던져버리고 새 기와를 얹어 흙으로 고정을 시키는 사람. 살고 있는 집을 가장 잘 알아서 낭비 없이 잘 사용하는 사람. 집의 주인이다.

얼마 전 사촌의 결혼식에서 오랜만에 큰엄마를 만났다. 큰엄마는 나에게 어떤 이미지인가 하면 마당이 있는 집에서 융 드레스를 입고 바쁘게 돌아다니며 개밥을 챙겨줬다가 우리 밥을 챙겨주는 사람이다. 식혜는 냉장고보다 뒷마당에 두는 게 더 시원하고 마당에 심어놓은 배나무는 올핸 열매가 별로지만 내년에는 잔뜩 열릴 거라고 말하는 사람. 마당에서 키우는 개가 일곱 마리라 잔디는 씨가 말랐어도 개똥 때문에 마당에 심어둔 무화과는 누구네 집보다도 크고 달게 컸다고 말하는 사람. 집 구석구석을 모르는 것이 없는 사람. 지금은 마당 있는 집을 떠나서 아파트에 살고 계신데 오랜만에 마주 앉아 식혜를 먹고 있자니 마당 있던 큰집이 생각났다. "큰엄마는 다시 주택에서 살고 싶지 않으세요?"라고 물었더니 보조개를 쏙 집어넣고 눈을 지그시 감으며 말하셨다.

"내 평생의 소원이야."

일흔이 넘으신 큰엄마가 평생의 소원이라고 말하는 것을 소파에 누워 창밖 나무들에 싹튼 봄눈을 보면서 나도 소원해봤다. 집을 알고 집을 다루고 집을 쓰는 데 자유자재인 사람이 되고 싶다.

집의 주인. 평생의 소원이다.

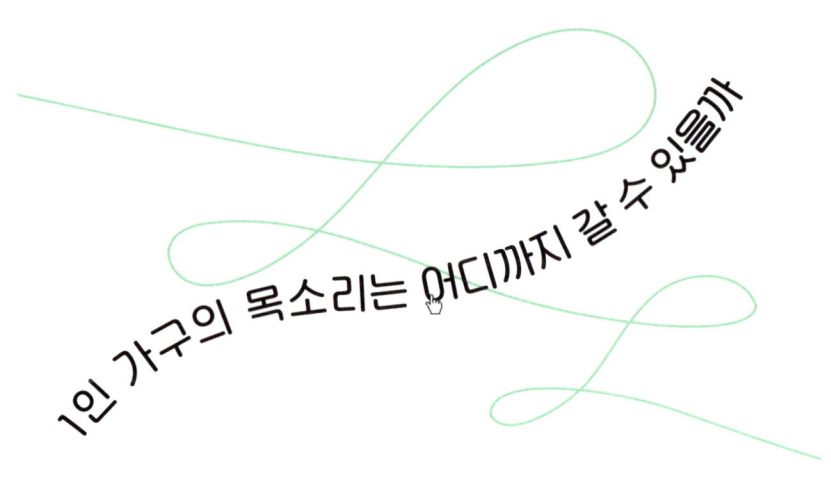

1인 가구의 목소리는 어디까지 갈 수 있을까

　17년 가까이 직장생활을 했지만 대다수의 싱글 직장인들처럼 나 역시 회사의 굵직한 복지 혜택을 받은 적은 거의 없다. 자녀 교육비 보조, 출산휴가, 결혼축의금, 조의금 등의 복지 혜택 중 가장 아쉬웠던 것은 금액적으로 가장 큰 자녀 대학 등록금 지원인데, 광고업계는 은퇴가 비교적 빨라서 이 혜택을 받는 사람은 전사에서 10%를 밑돈다. 그나마 이 10%는 고연봉자가 대다수일 수밖에 없다. 전 회사에서는 5백 명이 넘는 직원 중 단 한 명만이 장성한 대학생 자녀를 양육하고 있었는데 그는 회사의 오너였다. 이런 구성원을 가지고 있는 기업이라면 자녀 교육비 대신 직원 본인의 교육비나 직원 부모를 위한 교육비 보조가 실질적으로 도움이 되겠지만 네 개의 회사를 다니는 동안 그런 복지를 가진 회사는 만나지 못했다.

　수석이라는 직급으로 승진했을 때의 일이다. 수석이 뭐냐면 이 직급 체계에 익숙한 구성원들이 들으면 '아… 회사 되게 오래 다닌 사람이구나…'라는 느낌이 딱 오는 그런 직급이다. 조직에 몸담고 살아가는 사람이라면 승진을 하는 것이 안 하는 것보다 물론 마음이 편한 일이겠지만 승진 이후 달라진 것은 아무것도 없었다. 우리 회사는 대내외적으로 호칭에서 직급을 없앴기 때문에 나를 부르는 이름이 바뀌지도 않았고 연봉 협상은 항상 비상식적으로 미뤄져 매해 10월에 해당 연도의 연봉 협상이 진행되고 그 이후에 인상분을 소급받고 있기 때문에 내 통장에 들어오는 월급 역시 10원도 바뀌지 않았다. 업무가 달라졌냐 하면 당연히 똑같다. 다시 말해서 정말 바뀐 것이 없었다. 바뀐 것이 없으니 마음의 부담도 바꾸지 않기로 하고 출근을 해서 자리에 앉아 있던 어느 오후, 지원팀으로부터 메일을 받았다. 메일의 요지는 이랬다.

승진을 매우 축하드리며 회사에서 마련한 복지 혜택을 드리려고 하는데 그것은 바로 차량보험료 지원으로서 연 50만 원 이내 차량보험료를 실비로 지원해드림. 단, 차량 명의는 본인 및 배우자 한정. 다시 한번 승진을 매우 축하한다는 따뜻한 마무리.

그리고 차도 배우자도 없던 나는 다시 한번, 승진 이후 바뀐 것이 하나도 없게 되었다. 메일을 읽고 나니 바쁜 와중에 일이 손에 잡히지 않았다. 회사에서는 좋은 의도와 보편성을 기준으로 복지 제도를 마련했을 텐데 나는 그 복지 대상에 한 번도 들어간 적이 없다는 것이 생각났다. 직급이 이 정도 올라와 차가 없는 것은 비정상일까. 나이를 이 정도 먹고 자녀와 배우자가 없는 것은 비정상일까. 직급이 더 올라가도 나의 가구 형태는 그대로일 것이기 때문에 향후에도 복지 대상자에 들어갈 수 없다는 것이 유리벽 앞에 서 있는 것 같았다. 그래서 답장을 쓰기로 마음먹었다.

축하 메일은 매우 감사드리지만, 차도 배우자도 없는 1인 가구도 해당 복지에 소외되지 않도록 대상자에 부모님이 포함되게 해줄 수는 없는지 묻고, 일본의 기업에서는 '개호휴가(돌봄휴가)' 즉, 육아휴직처럼 고령의 부모님 병간호를 해야 하는 직원들을 위한 휴가 제도를 시행하고 있다는 기사도 첨부했다. 직원 복지에 늘 신경써주시는 지원팀에 대한 감사도 잊지 않았다.

메일에는 한껏 가벼운 척했지만 손가락은 무거웠다. 간단한 메일이었지만 에너지가 많이 쓰였다. 앞으로 나아가되 튀어나가지 않게 노력하느라 애를 먹었다. 그럼에도 보내기를 누르고 나자 괜한 짓을 했나 싶었다. 하고 싶은 말을 하고 나자 튀는 사람이 되어버린 것이다. 그런데 몇 분이 채 지나지 않아 답장이 왔다. 답장이 올 것이라 기대하지도 않았던 나는 답장이 온 것을 보고 꽤 놀랐다.

좋은 의견 감사하다는 말. 본부에서 검토를 하고 피드백을 주겠다는 말. 빨리 피드백을 못 드려도 이해해달라는 말. 다시 한번 승진을 축하한다는 말.

이 답메일만으로도 나는 연 50만 원까지는 아니더라도 연 5만 원 정도는 지원을 받은 기분이었다. 나의 요구가 최소 한 명에게는 '말도 안 되는 소리'가 아닌 것이 기뻤다. 답메일을 보낸 것이 잘했다는 생각이 들었다. 하고 싶은 말을 해서 다행이라는 생각이 들었다. 그리고 며칠 뒤에 내가 받은 메일이 대상자 확장에 대한 건이었다면 좋았겠지만 그런 메일은 일주일 넘게 오지 않았다. 이미 받은 메일함 저 아래에 내려가서 우선순위에서 밀려버린 게 아닌가 싶기도 했다.

그리고 한 달 뒤, 한 번 더 메일을 보내볼까 말까 고민하던 어느 날, 회사 인트라넷에 추가된 복지 제도 공지가 올라왔다. 직계 가족 간병 휴가(2주 이내 무급휴가)와 반려동물 사망 시 이틀 휴가가 추가됐다는 소식이었다. 사실상 1인 가구만을 위한 복지는 아니었고 나의 첫 번째 요청이었던 차량지원금 대상이 확대된 것도 아니었고 직계 가족의 간호를 위해 무급휴가를 써야 하거나 반려동물을 떠나보내는 날은 안 오면 훨씬 더 좋을 일이기는 하지만 한 발 나아갔다는 기분이었다. 그리고 조금 더 나아가고 싶어졌다. 나 같은 사람이 있다는 것을 계속 알려야겠다는 생각이 들었다.

바뀐 것을 체감할 수 없는 승진자이지만 스스로 목소리의 크기를 바꿔 조금 더 시끄럽게, 조금 더 자주 그 제도의 혜택 안에 나도 끼워 넣으라는 말을 할 계획이다. 그래서 언젠가는 혼자 사는 것의 괜찮음이 제도 밖에 있지만 쿨한 괜찮음이 아니라 제도 안의 혜택도 챙겨받아서 괜찮은 것이 되었으면 좋겠다. 그래서 언젠가는 내가 누군가에게 혼자 사는 것도 괜찮아라고 말하는 것이 허공에 붕 뜬 철딱서니 없는 소리가 아니라 땅에 발을 딛고 사는 사람의 평범한 목소리가 됐으면 좋겠다.

결혼, 출산, 자녀의 입학에 축하와 응원을 받는 즐거운 복지들처럼 1인 가구로 독립을 하는 날 축하금을 받는 복지는 어떨까. 건강 검진 혜택 대상자에 남편과 아내 대신 친구 1인을 넣을 수 있는 복지는 어떨까. 1인 가구가 반려동물을 맞이하는 날 선물을 받는 복지는 어떨까. 다음 메일에서는 조금 더 신나는 걸음을 걸어봐야겠다. 그리고 나처럼 혼자 사는 많은 사람들이 함께 우리의 목소리를 냈으면 좋겠다.

통영은 도다리다

올해의 목표는 낚시였다. 언젠가 망망대해 앞 파도 치는 절벽에 앉아 홀로 낚시를 하는 사람을 보며 세운 목표였다. 3월의 어느 주말, 혼자 KTX를 타고 부산에 슬쩍 가서 낚시에 입문했다. 낚싯배를 타고 광안대교를 지나 먼 바다로 나갔다. 아직은 찬바람이 부는 초봄이라 뺨이 시렸다. 선장님은 새벽에도 손님들을 모시고 낚시를 했었는데 고기가 많지 않았다고 했다. 점심 무렵부터 해 질 녘까지 낚싯대를 붙잡고 있었는데 참돔과 작은 도다리를 한 마리 잡았다. 내가 잡았다기보다는 선장님이 드리운 낚싯대 곁에 내가 존재했을 뿐이었다. 온전한 나의 힘으로 낚아 올린 것은 내가 쓰고 간 모자뿐이었다. 배에 가속이 붙는 순간 호들갑을 떨다 바다에 떨어뜨렸기 때문이다. 제대로된 손맛 한 번 못 느끼고 입맛만 다시는 내게 마음씨 좋은 선장님은 본인이 낚은 참돔을 건네주셨다. 그때 선장님이 했던 말이 있다. "4월에 통영에 가세요. 그때 가면 **도다리** 신나게 잡지."

통영. 나만 못 가본 풍요의 땅. 마침 4월에 있는 회사 창립기념일로 출항의 날을 잡아놓고 알아봤더니 통영은 국제음악회가 해마다 열리는 품격 있는 도시이기도 했다. 우등버스에서 4시간 딱 기분 좋게 자고 일어났더니 멸치의 고장 통영에 도착했다. 터미널 앞에는 앤초비 관광호텔이라는 이름의 호텔이 있었다. 멸치를 앤초비라 부르는 한국의 도시라니! 스페인 여행에서 처음 먹어봤던 하얀색 앤초비 절임이 떠올라서 군침이 돌았다. 이 참에 생멸치를 사서 서울로 보내 놓고 앤초비 절임을 만들어볼까 싶었다. 그런데 바로 옆에 보이는 멸치 수협에 가니 문고리가 쇠사슬에 꽁꽁 묶여 닫혀 있었다. 의아해하며 통영이 낳은 시인 류치환 생가에 들렀다가 매표소 아저씨에게 그 이유를 들었다. 오래전부터 통영에서는 바다 모래 채취 사업을 하고 있는데 해마다 모래를 하도 퍼올렸더니 해양 생태계가 파괴되어 멸치가 점점 안 잡혔고, 며칠 전부터는 아예 안 잡혀서 어민들이 멸치잡이를 중단할 수밖에 없었다고 한다. 그런 이유로 멸치 수협도 업무 중단. (기사를 찾아보니 2001년부터 2016년까지 63빌딩 95채 지을 모래를 파냈다고!) 그래서 현재 통영에서 먹을 수 있는 멸치라고는 통영 사람들은 맛없어서 내다 버린다는 중간 사이즈의 중멸치뿐인데 매표소 아저씨는 그딴 멸치를 누가 먹냐며 맛있는 잔멸치를 원한다고 속상해했다. 첫 방문에 통영에 반해버린 나는 함께 간 친구들과 함께 이 사태에 분개하며 통영 시장의 이름을 기억해두자고 다짐했다. 분통을 터뜨리며 도착한 식당에는 밑반찬으로 딱 중멸치 사이즈의 멸치가 나왔다. 중멸치! 맛없는 멸치! 우리는 얼마나 맛없는지 맛이나 한번 보자며 입에 넣었다. 음…? 심각하게 맛있는데…? 처음 맛보는 멸치 맛이야… 우리는 통영 사람들은 맛없어서 내다 버린다는 중멸치를 곱씹으며 한동안 말이 없었다. 가만 있자, 중멸치가 이 정도 맛이면 잔멸치는 대체 어떤 천상의 맛 아니 용궁의 맛이라는 거야? 우리는 모래를 무분별하게 파낸 자들의 만행에 한 번 더 분노했다. 통영 시장이여, 우리도 잔멸치가 먹고 싶다! 그나저나 통영인의 입맛은 격이 다르네.

이 식당에서 나는 봄에만 먹을 수 있다는 **도다리** 쑥국도 처음으로 먹어보았다. 찌그러진 양은 냄비 안에 큼직한 **도다리** 한 마리가 쑥 이불을 덮고 누워 있었다. 쑥향으로 이미 한 그릇 가득 맑은 봄이다. 도다리를 먹었으니 이제 남은 일은 **도다리**를 잡으러 가는 것이다. 드디어 통영에 온 진짜 이유, **도다리** 사냥을 나간다!

배에는 우리 말고도 두 팀이 더 있었다. 아들을 데리고 친구들과 놀러 온 아저씨들과 부부 한 쌍. 선장님은 내가 상상한 바로 그 선장 스타일의 호남이셨다. 배낚시를 간다는 흥분감에 입이 터진 내가 "오늘 물고기 좀 잔뜩 잡을 수 있을까요?"라고 설레발을 떨자 선장님이 대답했다. "모르겠씸더."

이럴 수가. 모르신대! 진짜 바다 사나이는 아는 것만 말하는 거야! 선장님의 바다 같은 솔직함과 파도 같은 박력에 나는 그만 반해버렸다. 하지만 아쉽게도 선장님은 우리에게 반한 눈치가 아니었다. 가죽점퍼를 입은 윤서와 구명조끼 끈을 동여매는 유 기자를 훑어보더니 고개를 절레절레 흔들며 물었다. "낚시는 해봤어요?"

내 친구 윤서로 말할 거 같으면 돔 반 물 반이라는 팔라우 바닷가에서도 재주 좋게 0마리를 건져 올린 낚시 꽝이다. 유 기자는 낚시고 뭐고 멀미와 거친 파도에 대한 걱정만으로 이 배를 이미 만선시켜버린 쪽보다. 그러니까 누가 봐도 내가 센터였는데 선장님 눈에는 안 그랬는지 통쳐서 다 왕초보자로 몰아버리시더니 낚싯대 쓰는 법부터 가르쳐주셨다. "요고를 누르면 줄이 풀리고… 줄이 다 풀리면 요고를 탁 올리고… 물고기가 물면 요고를 당기고… 알겠죠?"

(모.. 모르겠씀더..)

상당히 간단한 강의가 끝난 후, 경험이 많아 보이는 아저씨들은 각자의 자리로 흩어져 낚싯대를 능숙하게 내렸고 우리들은 선장님이 지정해준 배의 우상단 자리에 조르륵 서서 우왕좌왕을 시작했다. "선장님, 줄이 꼬인 거 같은데요?" "선장님, 줄이 뭐에 걸린 거 같은데요?" "선장님, 줄이 안 내려 가는데요?" 선장님이 나쁜 예감은 역시 틀린 적이 없다는 눈빛으로 대답했다. "아이고, 고기나 한 마리 낚으려나 모르겠네?"

하지만 날씨는 좋고 바다는 반짝반짝, 기분이 좋은 우리는 선장님의 걱정을 썰물처럼 밀어내고 깔깔꺄륵꺄륵 멀미 나게 웃으며 낚싯줄을 바다에 내렸다. 그리고 3분 후. 음? 이 느낌 뭐지? 입질이라 불리는 것의 느낌 같은데? 선장님이 가르쳐준 대로 요고를 당겨서 감아 올렸더니, 어머나. 이 **도다리** 뭐야? 왜 이렇게 커? 무거워 죽을 뻔?

손맛을 느껴버린 내가 선장님의 도움으로 **도다리** 입에서 바늘을 빼내고 다시 미끼를 끼워 줄을 내리고 얼마 후. 또 왔다. 입질이 왔다. 어머나. 이 빨간 고기 뭐야? 내가 미지의 고기와 조우하고 있을 때 가죽점퍼 낚시꾼 윤서가 묻는다. "야, 이거 뭐야? 뭐가 묵직해서 당겼는데 이거 뭐야? 날개가 달렸네?"

줄 내리기가 무섭게 고기가 문다. 도다리가 문다. 한 시간도 되지 않아서 윤서가 도다리 두 마리와 작은 물고기 두 마리를 잡아 올리고 내가 도다리 한 마리와 작은 물고기 세 마리, 유 기자가 작은 물고기

한 마리를 잡아 올렸다. 총 아홉 마리의 눈먼 고기를 바쁘게 잡아 올리는 동안 배 저쪽 빈손의 어부들은 숙연해졌다. 열등 그룹으로 찍혔던 우리가 갈매기 소리에 숨어 큰 소리로 웃는다.

이러다가 남해바다 **도다리** 씨를 말려버릴 것 같아서 잠시 쉬며 콧노래로 **도다리**를 부르고 있자니 선장님이 불렀다. 어느새 해삼을 쓱쓱 썰어 쟁반 가득 차려내고 그 옆으로는 회가 산더미다. 바다 사나이가 해삼에 참기름을 콸콸콸 붓는다. 고기를 많이 낚았더니 안 먹어도 배가 부를 줄 알았는데 내가 직접 낚은 **도다리**라 그런지 더 꿀맛이었다. 수북한 회 접시를 물리기가 무섭게 선장님이 거대한 들통에 방대한 양의 라면을 끓여 들고 오셨다. 남해바다 같은 배포에 놀란 내가 "우왓, 라면을 몇 봉지나 넣으신 거예요?"라고 묻자 선장님이 대답했다.
"모르겠씸더."

선장님 머릿속에는 한 봉지, 다섯 봉지, 열 봉지 따위의 자잘한 단위는 없다. 푸짐하게, 넉넉하게, 배부르게!라는 단위만 있을 뿐. 배에서 바다를 바라보며 먹는 라면은 회보다 맛있었다. 손맛을 느꼈던 오른손이 이번에는 부지런히 라면을 건져냈다. 부른 배를 안고 만선인 낚싯배에 누워 노을 지는 항구를 향해 달렸다. 바닷바람은 짜고 시원하고 풍요로웠다. 은퇴하면 바닷가에 살며 논술 선생님이 되는 것이 꿈이었는데 꿈이 바뀌었다. 선장이 되고 싶어졌다. 작은 배의 엔진을 당겨 먼 바다로 나가 손님들에게 입질의 기쁨을 선물하고 싶어졌다. 그리고 나는 손님의 허튼 질문에 어떻게 대답해야 하는지 아는 선장이다.
"모르겠씸더."

유람선이 보이는 목욕탕

주문진 항구에 유람선이 정박했다. 젊은 외국인들이 먼저 내렸고 뒤로 등산복을 입은 한국인 아저씨들 한 무리가 따라 내렸다. 러시아 계로 보이는 외국인들은 이 유람선에서 공연을 하는 무용수들이라고 했다. 아저씨들은 공연이 마음에 들었는지 무용수들에게 악수를 청하고 옆쪽 시장으로 줄지어 들어갔다. 시장에서는 복작복작 생선과 젓갈을 팔았다. 바닷가 수산 시장의 익숙한 모습이었다. 근처 해수욕장에서 수영을 마친 내가 짠내를 풍기며 이곳에 온 이유는 항구 바로 앞에 있는 오래된 건물 때문이었다. 이 건물 2층에는 목욕탕이 있다.

낡은 계단을 올라 오래된 문을 열고 안으로 들어갔더니 한적했다. 탈의실에는 의자 대신 공원에서 흔히 볼 수 있는 헬스 기구가 있었다. 옷을 벗어 그 위에 걸쳐놓고 짐을 풀고 있자니 부모님 집 거실 같은 풍경이라 친근한 기분이 들었다. 주말인데도 사람은 많지 않았다. 한가롭게 TV를 보며 수다를 떠는 아주머니들이 있었다. 탕 안은 넓고 더 한적했다. 전면으로 동그란 온탕과 열탕 네 개가 있었고 그 뒤로 동해바다처럼 광활한 냉탕이, 그 뒤로는 시원한 통유리창에 김이 서려 있었는데 아까 정박한 유람선의 2층이 그대로 보였다. 처음 보는 목욕탕의 전망이었다. 왼편으로는 샤워 공간이 있었는데 샤워기 앞에 사람은 없고 드문드문 던져놓은 바가지 안 소지품을 보관해둔 모습이 이 목욕탕을 더욱 한가롭게 보이도록 만들었다.

온탕에는 할머니 두 분이 앉아계셨다. 이 물은 주문진에서 500m를 들어가면 나오는 청정구역에서 끌어온 해수라고 했다. 들어가 앉아서 혀로 입술을 핥아봤더니 짭짤한 바닷물 맛이 났다. 방금 전까지 헤엄을 쳤던 바다가 생각났다. 몸을 적당히 데웠으니 이제 열탕으로 옮겨갈 시간이다. 그리고 아무도 없는 열탕에 발가락 한 개를 담근 순간 스프링처럼 튕겨져 나왔다. 지옥처럼 뜨거웠다. 이상하네. 나는 뜨거움을 꽤 잘 견디는 사람인데. 침착한 목욕탕 분위기를 깨고 싶지 않아서 입을 앙 다물고 조심조심 발가락 지나 종아리, 배까지 갔다가 참지 못하고 혓바닥처럼 도로 몸을 빼냈다. 섭씨 100도가 확실했다.

다시 온탕으로 옮겨와서 한숨 놀리며 탕 안을 둘러보는데 탈의실에서 표를 받던 아줌마가 접시를 들고 들어왔다. 그리고 접시 위에는 **김밥 한 줄**이 편안하게 누워 있었다. 정말 김밥이 맞나 김 서린 공기 사이로 초점을 맞추는데 아줌마는 자연스럽게 한 손엔 김밥 접시를 들고 한 손으로는 건식 사우나, 습식 사우나 문을 차례로 열어젖히며 "김밥 누가 시켰더라?"라고 혼잣말인 듯 질문인 듯 말을 흘렸다. 설마 목욕탕에서 김밥을 시켜먹을 수가 있는 건가? 감탄하려는 찰나 내 앞에 앉은 할머니를 다시 보니 이쑤시개에 김밥을 꽂아 입에 넣고 계신 것이 아닌가. 접시 위에 김밥이 세 알 남은 걸 보니 아까부터 드시고 있었던 모양인데 왜 나는 눈치채지 못했을까.

김밥을 인지하고 나자 이 목욕탕이 새롭게 보였다. 저쪽 빈 공간에서 엄마한테 붙잡혀서 납작 엎드려 때를 밀리고 있던 꼬마도 할머니가 부르면 조르르 뛰어와서 김밥을 하나 입에 물고 다시 가 엎드려 때를 밀었다. 사우나에서 머리에 수건을 감고 나온 아줌마도 온탕에 여유롭게 몸을 담근 채 김밥을 입에 넣고 우물거리고 있었다. 아줌마 뒤로 광활한 통창, 그 너머로 갈매기가 나는 모습이 보이자 김밥은 김밥보다 더 대단해졌다. 불가능이 당연한 이 목욕탕은 뭐지.

탕 속 아줌마들은 서로 아는 사이인지 "점심 먹었어요?"라고 서로 묻고 "아까 김밥 먹었어요"라고 답하고 있었고 그 옆의 한 아줌마는 "김밥 한 줄밖에 안 남았대서 그것밖에 못 먹었네"라고 말하는 걸로 봐서 이 목욕탕에서 김밥을 먹지 못한 사람은 나밖에 없는 거 같았다. 사물함 속 지갑 안에 현금이 천 원뿐이라 애가 탔지만 이곳은 김밥 한 줄을 주문하고 신용카드를 내미는 속세의 행동이 어울리지 않는 곳이었다.

참 침착한 목욕탕이었다. 아주머니들도 낮은 목소리로 이야기를 몇 마디 나눌 뿐, 지옥 같은 열탕에 들어갈 때도 신음소리조차 내지 않았다. 망설임도 호들갑도 없이 스윽 들어갔다가 스윽 나와서 냉탕으로 다시 스윽 들어갔다. 나처럼 몸을 비비 꼬는 사람도 100도에 맞서느라 미간을 찌푸리는 사람도 없었다. 바닷가 여자들은 대단해.

충분히 몸을 덥히고 개운하게 씻고 나와 헤어드라이어에 백 원을 넣고 머리를 말리는데 갑자기 펑 소리와 함께 드라이어가 멈추고 연기가 자욱해졌다. 무슨 일이 일어난 거지. 내가 망가뜨린 건가. 어떡

하지. 드라이어를 쥐고 당황하고 있는데 아까 김밥을 나르던 아줌마가 다가와 코드를 뽑아 드라이어에 대충 둘둘 감으면서 말했다. "나 갈 때 백 원 받아가요."

"어머나! 망가졌어요? 왜 망가졌대?"라는 책망도 "어머! 괜찮아요? 안 다쳤어요?"라는 놀람도 없는 담담한 말투. 역시 바닷가 여자들은 멋지다고 속으로 호들갑을 잔뜩 떨며 덜 마른 머리를 털며 나오는데 머리카락은 깨끗하고 피부는 매끈매끈하고 기분은 상쾌했다. 참 근사한 목욕탕에 다녀온 날이었다.

✽ 주문진 목욕탕은 현재 문을 닫았다.

이체를 멈췄다

어느 날 엄마한테 카톡이 왔다.

딸. 이달부터는 돈 보내지 마. 그동안 도움 많이 됐다. 고마워.

취직을 한 뒤로 매달 얼마간의 돈을 엄마한테 부쳤다. 집에서 공짜로 먹고 자고 있었으니 생활비이기도 했고 대학까지 학비를 따박따박 받았으니까 학자금 상환이기도 했다. 물가가 치솟고 월급이 올라도 지독하게 오르지 않는 것이 있다면 바로 그 매달 부치는 돈이었는데 그나마 회사를 그만두고 수입이 없는 기간에는 가차없이 이체를 중지했었다. 그러니까 나 여유있을 때만 내 경제생활에 무리가 가지 않을 정도만 보냈던 돈이라 독립을 하고 나서도 유지할 수 있었고 내가 목돈이 필요한 때에는 떡하니 도움을 받기도 했으니까 십수 년 동안 돈을 보냈어도 결과적으로 따져보면 학자금을 겨우 갚았다고 할 수 있는 정도였다. 그래서, 나중에 힘들게 되면 모를까 지금은 괜찮으니까 계속 보내겠다고 말하자 엄마는 무슨 결심이라도 한 듯이 바로 답문을 보내왔다.

그걸로 충분해. 수고했다. 옷도 사 입고 맛있는 것도 먹고 적금도 들어.

답문을 보내지 못하고 앉아 있는데, 나는 부양가족이 없지만 내가 부양하던 누군가가 커버려서 나로부터 독립을 한다면 이런 비슷한 기분이 아닐까 하는 생각이 들었다. 품고 있던 무언가가 슥 하고 날아가 버리는 기분. 홀가분하기보다 조금만 더 움켜쥐고 있고 싶은 기분.
　앞으로 몇 년이 될지는 모르겠지만 월급을 타는 날까지는 매달 지금까지처럼 어딘가에 그 돈을 저금해두려고 한다. 그리고 은퇴를 하고 나면 언젠가부터 엄마에게 보냈던 딱 그만큼의 돈을 매달 뽑아서 옷도 사 입고 맛있는 것도 사 먹을 생각이다. 엄마가 언젠가의 나에게 양보한 돈이니까 매달 아주 신나게 타서 매달 아주 신나게 쓸 생각이다.
　'와. 과거의 나, 정말 쥐꼬리만큼 보내는구나'라고 생각할지도 모르겠다.

사장님 운동

집을 구하러 다닐 때, 나의 공식 명칭은 한동안 **아가씨**였다. 부동산 사장님과 실장님들은 나를 두고 아가씨라 부르며, 이 집 저 집 아가씨가 혼자 살기 좋은 집들을 보여줬다. 나이가 더 들고 집을 구하러 다닐 때에는 **이모**라는 호칭을 듣기도 했다. 나는 그 말을 듣고 식당에서 누군가를 이모라고 부르는 행위를 죽을 때까지 하지 않겠다고 다짐했다. 이모는 작고 귀여운 아이들의 입에서 불려질 때만 기쁜 말이다. 그러다 딱 한 번 **선생님**이라 불린 적이 있는데 그때는 기분이 으쓱했다. 무엇도 가르쳐드린 적은 없지만 비로소 고객이 된 기분이었다.

전셋집을 구하러 다니는 입장에서 집을 사러 돌아다니는 입장이 되었을 때 나는 호칭의 극적인 변화를 경험했다. 드디어 내가 **사모님**이 된 것이다. 기분이 이상했다. 나는 누구의 사모도 아니기 때문이었다. 뭔가 높아진 것 같기는 한데 누군가 내 발목을 잡아내리는 듯한 기분을 지울 수 없었다.

집을 사기 전에 아빠한테도 한 번 보여주려고 함께 부동산에 갔을 때 나의 호칭은 또 한 번 바뀌게 된다. 부동산 실장님이 아빠를 보자마자 **사장님**이라고 불렀기 때문이다. 아빠는 사업을 하셨기 때문에 사장님이 맞다. 그런데 그것을 실장님은 어떻게 알았을까? 어쨌든 아빠가 사장님이 되어버렸기 때문에 나를 사모님이라 부르기 애매해진 실장님은 나를 갑자기 **따님**이라고 부르기 시작했다. 따님. 집을 사려는 사람은 나고 아빠는 나를 도와주러 왔을 뿐인데도 나는 사장님의 따님이 된 것이 뭔가 이상했지만 사장님이라 불리기 위해서는 아무래도 나이를 좀 더 먹어야 되나 보다 생각했다.

그리고 얼마 뒤 친구가 월셋집을 구한다기에 구경할 겸 따라나섰다가 또 한 번 놀라운 경험을 하게 된다. 친구는 부동산 실장님에게 곧장 사장님 소리를 듣는 것이 아닌가. "사장님, 회사는 어디쯤이세요?" "사장님, 보증금은 얼마 정도 생각하세요?" 아주 자연스러운 사장님이었다. 내가 사모님이 아니듯이 내 친구도 사장님이 아니었는데 친구는 어떻게 사장님이라 불릴 수 있었을까. 아무리 봐도 친구와 나의 차이점은 성별뿐이었다.

이런 일들을 겪고 나자, 내가 진짜 사장님이어도 부동산에서 사장님 소리를 못 들을 거라는 생각이 들었다. 일정 나이를 먹으면 남자는 가만히 있어도 사장님 소리를 듣는데 여자는 진짜 사장이 되어도 사장님 소리를 못 듣는다고 생각하니 오랜만에 샌드백을 치고 싶어졌다. 부부가 부동산에 가면, 자산을 어떻게 모았든 남편은 사장님이 되고 아내는 사모님이 되는 상황을 수많은 부부들이 경험하고 있을 거라는 생각도 들었다. 그리고 이런 일은 부동산 밖에서도 흔하게 일어날 것이다.

고객님 또는 손님이라는 적절한 호칭이 있고 아니면 이름이라는 대안을 낼 수도 있겠지만 이왕 이렇게 된 거 나는 사장님 소리를 듣고 싶어졌다. 나도 좀 사장님 소리를 들으면서 나이 들고 싶어졌다. 이 땅에 왜 이렇게 남자 사장이 많은가 했더니, 젊을 때부터 사장 소리를 듣고 자라서 사장이 된 것이 아닌가 하는 합리적 의심도 들었다. 칭찬을 듣고 자란 식물은 쑥쑥 자라는데 꾸지람을 듣고 자란 식물은 시름시름 앓다가 꺾인다는 실험처럼 사장님 소리 듣고 나이 들면 사장님 되고 사모님 소리 듣고 나이 들면 사모님 되는 거지 뭐 별 수 있나. 실험이 그렇다잖아.

부동산을 나오면서 이런 다짐을 했다. 앞으로 호칭이 애매한 모든 상황에서 여자들을 사장님이라 불러야지. 길을 물을 때도 사장님, 이웃을 부를 때도 사장님, 소주를 추가할 때도 무조건 사장님이다. "음? 사장님 소리 들으니까 기분 좋네?"라는 생각을 하다가 어느 날 진짜 사장님이 될 마음을 먹게 되도록 서로를 사장님이라 부르는 운동을 해보는 것이 어떨까. 콩 심은 데 콩 나고 사장님 소리에 여자 사장님들 태어난다.

고모 유니언

고모 등장

선우가 태어나고 나는 고모가 되었다. 태어난 날, 병원에서 유리창을 사이에 두고 만난 선우는 작고 건강한 생명체였다. 아주 달게 잠을 자고 있었다. 오늘 세상에 태어난 아이라고 생각하니 아찔한 기분이었다. 평온하게 잠을 자는데도 엄청난 생동감이 유리창을 뚫고 전해져 왔다.

선우가 외출이 가능해진 시점부터는 한 달에 한 번 꼴로 가족들과 만나고 있다. 가족이 다 모이면 어른의 눈은 열 개가 되는데 그 열 개의 시선이 한곳에 모인다. 그곳에는 선우가 있다. 조카가 태어나면 정말 귀여울 거라는 말을 주변 선배 고모, 이모, 삼촌들에게 많이 들었지만 나는 그 귀여움의 정도가 이 정도일 줄은 몰랐다. 선우는 태어나는 순간부터 본인의 할머니이자 내 엄마의 관심을 송두리째 앗아 가서 나는 엄마의 저관심(무관심은 아니다) 속에 조금 더 자유롭고 조금 더 행복한 고모가 될 수 있었다. "그래서 너는 도대체 결혼을 언제 할, 아이구~ 우리 선우~ 바나나도 잘 먹어? 맛있어요~?" 나는 이토록 귀여운 선우 입에 바나나가 들어가는 것만 봐도 배가 부른 고모가 되었다.

부모가 처음 되면 아기를 어떻게 키워야 할지 막막한 것처럼 고모가 처음 된 사람도 어떻게 고모 구실을 해야 하는지 깜깜하다. 신생아 조카에게는 무엇이 필요한지, 백일 된 조카는 뭘 가지고 노는지, 첫돌을 맞이한 조카는 또 무엇을 좋아할지 도무지 모르겠는 것이다. 이럴 때 나는 고모 유니언에 문의한다. 엄마들에게 육동(육아 동지)이 있다면 고모들에게는 고모 유니언이 있다. 고모 유니언은 비슷한 시기에 고모가 된 두 명의 친구와 나의 동맹이다. 고모 유니언은 여러 가지 조카들의 대소사를 함께 고민하고 함께 최적의 솔루션을 낸다. 각자 아기 엄마인 친구들에게서 정보를 수집해서 공유한다. 나는 선우보다 6개월 빠른 딸의 엄마인 윤서에게 정보를 캐어 온다. 그렇게 얻은 고급 정보(백일에는 튤립 사운드, 돌에는 청담동 돌반지)는 고스란히 고모 유니언의 공공 자산이 되었다. 쓸데없는 선물 말고 아기나 서너 시간 잘 보면서 새언니랑 오빠 영화라도 보고 오게 하라는 말도 들었는데 이 정보를 고모 유니언의 멤버들에게 전달했다가 "이모라면 가능할 텐데 고모도 과연 그래도 되는 걸까?"라는 토론도 열렸다. 이모와 고모의 미묘하지만 확실한 차이는 돌잔치에 가면 알 수 있다. 어린 조카가 이모에게 보여주는 함박웃음은 고모는 미처 보지 못했던 얼굴인 것이다.

태풍 경보가 내려진 날, 선우는 한 살이 되었다. 고운 한복을 입히니 태풍이 몰아쳤다. 창 밖이 아니라 선우의 얼굴에. 반듯하게 차려진 상에서는 하얗고 긴 실타래와 마패를 잡고 웃었다. 금반지와 금팔찌를 채웠더니 작고 동그란 입에서 천둥이 쳤다. 어른 여덟 명이 안타까워서 발을 동동 굴렀다. 편한 옷으로 갈아입자마자 언제 태풍이 왔나 싶게 맑고 쾌청한 얼굴을 했다. 내복을 입고 양손을 흔드는 선우의 얼굴에서 퇴근 후 나의 얼굴 같은 참기쁨이 보였다. 주스 한 봉지로 목을 축이더니 큰 소리로 인사를 했다. (내 생일에 와준 여러분들) 안녕! (처음 만난 여러분들) 안녕!! (옆 방에서 생일파티 중인 친구들) 안녕!!!

허례허식을 거부하는 너. 금품에 관심 없는 너. 인사를 잘 하는 너. 오래오래 건강할 너. 마패를 쥐고 흔들 너. 통통한 발이 귀여운 너. 10kg이 된 너. 너의 앞날을 고모 유니언이 응원한다.

나의 고향

　월계동에서 초등학교를 입학했던 나는 교육열이 높은 엄마의 의지로 1학년 한 학기도 채 마치지 못한 채 반포동으로 이사를 하게 되었다. 뜨거운 강남 열풍을 타고 흘러온 아이들이 교실을 가득 채워서 내 출석번호는 78번. 청소함 바로 앞에 앉아서 손을 뻗어 뒷문을 닫는 자리였다. 전학 온 학교에서는 말을 잘 못했다. 일단 말을 시켜주는 사람이 없었고 늘 누군가 말 걸어주기를 목말라하고 있었기 때문에 정작 누가 말을 걸면 입이 바짝 말라 소리를 못 냈다.

　엄마는 선생님 앞에 앉아 윤주는 책을 잘 못 읽고 친구들과 잘 어울리지 못한다는 말을 듣고 왔다고 했다. 2학년에 올라가서도 강남 열풍은 여전히 뜨거워서 매일매일 새로운 아이들이 밀물처럼 밀려들어 왔고 새 학년 새 학기 새 반에 배정받자 나는 더 이상 새로 온 아이가 아닌 채로 반 아이들과 같은 출발선에 설 수 있게 되었다. 묵언의 한 학기를 보낸 나는 새로운 친구들에게 새로운 얼굴을 선보였다. 맨 앞에 서서 시끄럽게 떠드는 얼굴. 냅다 뛰어가서 남자애들에게 신발주머니를 던지는 얼굴. 엄마는 선생님 앞에 앉아 윤주는 활발함이 지나쳐 남자애들과 잘 싸운다는 말을 듣고 왔다고 했다.

3학년부터는 묵언수행가와 불한당 사이 어딘가에 캐릭터를 잡았고 그렇게 중학교, 고등학교를 마치고 대학교에 들어가서 2학년이 됐을 때, 우리 집은 12년 살았던 반포를 떠나 신도림으로 이사를 갔다. 집 크기가 두 배 가까이 늘어서 집 구성원 모두가 각자의 방을 하나씩 갖게 되는 가족사에 길이 남을 순간도 맞이했다. 그렇게 신도림에서 15년을 사는 동안 나는 독립을 했고 오빠는 결혼을 했고 아빠는 은퇴를 했고 엄마는 작은 새집을 샀다.

 엄마 아빠의 이사를 앞두고 이제는 없어질 내 방을 정리하러 집에 갔다. 이미 독립과 재독립을 거듭하면서 짐을 꽤 줄였다고 생각했는데 서랍을 열 때마다 잊고 있던 것들이 우르르 쏟아져 나왔다. 초등학교 때부터 쓴 일기장들. 알이 두꺼운 조그만 안경들. 곤봉과 리코더. 교정기. 스티커 사진이 빼곡하게 붙어 있는 다이어리들. 수백 장의 카드와 사진들. 안나푸르나 트레킹 허가증. 여행에서 사 모았던 자질구레한 것들. 인턴 시절 취업을 목표로 그렸던 과제들. 우주에서 딱 한 사람, 나한테만 의미가 있을 수백 개의 물건들. 피식피식 웃기도 하고 가끔 사진도 찍어가며 땀을 뻐질뻐질 흘리면서 나중에 다시 본다면 즐거울 것인가 아닌가를 기준으로 상자와 쓰레기봉투 사이를 오가며 분주히 분류 작업을 하는데, 8시에 이어 9시 드라마를 다 보고 온 엄마가 옆에 쪼그리고 앉았다.

 "리코더 저거는 잘 닦아서 어디 보내면 좋은데. 요즘은 이런 거 받아도 안 좋아하겠지?"

 "곤봉, 저건 정말 버려라."

 "벼루 저거는 어따 둬봐. 나 이제 이사 가면 할 일 없으니까 그때 글씨나 써야겠다."

"안경은 싹 다 버려. 둬서 뭐하니?"

한참을 떠들더니 어느새 조용하길래 고개를 돌려 옆을 보니 엄마는 학창 시절 내가 받았던 상장들과 메달들을 보고 있었다. "그거 버릴 거야"라고 말했더니 엄마가 대답했다. "이건 내가 가져갈래."

상 같은 것이야 나도 공간만 있다면 굳이 버리고 싶지는 않지만 일기나 편지와 다르게 다시 본다고 해도 별다른 감흥을 주지 못할 것 같아서 쓰레기봉투에 넣은 건데 엄마가 갖겠다고 말해주니 코끝이 조금 시큰했다.

말 못하는 1학년이 커서 말썽만 피우는 2학년이 되고 그러다 상을 타오는 학생이 되었을 때 엄마는 나보다 더 좋아했겠구나. 내 이름이 불려지고 내가 뛰어나가 받고 내가 박수 받았지만 엄마와 함께 탄 상이었구나. 태어나서 지금까지 서울의 동서남북을 수차례 이사하면서 살았고 머리가 하얀 엄마 아빠는 또 이사를 하지만 엄마 아빠의 새집 어느 한구석에 열심이었던 내 유년도 자리할 것이라 생각하니 내가 어느 곳에 살아도 엄마 아빠가 몇 번을 이사해도 엄마 아빠가 사는 곳이 나의 고향일 것이라는 생각을 했다.

토요일 아침의 쓴맛

그저께는 아주 오랜만에 집주인한테 전화가 왔다. 정확히 말하면 딸의 명의로 집을 산 엄마이자 부동산 중개인에게 온 전화였다. 지난 몇 년간의 경험으로는 시원시원하고 상냥한 사장님이다. 별일 없냐 묻더니 집을 좀 보러 가도 되겠냐고 물었다. 뉴스 속 전세 대란이 나에게도 일어나는 것이구나 싶어 무슨 일인지 되물었더니 사실은 딸이 결혼을 해서 집이 필요해졌다는 말이 미안한 목소리를 타고 왔다. "어머나, 축하드려요!"라고 말하고 그럼 내년에는 계약에 변동이 생기는 건지 물었다. 아마도 둘이 살기에는 집이 좀 작아서 안 그럴 텐데 딸이 남편 될 사람이랑 한 번 보고 싶어 해서 그렇다며 양해를 부탁한다고 했다. 딱히 양해를 구할 일은 아니니까 와서 보시라고 말했다.

토요일 오전에는 집을 정돈했다. 조금 있자 전화가 왔고 집주인이 젊은 커플과 함께 왔다. 나는 딸의 얼굴을 본 적이 있는데 함께 온 사람은 딸이 아니었다. 집주인이 커플을 대하는 태도는 누가 봐도 손님을 대하는 부동산 중개인의 모습이었다. 딱히 숨기려는 의도도 보이지 않아서 집을 한 바퀴 돌아보는 모습을 눈을 껌뻑이며 봤다. 허술한 거짓말을 하는 사람의 뒷모습은 내가 알던 사람의 뒷모습과 똑같았다. 축하한다는 나의 말은 어느 주머니에 담아두었을까. 그런 주머니는 없어 보였다. 전화기 너머의 사람에게는 애써 숨기고 싶었던 마음을 왜 눈앞의 사람에게는 이토록 쉽게 보여주는 것인지 의아했다. 이유를 모르겠는 것은 아니지만 그래도 그러지 말았으면 훨씬 더 좋았을 행동을 해버린 사람의 뒷모습을 본 토요일 오전, 모면을 위한 거짓말은 누구에게 어떤 득이 되는 것인가를 헤아려 보았다.

선생님의 발차기

사무실을 나오는데 칼바람이 불었다. 손에는 수영복 가방이 있었다. 퇴근길 집 근처 수영장에 가서 수영을 하자는 것이 일단의 계획이었는데 칼바람이 불었다. 하필이면 목도리를 깜빡하고 회사에 두고 나왔다. 수영장 앞 버스 정류장에 내리니까 칼바람이 칼칼바람이 되어 쑤셨다. 가지 말까. 가서 뭐해. 물도 엄청 차가울걸. 가지 말까. 이따 나오면 더 추울 텐데. 감기 들걸? 내 마음을 의심하며 걷다 보니 수영장에 도착했다. "아. 너무 춥네요"라고 카운터에 계신 사장님께 (사장님 운동 중) 하소연하듯 인사했더니 "오늘 오시는 분마다 그러네요. 호호"라며 웃으셨다. 이 추위를 뚫고 몇 명이나 온 거야. 이 독한 사람들아….

정신이 번쩍 들게 뜨거운 물로 샤워를 하고 수영장에 들어섰다. 호루라기 소리가 실내를 흔들고 강습 받는 학생들은 활기차고 그 옆에 자유수영 인구가 네다섯 정도 한가롭게 있었다. 풍덩 들어갔더니 다행히 물이 차갑지는 않았다. 잠영으로 오래도록 물 안에 있었다. 물장구를 치며 휘휘 몇 번을 오갔다. 기분이 좋았다. 팔에 힘이 들어가고 속도는 나지 않았지만 오랜만에 파란색 물을 가르며 앞으로 나아가는 느낌이 좋았다. 두어 바퀴 돌았더니 숨이 넘어갈 지경이라 벽에 기대서 가쁜 숨을 들이쉬고 있는데 킥판을 꽉 쥐고 허리에도 스폰지를 매단 초보학생이 말을 걸었다. "선생님. 선생님은 **발차기**를 잘하시네요. 대단하세요. 몇 달이나 배우셨나요?"

수영장에서 이렇게 사교적인 사람을 만난 것은 거의 처음이라서 나는 성심껏 대답을 했다. "아 예. 저는 배우는 게 아니라 그냥 자유수영을 와봤어요. 어렸을 때 수영을 좀 배웠는데 요즘은 엉망이죠 뭐." 너스레를 떨며 고개를 젓자 초보학생이 또 말을 이었다. "아니에요. 선생님. 너무 **발차기**를 잘하세요. 비법이 있을까요. 저는 발차기가 너무 안 돼서요."

비법? **발차기**의 비법은 뭘까…? 아무 생각도 나지 않는데 선생님이라 불려서 그런지 나도 모르게 선생님 같은 말이 입 밖으로 나왔다. "비법은 꾸준히 하는 거죠. 열심히 하는 거예요. 흐흐." 마치 선생님 앞에서 술을 처음 배운 학생처럼 고개를 돌리고 살짝 웃은 초보학생이 대답했다. "아 꾸준히요? 열심히요? 대박… 선생님은 꾸준히 하셨나요? 얼마나 꾸준히 하셨나요?" 추가 질문이 나올 줄 몰랐던 선생님이 당황하며 대답했다. "아… 초등학교 때 삼사 년 꾸준히…." 초보학생이 또 말을 이어갔다. "아 대박… 진짜 꾸준히 하셨구나… 저는 커서 배우려니까 너무 힘들어요. 진짜 **발차기**를 잘하세요…."

발차기 칭찬을 연거푸 듣고 발차기 비법을 알려줬지만 사실 나는 그때까지 평영을 하고 있었다. 초보학생은 킥판에 의지해서 자유형 발차기를 하고 있었으니까 나의 평영 발차기가 도움이 될 리는 없었다. 그런데도 선생님이라고 열 번 넘게 불러주다니 나는 무엇이라도 보답하고 싶었다. 그래서 자유수영 입장료와 물안경 김서림 방지액의 가격과 잠영에 대한 감상을 공유하고, 초보학생이 월수금은 강습을 받고 화목은 자유수영을 한다는 정보를 얻은 뒤 발차기를 다시 시작할 수 있게 되었다. 뒤에서 나를 선생님이라고 부르는 누군가가 쳐다보고 있다고 생각하자 출발과 동시에 발에 쥐가 나는 것 같았지만 설 수 없었다. 나는 **발차기**를 잘하는 사람. 발을 계속 찰 수밖에 없었다. 어쩐지 대화를 재개하는 것이 두려워 쉼 없이 뺑뺑이를 돌다가 어지러움을 느끼고서야 발을 구르며 올라와 아웃.

겨울잠을 끝낸 곰처럼 가벼운 기지개하러 수영장에 갔다가 봄날의 보더콜리처럼 발장구를 치다 왔다. 뜨거운 샤워를 하고 나와 집으로 걸어왔더니 땀이 뻘뻘 날 지경이었다. 수모에 수경을 쓴 무방비 상태로 선생님이라 불렸던 자의 최후는 탈진이지만 덕분에 한겨울 수영을 뜨겁게 마쳤다.

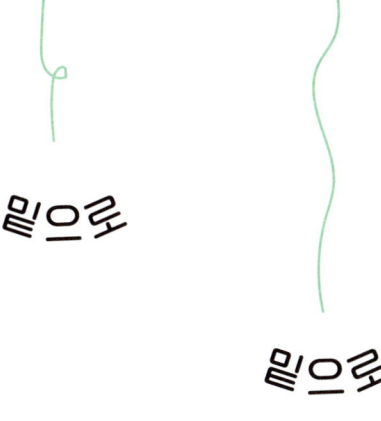

밑으로

밑으로

　수영복과 수영모, 샤워용품과 수건, 물 두 병, 과자 한 봉지를 넣은 가방을 메고 수원으로 향했다. 오랜만에 탄 광역버스는 한산했다. 창밖은 미세먼지로 찌뿌둥했지만 일정한 흔들림에 올라탔더니 잠이 쏟아져서 수원 월드컵경기장에 도착했을 때는 아주 쾌적한 컨디션이었다.
　프리다이빙 두 번째 강습인 수영장 실습을 하는 날이다. 유튜브에서 기욤 네리*Guillaume Néry*라는 전설의 프리다이빙 선수의 영상을 우연히 보고 아름다움에 반해버린 뒤 프리다이빙 강습을 신청했다. 수영장 앞 카페에서 선생님을 만나 필기 시험을 봤다. 지난 시간에 이론 수업을 받고 시험을 미처 보지 못했기 때문이다. 맞추라고 내놓은 문제가 대다수였지만 그 사이에서 몇 개를 틀렸다. 중성부력이었나, 양성부력이었나. 수심 10m에서는 1기압이었나, 2기압이었나. 틀린 문제를 다시 고쳐 듣고 드디어 수영장에 들어갔다. 오늘은 체력이 떨어질 때까지 수업을 한다고 했다. 선생님은 4시간을 예상하고 있지만 체력만 된다면 5시간도 가능하다고 말했다. 오늘 나는 푹 찐 만두가 되겠구나.

프리다이빙을 배우기 위해서는 최소 5m 수심의 수영장이 필요하다. 잠실 종합경기장과 올림픽공원에도 5m 풀이 있지만 주말에는 사람이 너무 많아서 비교적 가까운 수원으로 왔다. 수영장은 어마어마했다. 천장이 엄청나게 높고 유리창으로 둘러싸여 있다. 두 개의 거대한 풀이 있는데 하나는 레일이 있는 일반 풀이었고 또 하나가 다이빙을 위한 5m 풀이었다. 실제로 선수용 다이빙대가 여러 개 있었고 스쿠버다이빙을 배우는 사람들이 몇 명 있었다. 두리번대며 구경하는데 갑자기 신나는 음악이 터졌다. 소리를 향해 시선을 돌렸더니 다부진 몸의 세 명이 파장도 없이 수면 아래로 고꾸라져 들어갔다. 바로, 곧은 다리 세 개가 솟아올랐다. 발끝이 긴장감으로 꼿꼿하다. 싱크로나이징이다! 이 깊고 넓고 높고 크고 볼거리가 많은 수영장이 마음에 들었다.

선생님과 마주 보고 스트레칭을 했다. 요가 선생님이기도 한 다이빙 선생님은 몸이 아주 유연하고 근력이 좋다. 수영장에서 전사 자세를 하고 있자니 우리는 너무 멋지네요, 선생님.

첫 번째로 배운 것은 슈트 입기. 먼저 마스크에 김서림 방지액을 뿌려서 골고루 문질러둔다. 스쿠버다이빙용 슈트와 다르게 상하체가 분리되고 후드까지 뒤집어쓰는 본격 해녀 모습의 슈트를 장착한다. 슈트는 그냥 입으면 뻑뻑해서 안 들어가기 때문에 수영장 물에 담가서 입어야 한다. 다리를 담가보니 수온이 엄청 차갑지는 않다. 바지를 양다리에 넣고 윗도리를 머리부터 끼워 넣으니 따뜻하고 착용감이 좋았다. 그다음은 마스크를 물로 한 번 닦아내고 침을 탁탁 뱉어 발라둔다. 침은 김서리 방지에 도움이 된다. 다이빙용 양말을 신고 그 위에 핀(오리발)을 신는다. 허리에는 웨이트 벨트를 찬다. 모든 준비를 마치면 마스크를 다시 썻고 물기를 턴 뒤 스노클을 마스크 밴드 사이에 끼고 입수. 머리를 물속에 담그고 보니 물이 아주 깨끗해서 기분이 좋았다. 수영장 바닥에는 스쿠버다이버들이 닌자처럼 움직이고 있었다.

두 번째로 배운 것은 핀 동작(오리발을 낀 채 발을 차는 동작). 수영을 할 줄 아는 사람은 대부분 핀도 찰 줄 안다고 선생님이 25m 길이의 수영장 끝까지 가보라고 했다. 이렇게 긴 핀을 발에 달아본 적은 처음이어서 얼마나 빠르게 갈 수 있을지 궁금했다. 스노클을 입에 물고 머리를 담근 뒤 차렷 자세로 앞을 향해 출발. 조금만 발을 움직여도 속도가 나고 힘이 거의 들지 않았다. 깊은 물을 가르면서 나아간다. 선생님은 수중카메라를 들고 나를 찍으며 따라와서는 다리를 조금 더 깊이 움직이면 좋겠다고 했다.

세 번째로 배운 것은 숨 참기. 스노클을 입에 물고 머리를 물에 담근 뒤에 몸을 쭉 펴고 이완 호흡을 한다. 이완 호흡이란, 잠수 전에 숨을 들이쉬고 내쉬며 마음과 호흡을 가다듬는 준비 호흡이다. 몸이 물에 흔들리지 않도록 선생님이 허리를 잡아줬다. 충분히 이완 호흡을 했다고 생각되면 마지막으로 숨을 있는 대로 크게 들이마시는 최종 호흡을 한다. 그런 다음 스노클을 입에서 빼고 숨 참기에 들어간다. 프리다이빙을 시작하기까지 가장 걱정했던 것이 숨 참기였다. 물속에서 6분 넘게 숨을 참고 있는 영상을 보면서 그것이 가능한지, 얼마나 고통스러울지 감이 오지 않았다. 선생님이 다이빙은 멘털 스포츠라서 호흡을 참았을 때 내 몸에서 어떤 현상이 일어나는지를 잘 알면 당황하지 않고 더 오래, 더 쉽게 숨을 참을 수 있다고 했다. 실제로 숨을 가 득 폐에 담고 물에 떠 있자니 별 생각이 없어졌다. 수영장 물은 파랗 고 수영장 벽과 바닥에 붙은 타일은 직사각형으로 길고 타일의 틈에 서는 이따금씩 기포가 보글보글 올라왔다. 그리고 내 옆에는 선생님 이 있다. 편안한 기분이 들었다. 그러다가 시선 저 옆으로 누군가 들 어왔는데 스쿠버다이빙 강습을 받는 사람이었다. 그 움직임에 물이 작은 파동을 일으켜 나에게 전해지고 균형감이 흔들렸다. 그러자 편 안함이 깨졌다. 내가 숨을 쉬지 않고 있다는 것이 생각났다. 가슴이 갑갑했다. 더 참을 수 있을까. 어디까지 참을 수 있을까. 어디까지 참 는 것이 맞을까. 아주아주 갑갑했다. 손가락을 들어서 표시를 했다. 잠수 전에 선생님이 가르쳐준 사인이다. 더 이상 못 참을 거 같으면 손가락을 들라고 말했다. 손가락을 들자 선생님이 다리를 구부려줬 다. 그럼, 몸을 구부려 벽을 잡고 열을 센다. 열을 세는 동안만큼의 호 흡을 더 참는 것이다. 이때 너무 괴로우면 그냥 올라오면 된다고 했 으나 옆에서 누군가 내 귀에 대고 차분하게 하나, 둘, 셋을 세어주니 까 참아졌다. 그리고는 수면으로 올라왔다. 회복 호흡. 숨을 들이쉬고 입을 닫고 3초. 다시 내쉰다. 숨을 들이쉬고 입을 닫고 3초. 다시 내쉰 다. 몇 번 하고 나면 호흡이 진정된다. 선생님 눈을 보며 OK사인을 보 낸다. "어떤 기분이었어요? 컨트랙션이 있었나요?" 숨을 오래 참아서 몸에 이산화탄소가 쌓이면 배가 꿀렁꿀렁 수축되는 현상(컨트랙션), 아니면 오줌이 마려운 현상, 가슴 주위가 뜨끈해지는 현상, 딸꾹질 등 등 사람마다 다른 몇 가지 신체 반응이 일어나는데 그중 무엇이 있 었나 묻는 것이다. 나는 가슴 주위가 뜨끈하고 매우 갑갑한 느낌이었다. "몇 초 참은 거 같으세요?" 40초 정도 같다고 답하자 선생님이 시계를 보여줬다. 1분 51초. 타일을 보고 물을 보고 기포 올라오는 것을 봤더니 1분 51초가 흘렀다. 숨을 참고 1분 51초나 물속에 있을 수 있다는 사실에 입꼬리가 올라갔다.

네 번째로 배운 것은 이퀄라이징. 물속으로 깊이깊이 들어가면 들어갈수록 귀가 막히는 먹먹한 느낌이 드는데 그때 한 손으로 코를 잡고 혀끝을 움직여 뻥 뚫는 것이 이퀄라이징이다. 이퀄라이징이 잘 안 되면 귀가 아파서 깊은 물로 들어갈 수가 없고 참고 들어간다고 해도 고막이 다치기 때문에 아주 중요하고 필수적인 기술이다. 오래전 스쿠버다이빙을 배울 때는 선 채로 발부터 잠수를 하고 공기통이 있어서 숨을 쉬며 천천히 들어가니까 이퀄라이징이 쉬웠다. 그런데 프리다이빙에서는 머리를 아래로 잠수를 하고 숨을 참고 내려가야 하니까 빨리 내려가야 해서 이퀄라이징을 하는 것이 어려웠다. 선생님이 부이(동그란 튜브 같은 것. 안전을 위해 다이버의 위치를 표시하고, 소지품을 넣는 용도)를 띄우고 부이에 추를 달아서 줄을 내렸다. 수영장 바닥까지 내려간 줄을 붙잡고 수직 하강하며 이퀄라이징을 연습하는 것이다. 순서는 숨 참기를 연습한 것과 똑같다. 이완 호흡. 최종 호흡. 스노클 제거. 잠수. 줄을 잡고 머리부터 쭉 들어가서 코를 잡고 이퀄라이징. 실패. 다시 올라와서 이완 호흡. 최종 호흡. 스노클 제거. 잠수. 쑥 들어가서 이퀄라이징. 실패. 코를 꼭 잡고 끙 해봐도 양 귀는 꽝 막혀서 꼼짝하지 않았다. 다시 한번 시도해도 양 귀는 묵묵부답. 압력을 잔뜩 품고 뿜어내지를 못했다. 낭패라는 표정을 짓자 선생님이 서서 들어가면서 해보라고 했다. 이완. 최종 후 잠수. 서서하니까 된다. 하지만 서서 하는 것은 프리다이빙에서 별 소용이 없다. 선생님이 무리하지 말고 줄을 잡고 서서 들어가면서 이퀄라이징을 하고 5m 바닥을 찍고 앉아서 머리를 들어 수면을 바라본 후 올라오기를 해보자고 했다. 분한 마음을 가다듬고 호흡을 마치고 들어갔지만 바닥에 앉으려고 하니까 벌써 숨을 다 써서 갑갑했다. 겨우 앉아서 수면 위 빛을 보는 둥 마는 둥 하고 서둘러 올라오자 딸꾹질이 났다. 선생님이 엄청 급하게 올라오던데 뭐가 불편했냐고 물어봤다. 숨이 딸렸다고 하자 잠수시간을 보여주는데, 34초. 2분 가까이 숨을 참았던 사람이 이 정도에 숨이 딸릴 리가 없다며 마음이 혹시 불편하냐 물었다. "아 네⋯ 이퀄라이징을 못해서 너무 분했어요⋯."

다이빙은 멘털 스포츠. 이딴 멘털로 바다에 들어가면 유리다! 종이다! 선생님이 이퀄라이징은 수십 번, 수백 번 연습해야 되는 거라고 걱정하지 말라며 오늘은 3m 안에서만 할 수 있는 것을 연습하자고 했다.

다섯 번째로 배운 것은 덕 다이빙. 수면에 엎드려서 호흡을 하다가 허리를 90도로 숙이고, 다리를 쭉 편 후, 손을 열쇠구멍 모양으로 스트로크를 해서 머리부터 잠수를 시작하는 동작이다. 선생님이 먼저 잠수해서 나를 보고 있고 나는 될 때까지 연습을 반복했다. 하다가 막히면 선생님이 수영장 벽으로 데려가서 내 눈을 똑바로 보며 천천히 설명을 해줬다. 어떤 때는 허리가 덜 굽혀졌고 어떤 때는 손이 너무 빠르게 나왔고 어떤 때는 다리가 굽혀져 있다고 했다. 수영을 좋아하고 물을 좋아해도 깊은 물에서 연속으로 숨을 참고 바닥으로 향하는 것은 어깨에 힘이 들어가는 일이었다. 매번 약간의 아찔함이 느껴졌다.

그런 기분을 다 아는지 선생님은 차분하고 의젓하고 넉넉했다. 잘 된 건지 안 된 건지 궁금해하면서 질문을 여러 개 던지면, "허리를 더 굽혀보세요. 손을 앞이 아니라 아래로 해보세요. 하나. 둘. 셋. 이 템포로 해보세요." 한 번 더 실패하고 올라오자 선생님이 뒤를 손가락으로 가리키며 말했다. "저기 좀 보세요. 저기 창으로 빛이 들어와요." 뒤를 돌아봤더니 정말로 볕이 수영장 공기를 뚫고 들어와 노란 선과 면을 만들어내고 있었다. 그때부터 마음이 조급해지면 뒤돌아서 빛을 찾았다. 호흡만 이완되는 것이 아니라 몸도 이완이 됐다. 수십 번 연습하다가 마지막에 뭔가 딸깍 하고 열린 느낌이 왔다. 물속을 향해 성큼 들어서는 기분이었다. 올라왔더니 선생님이 고개를 끄덕인다. "그 느낌이에요. 물로 쑥- 빨려 들어가는 느낌."

잠수의 신체 반응 중에는 오줌이 마려워지는 것도 있어서 우리는 번갈아 화장실에 다녀왔다. 선생님이 화장실에 간 동안 나는 덕 다이빙을 계속 연습하고 내가 화장실에 간 동안 선생님은 물속에서 물고기처럼 논다. 덕 다이빙 역시 내가 이퀄라이징을 못해서 바닥까지 핀 동작으로 내려가지는 못하고 일단 들어가는 연습만 하기로 했다.

여섯 번째로 배운 것은 턴. 입수 후 25m를 가서 턴을 하고 올라오는 동작이다. 호흡하고 덕 다이빙을 하고(다섯 번에 한 번 꼴로 성공한다) 발을 굴러 출발한다. 20m쯤 온 거 같은데 숨이 갑갑하다. 겨우 턴을 하고 곧바로 올라왔다. 가만히 누워서 숨을 참는 것과 몸을 움직이며 숨을 참는 것은 차원이 다른 이야기였다. 몸에 급하게 산소가 사라지고 이산화탄소가 급속도로 쌓이는 느낌이었다. 동시에 오줌이 물 밀듯이 마려워졌다. 내 동작을 전부 본 선생님이 핀을 천천히 여유롭게 차야 더 오래 물에 있을 수 있다고, 급하지 않게 차는 연습을 하라고 말해줬다. 숨 넘어가는 기분에 발도 더 빨라졌던 모양이다.

일곱 번째로 배운 것은 팔만 움직이는 수영. 다리에 갑자기 쥐가 났을 때를 대비해서 하는 건데 팔만 움직이자 에너지를 훨씬 적게 써서 그런지 숨을 좀 더 오래도록 참을 수 있었다.

마지막 여덟 번째로 배운 것은 레스큐. 물에 빠진 사람을 구조하는 법이다. 의식이 없는 다이버를 알아채는 방법은 두 가지라고 했다. 입에서 기포가 나오거나(다이버는 숨을 꽉 참고 있기 때문에 기포가 나올 리가 없다) 핀 동작을 전혀 하지 않거나. 그러면 제일 먼저 상대의 웨이트 벨트를 풀어서 물 밑으로 버린다. 그다음은 상대의 목과 턱을 두 손으로 받치고 수면으로 올라온다. 올라와서는 손을 바꿔서 목만 받치고 마스크를 제거하고 뺨을 입으로 후후 불고, 톡톡 뺨을 치고, 말을 건다. 그 사이에 나는 회복 호흡을 하면서 이산화탄소를 뺀다. 그다음 상대방의 코를 잡고 인공호흡을 한다.

이렇게 수영장에서 세 시간 반이 갔다. 선생님이 힘이 남았냐고 물어서 조금 남은 거 같다고 했더니 그럼 좀 놀아보자고 했다. 핀을 빼고 양말도 벗고 맨발로 덕 다이빙으로 들어가서 평영 하듯 잠수를 하는 것이다. 맨발에 물이 닿으니 감촉이 좋았다. 역시 맨몸이 제일이다. 하지만 핀이 없으니까 에너지 소모가 엄청나서 금방 헉헉댔다. 그래도 재밌어서 기를 쓰고 하고 있는데 선생님이 또 "저기 보세요" 한다. 삼각 수영복을 입은 20여 명의 무리가 물속에 가득이었다. 콩나물처럼 동동동 떠있다가 호랑이 선생님의 호루라기 소리에 맞춰서 일제히 고개를 묻고 들어갔다. 물속에서 보면 더 멋지다길래 잠수

했더니 수십 명이 일제히 물속으로 빠른 속도로 내려가서 바닥을 찍고 올라갔다. 엄청난 양의 기포가 빠르게 솟아오른다. 거대한 사이다 잔에 수십 개의 돌멩이를 던져 넣은 것 같았다. "누구실까요. 저분들은?" 하고 묻자, "라이프가드 자격증 수강생들인 거 같아요." 아! 라이프가드! 언젠가 나도 꿈꿨던 자격증인데 강습받다가 말 그대로 토를 하게 된다고 해서 포기했던 자격증이다. 구경만 하는데도 땀이 나는 기분이었다.

  그렇게 네 시간이 채워졌고 물속에서 슈트를 벗고 나와 샤워를 하고 버스에 올라탔다. 몸이 천근만근에 잠이 쏟아지고 목이 타고 배가 고팠다. 대걸레 질질 끌듯 몸을 끌고 집에 들어와서 밥 먹고 열두 시간을 내리 잤다. 밤새도록 물속에서 물을 먹고 일렁이는 꿈을 꿨다. 프리다이빙은 재미있다. 할 일은 이퀄라이징 연습이다. 뚫려라 귀.

두 손을 꼭 잡고 각자의
방향으로 뛰는 관계

몇 년 전 루나와 함께 발리로 여름휴가를 다녀왔을 때였다. 초록 잎사귀과 낯선 언어들 사이에서 눈만 뜨면 수다를 떨고 삼시 세끼, 사시사주를 함께하는 일주일을 보내다가 잿빛 공항에서 각자의 집을 향해 찢어지려고 하니 섭섭한 마음이 들었다. '해장국이나 한 그릇 하고 헤어질까?' 생각하고 있는데 루나가 가방에서 봉투를 꺼냈다. 구겨진 모서리를 손으로 꾹꾹 눌러 피면서 건넸다. 편지였다. "버스에서 읽어"라는 목소리를 듣는데 가슴이 뻐근했다. 건넬 것이 없어서 무거운 손을 크게 흔들고 버스에 오르자마자 봉투를 열었다. 편지는 두 장이었다. 한 장은 여행을 떠나기 전날 집에서 쓴 편지였고 나머지 한 장은 귀국하는 비행기 안에서 쓴 편지였다. 따뜻한 말들이 가지런했다. 여행이 끝나고 혼자 집으로 돌아가는 쓸쓸함을 알기 때문에 그 마음의 방향성을 돌려 내가 혼자서 쓸쓸하게 집으로 돌아가지 않도록 편지를 쓴 것이다. 나는 루나의 치밀한 다정함에 입을 꾹 다물었다. 고

마운 마음을 담아 루나에게 메시지를 보냈다. 일주일간 같은 동선으로 움직이던 두 개의 점이 각자의 집을 향해 멀어지고 있었지만 동시에 가까워지는 기분이었다.

재작년에는 5년 근속 포상으로 안식휴가를 받아서 멕시코로 3주간 여행을 다녀왔다. 직장인에게 다시없을 꿈 같은 일을 앞두고 유 기자에게 집을 맡겼다. 유 기자는 독립해서 살다가 얼마 전 본가로 돌아가서 살고 있는데 혼자 있고 싶을 때가 있을 것 같아서 내 집을 마음대로 쓰라고 했다. 겁이 많은 유 기자가 산 밑에 있을 뿐더러 사방이 창인 내 집에서 자고 갈 것이라 크게 기대하지는 않았지만 침구도 갈아두었다. 3주라는 시간은 순식간에 흘러 데킬라로 가득 채운 캐리어를 낑낑대며 끌고 집에 도착했더니 먼지 한 점 없이 매끈한 거실 책상 위에 글씨가 빼곡한 A4용지가 놓여 있었다. 유 기자의 방문일지였다.

5월 5일에는 이 집에 술 외에 먹을 것이 없다는 것에 놀랐다고 했다. 5월 6일에는 장을 봐다가 오랜만에 혼자만의 요리를 해먹었고 5월 10일에는 다 죽어가던 내 화분에서 꽃대가 올라왔다고 했다. 5월 15일에는 청소하고 소파를 정리하고 세탁기를 돌리고 다시 침구를 새 걸로 갈아뒀다고 했다. 심지어 쿠션은 호텔에서 하는 것처럼 가운데를 손으로 내려쳐서 M자를 만들었다고 했다. 일지를 들고 낄낄 웃다가 냉장고를 향했더니 냉장고 문에 포스트잇이 세 장 붙어 있었다.

'바비큐 폭립', '고추장찌개', '알타리 무김치'.

냉장고 문을 열었는데 왜 온기가 느껴지는 거지. 바비큐 폭립은 내가 좋아하는 메뉴라 넣어둔 거고 고추장찌개는 유 기자가 여행에서 돌아오면 엄마가 끓여주는 음식이라 넣어뒀다고 했다. 혼자 사는 사람이 여행을 다녀와서 먹는 첫 끼는 외식이다. 빈집에서 나를 기다리는 것은 여행 가기 전 상할까봐 착실하게 비워둔 냉장고이기 때문이다. 빈집으로 돌아올 나를 위해 빈 냉장고를 채워준 친구 덕분에 나는 독립 이후 처음으로 여행 후 첫 끼를 집에서 먹었다. 덜 말린 머리를 하고 앉아 바글바글 끓인 고추장찌개에 햇반을 한 숟가락 크게 떠먹고 알타리 무김치를 아그작 씹으면서 "집이 최고네"라고 중얼거렸다.

혼자 사는 사람에게 친구란 어떤 의미일까. 누구에게나 친구는 필수적인 존재이지만 혼자 사는 사람에게 친구는 조금 더 각별해진다. 나의 친구들은 내가 외로울까 봐 걱정하는 사람들이 아니라 내가 외롭지 않도록 움직이는 사람들이다. 혼자는 부족하니까 가족을 꾸렸으면 좋겠다고 말하는 사람들이 아니라 혼자 사는 것이 행복할 수 있도록 편지를 쓰고 냉장고를 채우는 사람들이다. 가족보다 헐렁하지만 가족보다 세심한 존재들이다.

이렇게 우리는 서로 다른 집에 살지만 두 손을 꼭 잡고 살아간다. 두 손을 꼭 잡고 각자의 방향으로 달려가는 관계. 멀리 갈수록 그만큼의 탄성을 가지고 서로에게 돌아와 각자의 길에서 겪었던 이야기를 들려준다. 가보지 못한 세상에 대한 이야기를 듣고 우리의 세상을 조금 더 넓게 만든다. 이렇게 우리는 혼자 살고 함께 살아가고 있다.

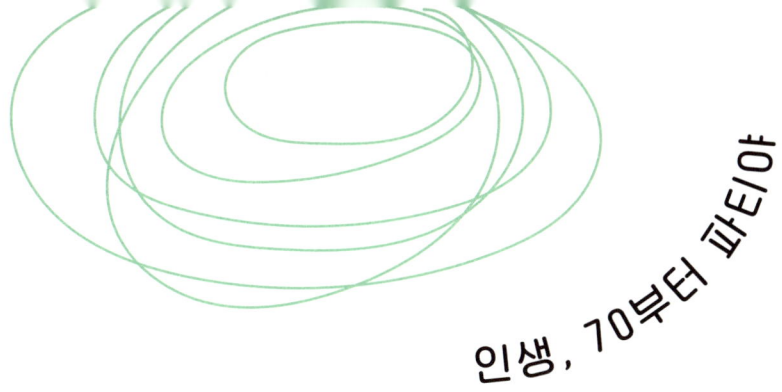

인생, 70부터 파티야

신입사원 시절, 우리 본부 상무님은 지식이 많고 수줍고 유머가 있는 분이었다. 소설을 추천해주고 시에 관해 이야기하는 분이었다. 회사를 그만둘 때도 딱 하나 아쉬웠던 점이 그분과 더 이상 대화하지 못한다는 것이었다. 내가 회사를 나오고 얼마 지나지 않아 상무님도 그만두셨고 어떻게 지내시는지 궁금해하던 차에 이런 말을 하셨다는 소식을 전해 들었다.

지금 죽어도 호상이오.

이 이야기를 듣고서 한참 웃었다. 그분을 동경한 이유에는 현실에서 한 발자국 뜬 채 사는 듯한 분위기도 큰 부분을 차지했는데 그런 삶의 태도가 축약된 멋있는 한 문장이라고 생각했다.

'오래 살고 싶지 않다'라는 것은 나도 오랫동안 동의해온 생각이다. 외할아버지가 수개월 병원에 누워 계시다 돌아가시는 것을 본 이후부터는 건강하고 즐겁게 살다가 60살에 죽고 싶다는 생각을 하게 됐다. 그러자 안락사가 허락된 나라의 이야기라든가 안락사를 인정하지 않는 정부에 항의하는 의미로 동반 자살한 노년의 커플 이야기, 스위스에서는 존엄사와 장례 비용이 합쳐서 1,500만 원이라는 이야기 등이 관심 있게 들렸다. 45세까지 얼마를 모으고 그다음엔 한 달에 얼마씩 쓰면 되겠다는 생각도 했다. 언제든 원할 때 원하는 인생을 선택할 수 있다는 자신감으로 인생의 방향성을 찾은 것처럼 몇 차례 친구에게 이 이야기를 했는데 처음 몇 번은 "그런 말 하지 마. 건강하게 오래 살자. 예순에 같이 스페인 놀러 가자"라고 좋게 이야기해줬던 친구가 그날은 심각하게 말했다. "그런 말 하지 마. 정말 그런 말 하는 거 아니야."

술잔으로 고개를 떨궈버리는 표정을 보니 나는 해서는 안될 말을 한 것같이 잘못한 기분이 들었다. 하지만 친구가 왜 우울해졌는지 잘 몰랐다. 몇 달이 훨씬 지나고 다른 친구와 선배가 많이 아팠다. 한 명은 아픈데 병원이 무서워서 안 간다 했고 한 명은 회사에서 무리하게 일을 시켜 딱 죽을 거 같은데도 대안이 없으니 그냥 다닌다고 했다. 보고 있자니 답답하고 화가 나서 아침드라마에 나오는 시어머니처럼 화를 냈다. 한 명에겐 눈앞에서 고성을 질렀고 한 명에겐 카톡으로 독한 말을 내뱉었다. 왜 이렇게 몸을 함부로 생각하지. 왜 이렇게 소중한 게 뭔지 모르는 거지. 왜 이렇게 주변 사람을 생각하지 않지. 마음껏 화를 내며 잘난 척했더니 기분이 좋지 않았다. 그리고 얼마 뒤엔 또 다른 친구가 자식이 있다면 모를까 나이가 들어 사랑하는 사람들이 점점 줄어드니 좀 일찍 죽어도 될 거 같다 말하는 것을 들었다. 가만히 앉아 듣고 있자니 나도 놀랄 정도로 슬퍼져서 소리 내어 울었다. 이 사람에게 나는 뭐지. 그러자 드디어 후회가 됐다. 친구들에게 내뱉었던 말, 소중한 사람들 앞에서 죽음을 말했던 것, 생에 큰 애착이 없는 듯 말했던 것, 그것이 내 신념이라고 생각했던 것, 모든 것이 후회가 됐다. 내가 한 말을 몇 차례에 걸쳐 그대로 돌려받았는데 그것은 생각보다 끔찍한 일이었다. 한순간에 무기력해졌다. 지금 죽어도 호상이오. 이 말은 의도와 관계없이 꽤나 쓸쓸하고 공격적인 말이었다. 그리고 허튼소리를 대단한 결심인 양 내뱉으면서 살지 않겠다고 다짐했다.

내가 결혼하지 않고 아이가 없다는 것이 인생에 애착이 덜하다는 의미는 아니었으면 좋겠다. 내가 만든 가족이 없다는 것이 내가 지켜야 할 사람이 없다는 의미가 아니었으면 좋겠다. 소중한 사람들로부터 "네가 나의 살아가는 의미지"라는 말은 못 듣더라도 적어도 함께 즐겁게 살아가고 싶은 동기 부여가 되는 사람이었으면 좋겠다.

참고로 사주를 봤더니 나는 70대에 대운이 터진다고 한다. 애들아, 내 인생 칠십부터 돈잔치야. 하와이로 칠순 파티 가자.

귀는 풍! 하고 뚫린다

초등학교 3학년인가 4학년 겨울방학, 동네 백화점 옆에 붙어있는 스케이트장에 갔다. 어린이들 대상 스케이트 교실이 열렸기 때문이었다. 내 또래의 아이들이 십수 명 있었고 태어나서 처음으로 스케이트를 신었다. 긴 끈으로 단단하게 감고 일어섰더니 키가 훌쩍 커졌다. 아이스링크장이라고 말하기에는 초라한 얼음판 위에서 강사님을 따라 원을 그리며 돌았다. 허리를 숙이라고 했고 왼발 앞으로 오른발을 놓으며 앞으로 나아가라고 했다. 한 손은 허리에 한 손은 앞뒤로 움직이라고 했다. 다른 친구들이 넘어지거나 못하겠다고 하는데 나는 강사님이 말하는 대로 몸이 움직였다. 발이 단단하게 묶인 느낌이 좋았고 긴 날이 얼음을 가를 때 나는 소리가 좋았다. 첫날 강습이 끝나고 강사님이 나를 불러서 스케이트를 처음 배우는 것이 맞냐고 물었다. 그렇다고 대답했더니 엄마에게 전화를 걸었다. 강사님은 엄마한테 내가 스케이트에 소질이 있다고 제대로 시켜보는 것이 어떠냐 물었다. 우리나라는 아이스링크가 많지 않으니까 스피드스케이트 대신에 롤러스케이트 선수를 시켜도 좋다고 했다. 옆에서 듣고 있자니 사짜 같다는 생각이 들었는데 전화기 너머의 엄마도 그렇게 느꼈는지 나는 그해 겨울방학을 끝으로 스케이트를 배우지 않았다.

스케이트 선수가 되지는 못했지만 나는 내가 남들보다 운동을 빨리 배운다는 것을 알게 됐다. 탁월한 재능이 있다기보다는 그냥 체육을 좀 빨리 배웠다. 겸손이 아니라 몸으로 하는 것은 바로 티가 나서 재능을 타고난 애들은 누구라도 단박에 알 수 있는데 나는 잔재능을 가진 수준이었다.

초등학교 5학년 때는 반에서 달리기를 1등 했는데 전교 시합에 나갔더니 애매하게 5등을 했다. 극성맞았던 교장선생님은 육상부를 꾸려서 어린이 체전에 애들을 내보내 학교 이름을 알리고 싶어 했는데 달리기 선수는 3명이면 충분했다. 그래서 나는 육상부에 들고 싶다면 높이뛰기나 멀리뛰기 중 하나를 골라야 했다. 4등이 멀리뛰기를 골랐기 때문에 나는 그날부터 높이뛰기 선수가 되었다.

초등학교 높이뛰기 선수의 하루는 이렇다. 수업이 끝나면 운동장에 모여 다른 육상부 친구들과 운동장을 다섯 바퀴 달린다. 다 달리고 나면 등나무 아래 나무벤치로 가서 윗몸 일으키기를 삼십 개씩 세 번 한다. 그러고 나서 달리기 선수는 운동장 가장자리 트랙으로, 멀리뛰기 선수는 운동장 저 끝 모래 연습장으로, 나는 창고로 가서 높이뛰기 도구와 매트를 끌고 나와 운동장 중앙으로 간다. 그렇게 한두 시간 각자 연습을 하고 정리를 하면 해가 졌다.

무거운 매트를 혼자 끌면서 맨몸으로 가볍게 달리기를 하는 친구들을 쳐다봤다. 1초만 더 빨랐다면 나도 달리기 선수가 될 수 있었을 텐데. 그렇게 몇 주 동안 연습을 하다가 주번을 서는 날이 왔다. 지금도 주번이 있는지 모르겠는데 당시의 주번이라고 하면 체육복을 입고 일찍 등교를 해서 가슴에 '주번'이라는 배지를 붙이고 저학년 후배들의 등교를 통솔하는 일을 했다. 한 줄로! 옆으로 붙어서! 뛰지 말고! 등등의 말을 하고 있는데 한 학생이 말을 걸었다. "언니, 어제 운동장에서 높이뛰기 연습했죠? 멋있었어요."

그때부터 나는 내가 높이뛰기 선수라는 것을 좋아하게 됐다. 얼굴도 못 알아보게 빨리 뛰는 달리기 선수보다 운동장 구석에서 연습하느라 안 보이는 멀리뛰기 선수보다 운동장 중앙에서 경중경중 뛰다가 매트 위에 나동그라지는 높이뛰기라는 것이 엄청 멋진 종목이라고 생각됐다. 더불어 내가 칭찬에 사족을 못쓰는 사람이라는 것도 잘 알게 됐다.

전교 5등의 실력은 서울시로 나갔더니 10위권 밖으로 훅훅 밀려났다. 어느 날은 달리기 1등이 어디서 무슨 말을 들었는지 높이뛰기를 해보고 싶다며 치고 들어왔다. 내가 깔아놓은 매트 위에서 연습을 몇 번 하더니 체전에 나가서 가볍게 상을 타버렸다. 타고난 재능이란 저런 것이구나 싶어서 매트 위에 무릎을 털썩 꿇기도 했다. 졸업을 앞두고 나간 마지막 체전에서 나는 처음으로 동메달을 목에 걸었다. 날고 긴다는 선수들이 무슨 이유인지 그 대회에 출전을 하지 않았기 때문이었는데 어쨌든 메달을 걸고 높이뛰기를 은퇴하게 되어서 기뻤다.

그다음의 인생에서도 비슷했다. 무슨 운동을 배우든 선생님들은 첫날의 내 학습력에 놀랐고 몇 달 뒤 그대로인 상태에 한 번 더 놀랐다. 그래서 나는 무엇이든 배우는 것을 좋아하지만 오래 하는 것을 좋아하지 않는다. 얼른 칭찬을 받고 조기 은퇴하는 것을 즐긴다.

최근엔 프리다이빙을 배웠다. 그리고 이퀄라이징이 되지 않았다. 선생님이 가르쳐준 대로 코를 붙잡고 용을 쓰는데 귀가 뚫리지 않았다. 압력 때문에 귀가 아팠다. 이러면 안 되는데. 이럴 리가 없는데. 나는 첫날 가르쳐준 건 다 할 줄 아는 학생인데. 다소 당황한 채로 첫날 강습을 마쳤고 더 당황한 채로 두 번째 강습을 마쳤고 더더 당황한 채로 세 번째 강습을 마쳤다. 이퀄라이징이 되지 않았다. 선생님은 고개를 거꾸로 하고 코를 붙잡고 하루에 천 번 이퀄라이징을 연습하라고 했는데 물론 천 번은 커녕 백 번도 연습하지 않았지만 어쨌거나 되지 않았다. 꽝 막힌 채로 조금도 나아지지 않았다. 이퀄라이징은 누가 가르쳐줄 수가 없는 것이고 결국에는 혼자 자신만의 방법으로 해내야 하는 것이라서 나는 내내 답답하고 좌절스러웠다. 그리고 어느 날 소파에 누워 뒹굴대다가 노느니 뭐하나 싶어서 일어나 고개를 푹 숙이고 한 손으로 코를 붙잡고 훕! 하는데

풍!

귀가 뚫렸다. 응? 뭐지 방금? 다시 고개를 숙이고 힘차게 훕 했더니 풍 갑자기 귀가 터졌다. 갑자기 이퀄라이징이 됐다. 너무 신기해서 계속해봤다. 고개를 더 숙여서도 해보고 고개를 덜 숙여서도 해봤는데 어떤 자세로든 다 됐다. 너무너무 기뻐서 선생님한테 카톡을 보냈다. "선생님! 저 갑자기 이퀄라이징이 돼요! 너무 신나서 연락드려요!!!" 곧바로 답신이 왔다. "오! 드디어 힘이 생겼네요!!!"

물에서도 확인을 해봐야 하니까 다음 수업을 기약하며 나는 다시 고개를 숙였다. **풍. 풍.** 걷다가도 **풍.** 지금도 일어나서 **풍.** 너무 신이 나서 계속 계속 연습을 한다. 계속 계속 신이 나고 더 잘하고 싶어졌다. 누군가는 바로 하는 것을 두 달 걸려서 겨우 하게 됐다. 그리고 물속에서는 또 안 될 수도 있지만 어쨌든 지금은 된다. 안 되던 것이 된다. 그리고 이 기쁨은 조금 잘난 능력으로 시작할 때 느꼈던 기쁨보다 비교할 수 없을 정도로 크고 황홀했다.

선생님 말대로 힘이 생겼다. 없던 것을 가지게 되었다.

다친 다리가 만난 사람들

어느 일요일 오후, 주말을 이대로 보내버릴 수 없다는 마음이 책과 공부할 거리를 주섬주섬 싸서 자전거를 타게 했다. 집에서 가까운 경복궁 일대에는 늦게까지 여는 카페가 없기 때문에 마음먹은 김에 홍대 근처까지 가기로 했다. 경복궁에서 이대까지는 즐거웠다. 차가 많았지만 그래도 신나게 페달을 밟았다. 이대에서 신촌은 정말 복잡했다. 다리가 아프고 길도 잘 모르겠고 자신감이 뚝뚝 떨어져 잠시 서서 심호흡을 하고 다시 달렸다.

그리고 곧 이유 없이 넘어졌다. 비탈이 심하지 않은 길이었는데 중심을 잃고 흔들거리다가 브레이크를 꾸욱 잡은 채로 푹 쓰러졌다. 신발이 저 뒤로 날아가고 오른발 두 군데에서 피가 났다. 무슨 일이 일어난 거지 싶어 멍하니 신발을 쳐다보고 있는데 인도로 지나가던 학생이 울타리를 넘어 차도로 뛰어와서 일으켜 세워주고 자전거도 옮겨줬다. 고맙다고 몇 번이나 말했지만 말한 것보다 열 배는 더 고마웠다. 숨을 몰아쉬며 자전거를 쥐고 서있는데 여전히 얼떨떨했다. 마침 바로 앞에 편의점이 있어서 들어가 위생밴드가 있냐고 물었다. 알바생이 걱정스러운 얼굴로 쳐다보더니 가져다준다고 했다. 계산을 했더니 밴드의 껍질까지 까서 건네줬다. 껍질을 까줄 줄은 몰랐는데 정말 고마웠다. 편의점 앞 계단에 앉아서 밴드를 붙이려는데 얼굴에서 땀이 뚝 떨어졌다. 주섬주섬 만져보니 얼굴 전체가 땀으로 송골송골했다. 무릎이 약간 욱신거리는 느낌이었지만 그래도 걸을 만하길래 자전거를 끌고 약국을 찾아서 소독약과 후시딘을 사서 목적지인 상수동의 카페까지 다시 달렸다.

뻐근한 무릎을 쭉 펴고 앉아서 책도 보고 공부도 했다. 시간이 지날수록 집에 갈 걱정이 됐다. 이제 해도 저서 깜깜하고 기운이 쏙 빠져서 자전거는 도저히 못 탈 거 같았다. 카카오 택시를 예약하고 기사님께 전화를 했다. "제가 자전거가 있는데요. 크지는 않은데 혹시 자전거도 태워줄 수 있으세요?" 차분한 목소리의 기사님이 한번 해보자며 곧 도착한다고 하셨다. 대번에 안 된다고 하지 않고 한번 해보자고 말해줘서 고마웠다. 카페 앞으로 도착한 기사님이 내 다리를 보더니 자전거를 들어서 뒷자리에 넣어주셨다. 무리다 싶으면 바로 괜찮다고 말하려고 서성이고 있는데 자전거는 다행히 딱 맞게 들어갔다.

조수석에 앉아서 기사님과 이야기를 나눴다. 기사님이 내 콜을 받은 이유는 우리 동네 때문이라고 했다. 중고등학교 때 친한 친구가 이 동네에 살아서 유년 시절 대부분을 이 동네의 구석구석을 뛰어다니며 보냈다고 했다. 친구네 집은 마당이 큰 한옥집이었는데 마당 가꾸는 데 재주가 있으셨던 친구네 어머니 덕분에 그 마당에는 꽃도 과일나무도 많아서 참 좋았다고 했다. 밤이 열리면 밤 따러 와라, 감이 열리면 감 먹으러 와라, 불러주셔서 좋았다고 했다. 친구가 나이를 먹고 돈을 많이 벌어서 양평에 집을 지어 어머니를 모시고 살아서 그 이후로는 이 동네에 다시 올 일이 없어졌다고 했다. 그리고 친구의 어머니는 이제는 돌아가셔서 안 계신다고도 말했다. 은퇴하고 택시 일을 시작한 지 얼마 되지 않아서 아직 어색한데 이 동네 이름이 기계에 딱 뜨는 순간 가고 싶어졌다고 했다.

   그런 이야기를 하던 도중 사직 터널을 지나 배화여대 골목으로 들어섰다. "많이 변했나요?"라고 내가 묻자 "그래도 다 생각나요"라고 답하셨다. 택시가 가만가만 동네길을 살펴보며 전진했다. 천천히 달리는 듯한 기분이었다. 다리를 조심하라며 자전거를 다시 꺼내 주시는데 택시가 정말 새 차였다. 시트가 다쳤을까 봐 걱정됐다. 고마웠다. 엎어져서 절뚝이며 약국을 찾을 때는 시끄럽고 서럽기만 한 도시였는데 일으켜 세워준 행인과 밴드 껍질을 까준 알바생과 자전거를 한번 실어보자고 말해준 기사님 덕분에 다시 나의 고향을 좋아할 수 있게 되었다.

내가
나에게 주는 용기

　6시 1분에 퇴근하고 나왔더니 하늘은 밝고 구름은 예쁘고 덥지도 않아서 집까지 걸어가기로 했다. 평소에는 가지 않는 돌아가는 길로 발길을 돌렸다. 횡단보도 옆에는 지하도로 내려가는 계단이 있고 그 앞에는 노숙자가 앉아 있었다. 신호가 바뀌기를 기다리며 휴대폰을 보고 있는데 시야의 저 끝에서 검은 노숙자가 일어나는 것이 느껴졌다. '설마' 하고 휴대폰에 시선을 고정하고 있는데 검은 형체가 다가오는 것이 느껴졌다. 고개를 돌려서 쳐다보고 싶지는 않았다. 지나가길 기다리는데 내 옆에 멈추더니 내 치마를 당겼다.
　심장이 쿵.
　어쩔 수 없이 고개를 돌렸다. 나를 빤히 쳐다보고 있는 얼굴. 차 소리로 시끄러운 숭례문 옆의 횡단보도 앞에서 빨간색에 가까울 정도로 까맣고 흰색 수염이 듬성듬성한 노인이 아무 용건 없는 표정으로 입을 바삐 움직여 무엇이라 중얼거렸다. 정확히 들리지 않지만 욕이다. 신호등이 바뀌었다면 서둘러 자리를 피했을 텐데 신호등이 바뀌지 않아서였는지 어디선가 나온 힘이 입 밖으로 소리를 내보냈다.
　"뭐 하는 거예요. 지금?"

'내가 지금 성난 얼굴을 하고 있어야 되는데, 내가 지금 겁난 얼굴을 하고 있으면 안 되는데'라고 생각하는데 겁이 났다. 1초 사이, 상상 속 노숙자는 달려들어 나를 때렸지만 눈앞의 노숙자는 다행히도 조금 뒤로 물러섰다. 태평한 표정으로 나를 향해 또 한 번 입을 바삐 움직였다. 나보다 작아서였는지 아니면 나보다 한참 늙어서였는지 아니면 다른 노숙자보다 말끔해서였는지 아니면 그냥 내가 일찍 퇴근을 해서 흥분상태였는지 모르겠지만 노숙자의 두 눈을 똑바로 봤다. 무서웠다. 상대방은 성난 내 얼굴이 조금도 무섭지 않은지 나를 바라보는 직선의 시선은 태평하고 입에는 웃음이 있었다. 무섭고 동시에 화가 났다. 쥐고 있던 휴대폰을 들고 112를 눌렀다. 무슨 일이냐고 묻는 목소리. "여기 지금 숭례문 앞 횡단보도인데요. 가만히 서 있는데 노숙자가 와서 제 치마를 당겼어요. 그리고 욕했어요. 조치를 취해주시면 좋겠어요."

　통화를 하면서도 노숙자를 봤다. '갑자기 일어나서 나한테 달려들면 어쩌지.' 경찰에 신고하는 내 모습이 위협이 되기를 바랐다. 그래서 서둘러 일어나서 달아나기를 바랬다. 동시에 걱정이 됐다. 지금 일어나서 나한테 저 컵을 던지면 어쩌지. 시끄러운 차 소리 때문에 듣지 못했는지 아니면 이도 저도 관계없었는지 노숙자는 원래 앉았던 자리로 걸어가 가부좌를 틀고 앉아 나를 쳐다볼 뿐이었다. 마침 파란불로 바뀌어 길을 건넜다. 뒤에서 따라와 덮치지는 않을까. 뛰지 않으려고 노력하면서 걸었다. 길 건너에서 경찰을 기다렸다. 노숙자가 도망갈까 봐 지켜봤지만 그럴 생각은 없어 보였다. 경찰차는 9분 뒤에 나타났다.

"저 노숙자인가요? 무슨 일이었죠?"

"가만히 서 있는데 다가와서 제 치마를 당기고 욕을 했어요."

있었던 일을 말해놓고 나니 별거 아닌 일처럼 느껴졌고 경찰도 그렇게 느꼈는지 표정 하나 바꾸지 않았다.

"구걸하려고 했나 보네요."

"구걸이 아니라, 저를 위협하고 추행한 거죠."

나는 노숙자로 겹겹이 둘러싸인 서울역 코앞 빌딩에서 수년째 회사 생활을 하고 있지만 노숙자가 구걸하는 것은 한 번도 본 적이 없다. 내가 아는 노숙자는 구걸을 하지 않는다. "법적인 조치를 원하시나요?" 신고를 하면 경찰이 알아서 다 해줄 줄 알았는데 예상과 다르게 나의 의사를 물어봐서 잠시 입을 다물었다. "아니요. 경고를 원해요." 노숙자한테는 경고 외 법적 조치를 취할 수 없다는 말을 들은 적이 있다. 경찰이 다가가자 노숙자가 엉거주춤 일어났다. 경찰 둘이 노숙자에게 나에게 무슨 짓을 했냐 물었다. 차 소리 사이사이로 경찰의 질문에 노숙자가 나는 그런 사람이 아니라고 웅얼거리는 것이 넘겨 들렸다. 경찰이 신원 조회를 해야겠다고 주민번호를 대라고 하자 노숙자가 몇 번이나 거부하다가 흩어 뿌리듯 숫자를 말했다. 똑바로 대라고 다그치자 다시 숫자를 몇 개 더 뱉어냈다. 수첩에 받아 적은 경찰 한 명이 경찰차로 가자 노숙자는 짐을 주섬주섬 챙겨서 자리를 뜨려고 했다. 이런 노숙자 하루에도 수십 명 대응한다는 느낌의 느긋한 경찰과 이런 경찰과의 대거리 수십 번도 더 해봤다는 느낌의 능숙한 노숙자가 느리게 핑퐁을 주고 받았다.

"아가씨한테 구걸할 거면 구걸하고 말아야지. 왜 치마를 만지고 욕을 해?"

"욕은 무슨. 치마는 무슨. 나 여기 사는 사람 아니에요."

내 앞에서는 떡하니 펼치고 섰던 노숙자의 양어깨와 한없이 치켜 올라갔던 두 눈이 경찰 앞에서는 움츠러 들었다. 바닥을 향한다. 경고 라기보다는 어른이 아이를 혼내는 것 같은 경찰의 훈계가 이어지고 선생님한테 혼나는 사고뭉치 꼬마처럼 노숙자가 발뺌을 하기에 억울한 마음 둘 데 없는 내가 끼어들었다.

"아까 내 치마 당겼잖아요. 아까 나한테 욕했잖아요."

어눌했던 노숙자의 두 눈에 불이 번쩍 하며 나를 쏘아보자, 경찰이 막아섰다. 그리고 신원 조회를 실패한 경찰이 돌아왔다.

"주머니에 있는 거 다 내놔요. 신분증 꺼내요. 신분증 있는 거 다 알아."

"없어. 신분증 없어."

경찰 한 명이 노숙자를 붙잡고 다른 한 명이 노숙자가 입은 조끼에 주렁주렁 매달린 주머니를 뒤졌다. 주머니에서 검은색 봉지 하나, 종이 뭉치 하나, 알 수 없는 꾸러미 하나가 나오다가 가장 안쪽 주머니, 저 깊은 쪽에서 꽁꽁 묶은 하얀색 비닐봉지가 나왔다. 비닐봉지를 풀자 꼬깃꼬깃 묶은 또 하나의 비닐봉지가 나오고 그 비닐봉지를 풀자 어색할 정도로 깨끗한 까만 지갑이 나왔다. 평범한 까만 반지갑. 반지갑을 열자 카드가 꽂혀 있어야 할 곳에는 종이 쪽지가 몇 개 꽂혀 있고 지폐가 꽂혀 있어야 할 곳은 텅 비어 있었다. 그리고 하얗게 닳은 깨끗한 주민등록증이 나왔다. 48로 시작하는 숫자. 우리 아빠보다 젊네. 왼쪽 사각형 안에 하얀 얼굴. 얼굴이 하얗네. 노숙자의 내밀한 주머니 속은 나른했다. 그 안을 보고 있자니 시끄러운 차 소리가 뿌옇게 흐려졌다. 나는 멍하니 뒤에 서 있고 신분증을 확인한 경찰이 딱지를 떼느라 옆으로 돌아서자 노숙자가 뒤돌아 나를 찾는다. "X 같은 년이 어디서 XX. 야이 XX!"

까만 반지갑 속 하얀 주민등록증에 넋을 잠시 놨던 나는 정신이 번쩍 들었다. 나는 그 비닐봉지 속 지갑을 본 사람으로서 내가 어떤 동정심 또는 연민 같은 것을 가져도 되는 입장이라고 착각했는데 나는 아까 전도 지금도 그냥 만만한 년, 욕해도 되고 건드려도 되는 년이다. 코앞에서 욕하는 것을 보게 된 경찰이 서둘러 막고 나서며 목소리를 높이자 노숙자가 시선을 경찰한테 옮기더니 잠시 망설이다가 갑자기 몸을 펼쳤다. "한 대 쳐! XX 치라고!!"

계속되는 욕에 경찰이 제지하며 말했다. "딱지 끊었으니까 내 눈에 다시는 띄지 마. 이 근처에서 한 번만 더 눈에 띄면 그땐 경찰서 가는 거야." 알았다고 고개를 끄덕이는 노숙자를 뒤로하고 경찰들이 나에게 다가와서 말했다.

"노숙자는 이렇게 경고장 떼는 거 말고는 방법이 없어요. 그리고 몸을 만진 것이 아니라 옷을 만진 거는 처벌할 수가 없고요."

"네. 회사가 이 근처인데 또 이런 일이 생길까 봐 신고한 거예요."

"저희가 순찰 자주 돌겠습니다. 이제 가셔도 돼요."

경찰 둘이 뒤돌아 차를 향해 갔고 여전히 대낮처럼 밝고 사람들은 바쁘게 길 위를 돌아다니고 노숙자는 멀찍감치 선 채 빌딩을 올려다 보고 있었다. 아무것도 바뀌지 않았는데 나만 바뀐 기분이었다. 결과적으로 아무 일도 일어나지 않았지만 마음에서는 그때부터 큰 감정이 일어나고 있었다. 이 마음은 무엇일까.

처음에 무서웠던 것은 예상치 못했던 일이 갑자기 벌어진 것 때문이었다. 하지만 점점 더 무서운 이유는 이런 일이 또 일어날 수 있다는 생각 때문이었다. 나는 내 몸 그대로 위엄 있는 사람이고 싶은데 가만히 서 있는데도 그냥 한번 건드릴 수 있는 사람, 화난 목소리로 불쾌함을 드러내도 비웃을 수 있는 사람, 성난 눈빛으로 쏘아봐도 위협이 되지 않는 사람일 수 있다는 것이 나를 무섭게 만들었다. 그래서 신호등을 기다리고 서있던 그 많은 사람들 중에 내가 타깃이 되었다는 것이 무서웠다.

무섭고 분하지만 그래도 한걸음은 나아갔다. 눈을 봤고 화를 냈고 신고를 한 것들이 다 의미가 있었던 일이었다고 생각한다. 내가 두 눈을 똑바로 쳐다봤기 때문에 노숙자가 한 발 뒤로 물러선 것이고 내가 화를 냈기 때문에 치마를 한 번 더 만지지 않은 것이고 내가 신고를 했기 때문에 노숙자가 고개를 숙였던 것이라고, 이것이 다 나의 작은 성과라고 생각하려고 한다. 밟을 수 있는 사람이라는 것은 타인이 결정했지만 밟으면 가만있는 사람이 아니라는 것은 내가 결정하는 것으로 나한테 살아갈 용기를 줘야겠다.

풍덩 8

내가 가본 가장 먼 바다

    10여년 전 회사를 그만두고 반년 동안 여행을 하겠다고 마음 먹었을 때는 이 긴 시간, 어디를 가야 하나 고민하다가 가장 먼 곳, 남미를 골랐다. 하지만 상상이 안 갈 만큼 먼 곳이라 누군가의 도움이 필요했고, 물어 물어 도착한 곳은 종로2가 YMCA건물에 있는 키세스 여행사였다. 그곳은 당시, 세계여행을 할 수 있는 원월드 티켓을 파는 유일한 여행사였다.

    "제가 그러니까… 회사를 그만두고 여행을 할 건데, 대략 6개월 정도를 생각하고 있어서요. 그래서 평소에는 엄두도 못 냈던 먼 곳을 가야겠다는 생각이 들어서 남미에 가려고 하는데요…."

    헐렁한 목표지를 이야기했더니 세계여행을 갓 마치고 돌아온 듯한 건강하고 다부진 여자 매니저님이 확신에 찬 목소리로 말했다.

    "유럽은 어디를 가보셨어요? 가본 데가 거의 없네요? 그럼 먼저 유럽을 가보세요. 지금 나이에 보고 배울 것이 많은 곳을 가세요. 지금

안 가면 남미는 영영 못 갈 거 같죠? 이런 긴 시간이 다시는 안 올 거 같죠? 손님 같은 마음을 품고 있는 사람은 반드시 그 시간을 만들어요. 그러니까 이번에는 유럽을 가보세요."

그런 마음을 품고 있는 사람은 반드시 그 시간을 만든다. 그 말 한마디에 나는 엄청난 자유를 얻고 바르셀로나행 티켓을 끊었다. 바르셀로나에서 세비야로, 세비야에서 마라케시로, 마라케시에서 라구스로, 라구스에서 빌라 노바 데 밀폰테스로. 정말로 보고 배울 것이 잔뜩인 곳이었고 그 이야기는 나의 첫 책 《다정한 사람에게 다녀왔습니다》가 되었다.

그리고 10년 뒤, 그런 마음을 품고 10년을 살았더니 정말 비현실적인 3주 휴가가 생겼고 멕시코에 머무르기로 했다. 도착하기 전에는 한 번도 입에 담아본 적이 없던 이름의 도시, 멕시코시티에서도 한참이나 더 머나먼 **플라야 델 카르멘**에 도착했고 그 도시의 **마미타스**라 불리는 바다에 앉게 됐다. 카리브해는 사진에서 본 것과 다르게 거칠고 야생적이었다. 파도가 거칠게 몰아쳐 한 걸음 더 들어가기가 힘든 바다였다. 그 바다에서 **마라쿠야**라는 뜻 모를 이름의 과일이 담긴 모히토를 마셨고 그 맛은 달콤하고 시큼했다. 그리고 그 바다의 항구에서 커다란 배를 타고 삼십 분 더 멀리, **코수멜**이라 불리는 섬에 갔고 그 섬에서도 조금 더 멀리, 작은 보트를 타고 큰 바다로 나가 다이빙을 하게 됐다. 스물두 살에 태국의 작은 섬 코 타오에서 다이빙 라이센스를 딸 때는 상상하지 못했던 거리의 바다에 들어가게 됐다.

그날 보트에는 세 명뿐이었다. 어제도 다이빙을 했다는 캐나다인 젠에게 바다가 어땠냐고 물었더니 "그런 바다는 처음 봤어. 고속도로

처럼 슝 뚫렸어"라고 눈을 빛내며 말했다. 밖에서 보기에는 정말로 새파랬던 바다가 안에서 보자 정말로 투명했다. 어마어마한 시야가 확보됐다. 수면까지 솟았다가 하강하는 거북이를 봤고 홀로 유영하는 만타를 봤고 갑옷처럼 옷을 입은 형광 보랏빛 물고기, 가족여행을 떠나는 한 무리의 노란빛 물고기, 그 무리 속 홀로 튀는 줄무늬 물고기, 눈썹만큼 작은 물고기, 산호 속으로 쏙 숨어버리는 파란 테두리의 물고기, 정말로 많은 물고기를 봤다. 한번도 식어본 적이 없는 것처럼 따뜻하고 부드러운 바다에서 오래도록 수영을 했다.

 그리고 산호 동굴을 굽이굽이 빠져나와 하얀 모래밖에 없는 빈 공간에 도착했을 때 젠이 한 말이 무슨 의미였는지 알게 됐다. 텅 빈 운동장 같은 바다였다. 반은 끝없이 하얗고 반은 끝없이 파란 바다였다. 너무 맑아 깊이감이 느껴지지 않아 수면을 쳐다봤고 물비늘이 벼처럼 일렁였고 그 위로 해가 쏟아졌다.

 내가 가본 가장 먼 바다였다.

넘어지는 것은
쪽팔리지 않다

　비가 많이 오는 날, 소개팅남과 식사를 마치고 나와서 걷고 있는데 뒤에서 꽝 소리가 났다. 뒤를 돌아보니까 저 뒤로 배달 오토바이를 몰던 아저씨가 빗길에 미끄러져 넘어져 있었다. 가까이에 있던 몇몇 사람들이 웅성이고 멀리에 있던 많은 사람들이 망설이던 틈에 아저씨는 금방 일어나서 다시 오토바이를 끌고 골목 어디로 들어가 사라졌다. 역시나 지켜만 보고 있던 내가 "어휴 많이 아프겠네요"라고 말하니까 소개팅남이 "아픈 거보다도 쪽팔리겠네요"라고 답했다.

　우리가 다 알고 일상적으로 경험하는 서사다. 넘어지는 것은 쪽팔린 일이고 그래서 넘어진 사람을 도와주는 것은 그 사람을 더 쪽팔리게 만드는 것이니까 곁눈질로 슬쩍슬쩍 보고 마는 서사. 빗길에 서서 과연 아저씨는 쪽팔렸을까를 생각하고 있자니 얼마 전에 본 예능 프로그램이 생각났다. 여러 명이 계곡으로 놀러 갔는데 한 명이 바위에서 미끄러져서 뾰족한 돌로 가득한 계곡물에 빠지자 모두가 박장대소를 했다. 몸개그가 터졌다는 자막이 달리고 넘어지는 출연자의 표정과 몸짓이 여러 번 반복됐다. 그리고 혼자 웃지 않았던 한 명의 출연자가 진지한 얼굴로 물었다.

"괜찮아요? 안 다쳤어요?"

넘어진 출연자는 황급히 일어나서 몸을 살펴볼 새도 없이 붉어진 얼굴을 숨겼고, 나는 "괜찮아요?"라고 물었던 목소리의 주인공을 다시 보게 되었다. 모두가 가벼운 틈에서 홀로 묵직했던 목소리.

수년 전 스페인 세비야에 있을 때는 공공자전거인 세비시*Sevici*를 자주 빌려 탔었는데 어느 날은 얇게 파인 트램 레일에 바퀴가 끼어서 꽈당 넘어졌다. 다리를 파닥대며 으악 소리도 질렀다. 마침 트램 정류장 근처였기 때문에 많은 사람들이 일제히 쳐다봐서 얼굴이 화끈해지려는 찰나, 우르르르 행인들이 뛰어와서 누구는 나를 일으켰고 누구는 괜찮냐 물었고 누구는 자전거를 일으켜 세웠고 누구는 트램길은 위험하다 트램을 욕했고 누구는 내 무릎을 털었다. 넘어져서 놀란 가슴보다 나는 넘어진 사람을 대하는 진지한 태도에 더 놀랐다. 너무 진지하게 괜찮냐고 물어봐줘서 대충 말로만 괜찮다고 하지 못하고 정말 내가 괜찮은지 진지하게 살펴볼 수 있었다. 당연히 쪽팔리지 않았고 도움을 받은 일도 하나도 창피하지 않았다. 가슴은 벌렁벌렁거렸지만 이 사람들 덕분에 안전한 기분이었다.

언제부터 넘어지는 것이 쪽팔린 일이 됐는지 모르겠지만 진실을 말하자면 넘어지는 일은 쪽팔린 일이 아니다. 창피함을 느낄 필요가 없는 일이고 괜찮다고 감출 필요도 없는 일이다. 당연히 아픈 것이고 그러니 걱정받고 걱정해줘야 하는 일이다. 그러니까 좀 넘어져도 되는 것이다.

소개팅은 잘 되지 않았다.

이야기를 먹었다

점심시간까지 일을 했는데 갑자기 회의시간이 미뤄져서 두 시간이 통으로 비었다. 갑자기 선물을 받은 기분이 들어 산책을 나섰다. 가끔 짬이 날 때 가는 곳은 카지노 전망의 모 빌딩 야외 주차장인데 사람도 나무도 무엇도 없어서 일광욕을 하며 멍 때리기에 좋다. 상상을 보태 장소의 느낌을 말하자면 성장 드라마 속 고등학교 옥상, 아웃사이더들이 땡땡이를 치는 곳 같아서 두 시간 일탈하는 월급쟁이일 뿐이지만 귀에 이어폰도 꽂았다. 날씨가 상당히 뜨끈해 돌벤치에 과감하게 누워봤다. 달궈진 돌벤치의 온도가 뒤통수부터 종아리까지 밀착되고 뜨거운 볕이 오른쪽 뺨을 지졌다. 오른쪽으로 고개를 돌리면 카지노 간판이 보인다. 로고를 자세히 보니 숫자 4와 7을 조합해서 별을 만들었다. 죽을 각오로 뛰어들면 행운이 온다. 뭐 이런 의미인가.

딱히 배가 고프지는 않지만 회의 전에 무언가를 먹어야겠어서 남대문시장에 칼국수를 먹으러 갔다. 비슷비슷한 식당이 스무 개 정도 줄지어 있는 이 골목에서 네 개의 의자를 가진 가장 비좁은 식당이 내가 자주 가는 곳이다. 언제나 붐비는 칼국수 골목에 이 식당만큼은 늘 자리가 있다.

"혹시 끝났어요?"라고 묻자 "어떻게 벌써 끝나?"라고 답하던 할머니 사장님이 내가 앉자마자 이야기를 시작하셨다. 식당을 일찍 끝내는 날은 공식적으로 1년에 하루. 어머니 제삿날이다. 그날은 다섯 시 반에 문을 닫고 서울역으로 날아가서 KTX를 타고 고향집에 가신다고 했다. 고향은 밀양. 기차로 두 시간 반이 걸린다. 제사만 지내고 다시 KTX를 타고 집에 돌아오면 밤 열 시. 젊었을 때는 바빠서 20년 동안 한 번을 엄마 제삿날에도 못 갔는데 이제는 가게 문 닫고 가신다고 했다. 왕복 기차값이 10만 원이지만 이제는 갈 수 있다고 웃으면서 말하셨다.

"**냉면**을 좀 줄까요?"(이 골목에 있는 식당들은 **칼국수**를 시키면 **냉면**을 조금 서비스로 준다.)

"아니요. **칼국수**만 주셔도 돼요."

"그럼 나 부자 돼서 안 되는데… **찰밥**을 좀 줄까?"

"아니에요. **칼국수**만 주세요."

"그럼 나 정말 부자 되는데?"

농담을 하던 사장님은 자연스럽게 하시던 이야기로 돌아갔다. 늘 KTX만 타다가 어떤 날은 무궁화호를 탔는데 서는 역마다 내리고 싶으셨다고 했다. 옛날 타던 완행 기차가 생각나서 좋았다고 했다. 여덟 시간을 타야 겨우 고향 땅을 밟게 해줬던 완행 기차.

"나는 아들딸한테 잔소리 안 해요. 잔소리하면 내가 오는 걸 안 반가워하니까."

돈을 벌고 돈을 쓰고 지금처럼 이렇게 사실 거라던 사장님은 어느덧 가족 이야기로 옮겨갔다. 언니는 간호조무사. 동생은 청소일을 한다. 언니는 요리를 잘하고 동생은 막내라 못하고. 그래도 둘 다 돈을 벌어서 셋이 만나면 서로 돈을 내겠다고 한다. 칼국수 가닥을 가닥가닥 떠서 국물만 남을 때까지. 두 개 들어 있던 감자를 먹고 호박채랑 유부를 번갈아 입에 넣고 우물우물 씹어서 넘길 때까지. 시장의 소음으로 뚝 끊어졌다 다시 이어지고 뚝 끊어졌다 다시 시작되는 사장님의 이야기를 들으며 나는 칼국수를 먹다가 고개를 끄덕이고 감자를 씹다가 웃었다.

"또 올게요."

"고마워요."

이야기를 먹었다. 등부터 뱃속까지 따뜻했다.

호심술 트레이닝을 시작합시다

가슴에 화를 품고 선배를 만나 투덜댔더니 선배가 자신의 이야기를 해줬다.

청와대 근처를 지날 때마다 사복경찰이 불러서 어디 가냐고 묻잖아. 나는 몇 년 동안 그 앞을 지나면서 매번 대답했거든. 사무실이 저기라서요. 삼청동에 밥 먹으러요. 집에 가는 길이에요. 그때마다 기분이 뭔가 불편했는데 그냥 관성적으로 대답을 했어. 심지어 나한테 본인이 경찰이라고 소개한 적도 없는데 웃으면서 대답한 적도 많았어. 어떤 날에는 좀 억울하다는 생각이 들더라고. 나는 한 번도 불편한 내색을 한 적이 없는 거야. 왜 나는 무슨 이유로 행선지를 묻냐고 확인하지 않았을까. 그러지 말아야지. 다음에는 나의 불편함을 불편하다고 말해야지. 그래서 연습을 했어. 사복경찰이 다가오면 이렇게 말하는 거야. 누구신데요? 왜 저한테 그런 걸 물어보세요? 그런데 몇 번이나 연습을 했는데도 또 그 상황이 되면 말을 못하다가 어느 날 드디어 말했어.

어디 가세요? 누구신데요? 아, ○○지부 ○○입니다. *왜 저한테 행선지*

를 물어보시는 건데요? 아, 길을 잃으신 거 같아서… 저, 여기 길 되게 잘 알아요. 네… 안녕히 가십시오. 네… 수고하세요.

나는 여기까지 듣고 선배 앞에서 박수를 짝! 치며 외쳤다. 통쾌해! 선배가 이어 말했다. 조금 다른 사람이 된 기분이더라고. 되게 좋은 기분이었어.

연습하면 대처를 할 수 있다. 대처하면 상대의 태도를 바꿀 수 있다. 그러면 나는 나를 좀 더 보호할 수 있는 사람이 된다. 나를 보호한다는 것은 강해진다는 의미야. 그 강해지는 것의 시작은 연습이다. 나는 선배가 나에게 들려준 이 시도를 나의 화를 돋운 이야기로 가지고 오기로 했다.

아직도 그런 일이 있어?라고 놀라곤 하지만 2021년도에도 여전히 추행과 괴롭힘이 일어난다. 길에서도 대중교통에서도 겪지만 회사에서도 회의실에서도 마찬가지다. 누군가는 그 고통으로 죽는다. 가끔은 나도 "그래도 세상 많이 좋아졌지"라고 말하지만 어쩌면 세상이 좋아진 것이 아니라 내가 나이를 먹고 직급이 올라가 내가 피해자가 될 빈도가 줄어든 것일 수도 있다. 그런 생각을 하면 내가 가졌던 낙관이 아찔해진다. 여전히 '어쩜 이렇게 지긋지긋하게 세상이 안 바뀌지?'라며 고통을 숨죽이고 있는 사람들이 잔뜩이다. 성추행이든 언어폭력이든 권력에 의한 괴롭힘을 한 번이라도 당해본 사람은 안다. 갑자기 찾아오는 그때의 기억이 나의 소중한 하루를 나의 일주일을 나의 일상을 어떻게 망치는지. 가해한 사람은 한 줄도 모르는 그 일이 피해자의 머릿속에서는 귀찮을 정도로 재생산, 재확대되며 매번 어떤 식으로든 타격을 가한다.

그래서 무엇을 연습하고 싶냐면 **호심술**이다. 마음을 보호하는 기술. 분노를 거름 삼아 만들어본 이 **호심술**은 당황해서 아무 말 하지 못하는 상황을 당황하더라도 아무 말을 던지는 상황으로 바꾸는 연습이다. 툭 치면 탁. 건드리면 확. 연습으로 갈고 닦은 말을 입 밖으로 왈칵 내보내는 연습이다.

지금 뭐라고 하셨어요?

되게 불쾌하네요.

부적절한 말인 거 아시죠?

아직도 이런 말을 하는 사람이 있다니 놀랍네요.

뉴스 안 보세요?

뭐라고 이 새끼야…?

자신의 상황과 할 수 있는 범위 내에서 가장 현실적이고 범용적인 문장을 만들어 어떤 우발적 상황을 맞이하더라도 나올 수 있게끔 목구멍에 한 개의 총알을 장전해두는 연습을 하는 것이다. 언제 어떻게 누구랑 할 거냐면 앞으로 만나는 모든 이와 할 생각이다. 나와 밥을 먹는 사람, 나와 술을 마시는 사람, 나와 수다를 떠는 사람 모두와 20분씩 시간을 내어 각자의 문장을 만들고 소리 내어 말하는 연습을 할 생각이다. 그리고 여러분도 각자의 자리에서 동료들과 친구들과 가족들과 아이들과 해보는 것은 어떨까. 혼자서라고 못할 이유도 없다. 지금 밟아 꺼야 큰 불이 되지 않는다는 마음으로, 내가 말을 해야 다음 세대가 산다는 각오로, 그렇게 하루에 20분씩 연습해보는 것은 어떨까. 소수가 아닌 모두의 입에서 "세상 정말 좋아졌지"라는 말이 나올 때까지 **호심술 트레이닝**을 한번 해보는 것이다.

어른의 톨레랑스?

중고등학교를 통틀어 6년 동안 선릉역에 있는 학원을 다녔다. 집 근처에서 버스를 타고 30분 가면 나오는 거대한 단과학원이었는데 교실이 수십 개였고 그 수십 개의 교실 안에는 200~300명의 학생이 겹겹이 들어차 수업을 들었다. 책상은 가로로 길고 세로로 짧은 나무판자로 만든 것이었는데 그 책상에 세 명이 나란히 앉아 수학의 정석을 펴놓고 필기를 하고 엎드려 졸았다. 선생님은 마이크를 들고 강단 위에 올라가 파노라마처럼 펼쳐진 칠판 앞에 서서 80분을 열띠게 떠들었다. 뒷자리까지 보이도록 글씨는 큼직큼직했고 중요 포인트에서는 팍! 하고 분필이 부서졌다.

주로 수학과 영어를 수강했지만 나는 이 학원을 오가며 더 많은 것을 배웠다. 그곳은 상당히 치열한 곳이었다. 강사의 인기는 매일매일의 강의실 밀도로 모두가 확인이 가능했고 선생님은 이른 오후부터 막차가 끊기는 시간까지 서서 강의를 했다. 30대 초반으로 보이는 영어 선생님은 이미 연봉이 수억이라고 했는데 간밤에 술을 진탕 마셔서 갈라지는 목소리로 애들의 빽빽대는 요구에 따라 야한 농담도 해줘야 됐고 시험 전에는 수백 명을 위한 아이스크림도 사야 했다. 월드

콘을 사주면 야유했다. "우~~~ 하겐다즈 사주세요~~"

　수학 선생님은 바지 주머니에 벽돌만 한 휴대폰을 넣고 수업을 했는데 그 이유는 강의를 하다가 아버지의 임종을 놓쳤기 때문이라고 했다. 다리를 약간 저는 이유는 교통사고를 당한 다음 날에도 강의를 하느라 후유증이 남아서라고 했다. 가히 입시왕국다운 애환이 있는 곳이었지만 나는 꽤나 신나게 학원을 다녔다. 학원 앞에서는 학교 앞에 없는 떡꼬치도 팔았고 인기 과목을 수강 신청하려면 밤을 새워 기다려야 했기 때문에 두어 달에 한 번 외박도 할 수 있었다. 교실에 앉아 친구들이랑 컵라면을 먹으며 밤새 수다를 떨기도 하고 아다리가 딱 맞은 어떤 날에는 가방으로 자리를 맡아두고 넥스트와 듀스의 콘서트에 다녀오기도 했다. 입시왕국이 만들어준 일탈이었다.

　그리고 무엇보다 학원을 가는 기쁨 중 최고는 버스를 탄다는 것이었다. 닳도록 보고 외우며 꿈을 키웠던 만화책 주인공들은 다들 지하철이나 버스를 타고 학교를 오가며 로맨스를 불태우던데 내 현실은 중고교 모두 도보로 5분, 10분 거리라서 나는 언제나 대중교통에 대한 갈망이 있던 학생이었다. '내가 버스만 탔어도!'의 자신감은 '내가 버스를 타는데도!'의 안타까움으로 바뀌었지만 버스를 타고 동네를 벗어났다 돌아오는 일은 여전히 신나는 일이었다.

　버스 안에서는 여러 일이 있었다. 학교와 집만 오가서는 볼 수 없는 다양한 사람들을 랜덤으로 보는 것. 꽉 막힌 도로에 꽉 막혀 앉아 수백 개의 자동차 빨간 등을 바라보는 것. 버스 지붕으로 장맛비가 쏟아지는 소리를 듣는 것. 그리고 친구들이랑 별거 아닌 수다를 별거가 될 때까지 신나게 떠들고 웃던 것.

그날도 수업을 마치고 친구들과 우르르 차에 올라타서 맨 뒷자리를 주르륵 차지하고 앉아 버스가 좌회전을 하면 왼쪽으로 쏠리며 꺄르륵, 버스가 급정거를 하면 앞쪽으로 쏠리며 와하하 떠들고 있는데 갑자기 천둥 같은 목소리가 찬물을 끼얹었다. 우리가 너무 시끄럽다고 조용히 좀 하라고 나무라는 어른의 목소리였다. 떠든 것이 사실이었고 잘못한 것도 맞는 말이었기 때문에 우리는 대번에 입을 꾹 다물고 고개를 푹 숙여 낮은 목소리로 킥킥댔다. "너 때문이잖아…ㅋㅋㅋㅋㅋㅋ" "아 조용히 좀 해ㅋㅋㅋㅋㅋㅋ" "웃지 마ㅋㅋㅋㅋㅋㅋㅋ"

중학생은 친구와 함께 있을 때 상처받지 않는다. 다만 쪽팔릴 뿐이다. 그리고 바로 이어서 민망함으로 몸 둘 바를 모르겠는 중학생들 귀에 또 하나의 목소리가 꽂혔다.

"애들이 떠드니까 듣기 좋구만 뭘 그렇게 혼내요. 애들이니까 떠드는 거지."

그 목소리로 버스 안의 분위기는 반전되어 우리는 더 이상 킥킥대지도 고개를 숙이지도 않고 점잖게 앉아서 이 신기한 사건에 눈알을 굴렸다. 떠들고 격려를 받다니…. 나는 우리를 나무랐던 사람이 누구였는지 남자였는지 여자였는지 나이가 어땠는지 기억이 나지 않는데 뒤이은 목소리 주인공의 인상착의는 아직도 기억하고 있다. 중년 남자였고 퇴근하는 50대 직장인의 모습이었고 넥타이 없이 재킷을 입은 아주아주 평범한 아저씨였다. 우리는 우리를 감싸줬던 아저씨를 영웅이라 환호할 수 없었다. 떠드는 것은 당연히 잘못한 일이라고 생각했기 때문에 혼나야 마땅하지 지지를 받는 것이 너무 낯설었기 때문이었다. 누가 봐도 어른이 된 지금도 떠드는 아이들을 보면 그때 버

229

스 안의 아저씨가 생각난다.

 와. 어떻게 그 아저씨는 이 소리가 듣기 좋다고 말할 수 있었을까.
 와. 이렇게 시끄러운데.
 몇 년간 층간 소음에 시달릴 때도 같은 생각을 했다.
 와. 그 아저씨는 애들이 뛰어노는 이 소리도 듣기 좋다고 말했을까.
 와. 이렇게 시끄러운데.

 그리고 얼마전 트위터에서 이런 구절을 봤다.

 "어린이 소음은 어른에게 요구되는 톨레랑스"
 "2012년 독일은 어린이 소음이 법정으로까지 비화되는 것을 차단하기 위해 공해방지법을 개정, 법적 보호 장치 만들어"
 "어린이 소음은 공해가 아니라 삶의 즐거움에 대한 표현이라는 데 사회적 합의"
 - 박성숙,《독일 엄마의 힘》, 황소북스, 2017

 아이들이 떠드는 소리는 삶의 즐거움이라는 사회적 합의. 나는 이 '사회적 합의'라는 말에 너무 놀라서 며칠 동안 이것을 생각했다. 그러니까 이렇게 된다는 것인가.

 <u>어린이</u> 구텐탁ㅇㄹ미ㅓ더자 다탁!!
 <u>행인A</u> 거참 조용히 좀 시킵시다! 부모가 그렇게 애를 방치하니까…!

행인B　이 양반 큰일 날 소리 하시네. 그거 몰라요? 애들 떠드는 소리는 이제 듣기 좋은 소리라는 거?
행인A　그게 무슨 개 풀 뜯는 소리요?
행인B　법이 그렇다고요, 법이! 새 지저귀는 소리랑 애들 떠드는 소리는 이제 동급이에요!

시끄러워 죽겠는 아이의 목소리를 혼내서 제어하는 것이 아니라 어른이 그 시끄러운 소리를 들으며 '이것은 아름다운 소리야'라고 마취시키는 것. 들리는 소음을 제거하는 방법이 아닌 들리는 소음이 소음이 아니라고 합의하는 것. 왜냐면 그 편이 훨씬 더 사회를 아름답게 만드니까. 뭐 이런 굉장한 말이 다 있어? 뭔데 이렇게 성숙해?

물론 이 말은 윗집 아이와 인사를 하고 친해지면 더 이상 시끄럽게 들리지 않는다는 엄마가 해줬던 말과 크게 다르지 않지만 나는 사회적 합의라는 멋진 단어에 그만 취해버렸다. 버스에서 만났던 아저씨가 바로 생각났던 것은 당연하다. 그 아저씨는 어떻게 혼자서 그런 합의를 했을까. 꺅꺅왈왈대는 중학생들에게 고통받는 지친 시민들 앞에서 어떻게 그런 발의를 할 수 있었을까.

얼마 전, 아이 셋이 뛰어놀던 윗집이 이사를 갔다. 층간소음을 참지 못하고 몇 번이나 항의를 했었기 때문에, 이사 소식을 듣고는 떨 듯이 기뻤다. 비로소 고요해진 나의 집에서 어른의 톨레랑스에 대해 생각했다. 어른에게 참을 수 있는 에너지가 있다면 부조리한 권력자를 위해 쓰는 것보다 괴성의 어린이에게 쓰는 것이 좋지 않을까.

조금만 기다리면 아무렇지 않아질 텐데

　수술을 했다. 태어날 때부터 오른쪽 귀에 자리 잡고 있던 아주 작은 구멍, **이루공**을 없애는 수술이었다. 그냥 둬도 되지만 샤워나 수영을 하고 나면 구멍에 물이 들어가서 냄새가 나거나 간지럽고 붓는 일이 잦아져서 알아봤더니 30분이면 끝나는 비교적 간단한 수술로 구멍을 없앨 수 있다고 했다. 몇 주 뒤 대학병원의 눈부시게 밝은 수술실에 누워 국소 마취를 하고 귀의 위쪽을 조금 찢고 그 속에 들어 있던 주머니를 떼어내고 다시 벌어진 부분을 꿰맸다.

　수술을 마치고 나와서 귀에 거즈를 붙이고 사는 일주일, 일하고 놀고 이런저런 볼일을 보는 동안 무슨 일이냐고 걱정해주는 사람들을 많이 만났다. 붕대를 붙이지 않은 대다수의 사람들 사이에서 작은 붕대를 귀에 붙인 내 얼굴은 확실히 눈에 띄는 모습이었는데, 아침에 신경을 써서 붕대를 잘 안 보이게 붙여도 어김없이 짧은 머리카락 사이로 하얀 붕대가 삐져 나와 사람들의 눈에 걸렸다. 그때마다 입을 열어 설명을 했다.

　어떤 때는 유머를 보태서 조금 길게 하고 어떤 때는 브리핑을 하듯 짧게 하고 어떤 때는 무용담처럼 과장을 좀 보태고 어떤 때는 수술 현장에 있듯 묘사를 더했다. 일주일이라면 충분히 받을 수 있는 관심이지만 일주일이 넘어 한 달이 되고 일 년이 되면 이거 좀 곤란하겠다는 생각을 했다. 그 일주일 동안 두 번 만난 사람이 있는데 그 사람만 나의 귀에 대해 묻지 않았다. 요가 선생님이었다. 내 붕대가 보이는지 안 보이는지 아무렇지 않게 대해주셔서 나도 아무렇지 않게 요가를 하고 평소와 다름없이, 다른 수강생과 다름없이, 오늘은 무엇이 잘 되고 무엇이 안 되는지 이야기를 나눴다. 귀에 붕대를 붙이고 있지만 나는 똑같이 요가를 하러 온 사람, 나는 똑같이 머리 서기가 안 되는 사람, 나는 똑같이 쟁기 자세가 잘 되는 사람이었다.

　붕대를 풀고 사흘 지난 날, 아침에 일어나자마자 요가를 하러 갔다. 수업이 끝나고 기진맥진한 채로 바닥에 앉아 잠깐 수다를 떠는데 선생님의 어떻게 지냈냐는 질문에 내가 스스로 헤어밴드를 뒤로 밀어 귀를 드러내며 이야기보따리를 풀었다. 선생님은 신경 써서 듣고 보더니 "수술 전에도 한 번 봤으면 좋았을 뻔했어요!"라며 궁금해했다. 아주 즐거운 대화였다.

　집에 돌아와서 현미밥을 안치고 김치찌개를 끓이면서 이런 관심은 어떤 것일까를 생각했다. 눈에 뻔히 보이는 것 말고 보이지 않는 것을 보는 관심. 남들과 달라 모나고 튀는 것 대신 남들과 같아 비슷하고 둥그런 것을 찾아내는 관심. 그것은 안전하고 기분 좋은 관심이었다. 아무 말도 하지 않았지만 세심하고 멋있는 관심이었다.

김기홍 님과 변희수 님의 부고를 연달아 들었다. 카메라 앞에서 자신을 드러내고 목소리를 내는 트랜스젠더가 없게 되었다. 누가 용기를 내어 또 나올 수 있을까. 남들과 다른 삶을 조금도 살고 싶지 않았는데, 어쩔 수 없이 다르게 살아야 하는 사람들이 있다. 그리고 그 앞에 눈, 코, 입, 귀, 머리색과 하는 말, 걷는 모습과 좋아하는 음식, 공통점을 찾자면 백 개도 순식간에 찾아낼 수 있으면서 다른 점 하나를 굳이 찾아내 아주아주 다르다고 말하는 사람들이 있다. 그렇게 말하는 사람들이 어떤 날에는 백 명이고 천 명이고 전부다. 아무리 마음이 건강하고 몸이 부지런해도 소수의 사람들이 천만 명, 수억 명과 맞설 수는 없다. 그래서 다른 사람들은 점점 줄어들어 정말로 다른 사람이 되어버렸다. 사실 별로 다르지도 않은데.

차별에 반대한다거나 평등을 위해 싸운다고 하면 대단한 운동가나 사회에 불만이 있는 사람들이 하는 행동일 거 같지만 사실은 별것도 아니지 않을까. 다른 것 하나 대신에 아흔아홉 가지의 공통점을 보는 것, 하나의 다른 점만 보는 눈을 잠시만 감아두는 것, 그래서 사실은 별로 다르지도 않다는 것을 보여줄 기회를 주는 것.

일주일이 지나 병원에 다시 가서 실밥을 풀었다. 수술이 잘 됐다고 하는데도, 수술한 부위가 뭔가 좀 어색하고 불편해서 의사에게 걱정스레 말했더니 대수롭지 않은 대답이 돌아왔다.

"조금만 기다리면 아무렇지 않아질 거예요."

완벽한 스포츠 드라마

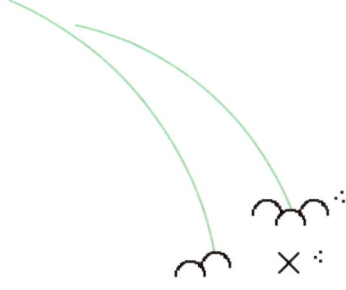

　20m 높이 다이빙대에 선수가 뛰어나왔다. 웃으면서 관중에게 손을 크게 흔들었다. 6천 명 관중석은 매진. 가지고 나온 수건으로 젖은 몸을 닦더니 그 수건을 동그랗게 묶어서 발아래로 던졌다. 수건이 아찔하게 하강하더니 바닥에 툭 닿았다. 선수는 다부진 표정으로 고개를 돌려 주심을 향해 엄지를 치켜들었다. 준비가 됐다는 신호다. 뛰어들 수영장을 향해서도 오케이 사인을 보냈다. 수영장에서는 4명의 안전요원이 스쿠버 장비를 착용한 채 선수의 오케이 사인을 받는다. 물의 깊이는 6m. 그러니까 20m 다이빙은 도합 26m 아래를 향해 뛰어야 한다. 수영장에는 계속 물을 뿌려 파장을 만든다. 26m 높이에서는 땅과 물이 같은 높이로 보이기 때문에 물이 잔잔하면 땅으로 뛰어내리는 기분이 든다고 했다. 그래서 이 파장은 여기에 물이 있다는 의미, 안심하고 뛰어내리라는 의미다. 수천 번 다이빙을 해본 선수들도

매번 다이빙대에 서면 두렵다고 했다. 누구는 목에 건 목걸이에 입을 맞추고, 누구는 성호를 긋고, 누구는 마른침을 삼키며 마음을 다잡았다. 그리고 벼랑 끝 아니 다이빙대 끝에 아슬아슬하게 섰다. 발끝으로 서면 발가락은 다이빙대에 있지만 뒤꿈치는 허공에 있다. 보는 내가 무서워 죽겠다. 그런데 한 선수가 다이빙대 끝으로 끝으로 걸어가더니 허리를 숙이고 고개를 숙였다. 양팔로 몸을 지탱하고 양다리를 벌려서 든다. 물구나무서기 자세다. 숨이 멎을 것만 같다.

하이다이빙 경기는 총 4라운드로 이루어져 있고 3라운드까지는 난이도가 정해져 있지만 마지막 4라운드는 자유 난이도라고 한다. 점수가 낮은 선수라면 난이도를 높여서 역전을 노릴 수 있는 것이 마지막 라운드다. 그래서 슈퍼우먼 수영복을 입은 브라질 선수는 26m 위 다이빙대에 물구나무를 섰다. 물구나무 자세에서 멈춤. 다리의 각도를 서서히 낮추며 점프! 트위스트! 앞회전! 회전! 회전! 몸을 쫙 펴서 입수! 떨어지는 선수 너머로 광주의 파란 하늘과 조선대학교의 옥상과 무등산의 초록숲, 그리고 꽉 찬 관중들이 차례로 보였다. 한참을 아름답게 떨어졌다는 의미였다. 수억 개의 물조각이 수면 위로 퍼져 올랐다가 떨어졌다.

모든 동작이 끝나고 입수할 때까지 선수들은 눈을 감지 않는다고 했다. 정신을 바짝 차리고 균형을 유지한 채 자세를 해야 하니까 눈을 감을 수는 없다. 입수와 동시에 4명의 안전요원이 오리발을 차며 입수했다. 선수의 안전을 확인하기 위해서다. 실제로 이 높이에서의 다이빙은 부상 위험이 있어서 머리와 손부터 입수하는 것이 금지라고 한다. 그 정도로 위험하고 그 정도로 스릴 넘치는 스포츠다.

선수가 수면 위로 올라와 안도의 웃음을 크게 지으며 안전요원들과 하이파이브를 했다. 안전요원과 포옹하며 축하하는 모습도 다른 스포츠에서는 보지 못했던 광경이었다. 안전요원을 믿어야 더 마음 편하게 뛸 수 있기 때문에 선수와의 관계가 친밀하다고 한다. 물에서 나오면 선수는 아까 던져뒀던 수건을 챙겨 들고 점수를 확인하기도 전에 다른 선수들에게 뛰어간다. 앞서 경기를 마친 선수들이 응원하며 기다리고 있기 때문이다.

하이다이빙은 2013년에 정식종목으로 확정되어 전 세계에 선수가 100명 이하라고 했다. 연습장도 많지 않아서 서로가 서로를 잘 알고 친구처럼 지낸다고 한다. 그래서 마치 같은 팀 선수들처럼 서로를 응원하는 모습도 역시 다른 스포츠에서는 보지 못했던 광경이었다.

나는 2019 광주 세계수영선수권대회를 통해 하이다이빙이라는 종목을 처음 알았고 처음 봤는데 이것은 정말 완벽한 스포츠 드라마였다. 두려움. 극복. 스릴. 아름다움. 땀. 담력. 배짱. 유머. 긴장. 도전. 멋짐. 우정. 선의의 경쟁. 신뢰. 신기록.

스포츠에 바라는 모든 것이 다 있고 가장 중요한 것은 이 모든 것을 선수뿐만 아니라 관객도 고스란히 느낄 수 있다는 것이다. 함께 기도했고 함께 숨을 멈췄고 함께 숨을 뿜었다. 그 다이빙대에 딱 한 번만 서보고 싶다는 마음 때문에 심장이 뛰었다. 나는 언젠가의 여름 휴가를 하이다이빙 직관을 위해 사용하겠다고 다짐했다. 익스트림 스포츠로서의 하이다이빙은 그야말로 아찔한 유럽 곳곳의 해안절벽 또는 바다 위 성벽에서 치러지고 있다. 참고로 남자 하이다이빙은 27m(수영장 깊이 포함 33m)에서 뛰어내리고 최고령 선수는 현재 만

45세.

조선대는 이번 대회 후에 하이다이빙대를 철거한다고 한다. 우리 나라에서도 하이다이빙 선수가 나올 수 있도록 철거하지 않는다면 얼마나 좋을까.

타히티를 꿈꾼 자의 최후

　단점이라는 벽돌을 수천 개 쌓아 만든 전 회사의 거의 유일한 장점은 여행비 지원 제도였다. 1년에 한 번씩 사원 대상으로 여행기획서를 공모했고 심사를 통해 한 팀에게 최대 2천만 원을 지원했다. 일주일에 6일을 야근하던 때였는데 7일을 야근하던 옆팀 선배가 와서 이왕 야근하는 거 한 시간씩 더 일해서 기획서를 쓰자고 했다. 어디를 가고 싶냐고 물었더니 가장 멀고 가장 비싼 곳에 가고 싶다고 했다. 나는 그러자고 대답했다. 그 전에 지원받았던 사례를 생각해보면 획기적이거나 회사 홍보에 도움이 되는 기획들이었다. 그 후로 한참 바빠서 이야기를 나누지 못하다가 어느 날 선배한테 카톡이 왔다. "서핑 어때?"

듣는 순간 무릎을 탁 쳤다. 내가 왜 이 생각을 못 했을까? 역시 회사 짬밥을 몇 년 더 먹어본 사람은 다르다. 이것이야말로 될 수밖에 없는 아이템이었다. 당시 그 회사에는 현관에 서프보드가 하나 세워져 있었는데 '모험을 즐겨라' 뭐 그런 의미였던 거 같다. 근무 시간과 업무 프로세스에 있어서 확실히 모험적인 회사긴 했다. 우리는 합심하여 서핑여행을 가자고 정한 뒤, 그 여행에 저 서프보드를 가져 가자고 말했다. 우리가 저 보드에게 자유를 주자! 바다를 보여주자! 동물원에서 태어난 동물처럼 창립 이래 빌딩 안에만 갇혀 있는 저 보드가 바다 위에 떠 있을 상상을 하니 눈물이 날 것만 같았다.

엄청난 명분에 배터리 잔여량 2%의 인간 둘이 마지막으로 볼 유튜브를 고르는 것처럼 고심했다. 그냥 서핑으로는 뭔가 부족했다. 회사에서 우리를 뽑아야만 하는 더 확실한 이유를 줘야 할 것 같았다. 대행사에서 을로 평생을 일한 사람들의 특성이 있다. 갑은 웬만해서는 만족하지 않는다는 것을 지레짐작하며 터져 나가는 보따리에 선물 하나를 꼭 더 찔러 넣어야 마음이 편해지는 병에 걸려 있는 것이다. 불편한 마음으로 검색을 해보니 세계 각국의 서핑대회들이 나왔다. 대회? 경쟁? 이것이야말로 대행사가 가장 좋아하는 것, 비딩이다. 그래! 이왕 가는 거 서핑여행이 아니라 서핑대회에 나가자! 그렇다면 서핑을 가기에 가장 멀고 가장 비싼 곳은 어디일까? 그 답은 금방 나왔다. 타히티. 남태평양 중부에 위치한 환상의 섬이자 서핑의 발상지. 세계 3대 서핑대회가 열리는 곳. 이름만으로도 충분히 멀고 비싸 보이는 '테아후푸'라는 해변에서는 매해 여름마다 으리으리한 서핑대회가 열리고 있었다. 다정하게도 아마추어 부문이 따로 있었다. 항공권에 체류비 등을 계산해보니 2인에 2천만 원이 똑 떨어졌다. 완벽하다.

　미리 말하지 않은 작은 문제가 있다면 나는 서핑을 두 번 해봤고, 선배는 한 번도 해보지 않았다는 것이다. 그래서 우리는 특훈을 위해 양양으로 향했다. 기획서에 우리가 전지훈련을 다녀온 영상을 넣으면 우리를 안 뽑을 수 없게 될 것이다. 겨우 둘이 시간을 맞춘 어느 주말에 미리 원데이 서핑 강습을 등록해두고 양양행 버스에 올랐다. 도착한 양양의 바다에는 강사님 외에 아무도 없었다. 분명 동해에서 제일 유명한 서핑지라고 했는데 어째서 사람이 없는지 궁금해서 강사님께 물었더니 아직 초여름이라 물이 차고 파도가 많이 치지 않아 그렇다고 했다. 그러고 보니 흐린 바다는 잔잔했다. 강사님께 우리가 강습을 받으러 온 이유를 설명했더니, 강사님은 눈빛을 빛내며 본인을 데려가 달라고 말했다. 20년 서퍼 경력에 아직 못 가본 꿈의 바다가 타히티라고 했다. 이런 반응은 우리를 더욱 흡족하게 만들었다. 우리는 성실히 강습을 받았고 그 모습을 최선을 다해 찍었지만 영상은 뭔가 맹맹했다. 일단 날씨가 흐려서 우울해 보였고 파도가 세지 않아서 보드 위에 올라선 모습에 역동성이 안 느껴졌다. 선배랑 나란히 모래사장에 앉아 보따리에 뭘 더 넣어야 하나 고민하고 있는데 강사님이 다가왔다. 저쪽에 방송국에서 촬영을 왔는데, 오늘 하필이면 바다에 사람이 없어서 출연자를 못 찾고 있다며, 혹시 출연해줄 수 있냐고 물었다. 출연? 방송국? 저 멀리를 보니 카메라를 든 사람들이 우리와 같은 표정을 짓고 있었다. 섬네일이 나오지 않아 불안한 얼굴. 우리가 엉덩이를 툭툭 털며 다가가자 PD로 보이는 사람이 일어섰다.

　"안녕하세요. SBS 동물농장 PD 000입니다. 저희가 이번에 '사람보다 서핑 잘하는 개'를 찍고 있는데요. 혹시, 저희 개와 한번 서핑을 해주실 수 있을까요? 그냥 원래 하시던 대로 편하게 서핑을 하시면 그 옆에서 저희 개가 보드를 타고 지나갈 거예요. 그게 다예요."

제목을 듣는 순간 뒤돌고 싶었다. 절대 하고 싶지 않았다. 이제 겨우 보드에서 손을 떼고 일어나니까 어디 가서 자랑할 수준이 아니라는 것은 너무 잘 알고 있지만 그래도 개보다 서핑을 못하는 사람으로 전파를 타고 싶지는 않았다. 인간으로서의 자존심을 지키고 싶었다. 하지만 타히티에 가고 싶었다. 남의 돈으로 남태평양을 건너 눈이 시린 하늘 아래 누워 보석 같은 칵테일을 펑펑 마셔대고 싶었다. 공중파 TV, 그것도 인기 프로그램에 우리의 노력이 등장한다면 회사는 우리를 뽑을 수밖에 없다는 꽤 논리적인 확신이 왔다. 우리는 출연에 응했다.

PD는 계속 아주 잠깐 나올 거라며 우리를 안심시켰다. 우리는 바다로 걸어 들어갔다. 황금빛 리트리버가 당당하게 보드 위에 올라탔다. 파도가 한 번 왔고 인간 대표인 내가 보드 위에 엎드려 양발로 물살을 갈랐다. 강사님한테 배운 대로 타이밍이 왔을 때 올라섰다. 엉거주춤한 자세로 해변을 향해 물살을 가르며… 고꾸라졌다. 쫄딱 젖은 내 인간다움 옆으로 리트리버의 보드가 느리게 지나갔다. 카메라가 내게 왔다. 고꾸라지며 자존심까지 물에 잃어버린 나의 입이 마음대로 떠든다. "와~ 개가 사람보다 낫네~" 컷.

이왕 이렇게 된 거 갈 데까지 가보자는 마음에 우리는 촬영을 마치고 PD와 스태프들이 있는 곳으로 갔다. 우리의 원대한 꿈을 설명하며 응원 한마디를 따게 해달라고 말했다. 방송국놈들이 흔쾌히 인터뷰에 응하며 우리 카메라를 앞에 두고 외쳤다. "TV 동물농장이 응원합니다! 타히티로 가자! 파이팅!"

그리고 며칠 뒤 나는 밤새 복통에 고통스러워하다가 응급실에 실려 가서 맹장 수술을 받고 입원했다. 선배는 문병을 와서 편집은 본인이 열심히 하고 있으니, 심심하면 기획서를 써보라고 권했다. 나는 8인실 병상에 커튼을 치고 앉아 떡진 머리에 타히티의 새파란 바다를 집어넣고 완벽한 기획서를 썼다. 그리고 일주일 뒤, 우리의 기획안은 서류 심사에서 떨어졌다. 탈락 이유는 "서핑? 그거 위험해서 안 돼."

어김없이 토요일 근무를 하고 일어난 어느 일요일 오전, TV를 틀었다가 나는 개보다 서핑을 못하는 인간을 보게 되었다. 당황스러움을 추스를 겨를도 없이 친구에게 캡쳐된 사진을 받게 되고, 회사 엘리베이터에서 "혹시…"로 시작하는 질문을 받게 되었다. 장점이 한 개였던 회사는 장점이 0개인 회사가 되었고 나는 그 회사를 퇴사했다.

이 긴 글에 교훈은 하나다. 회사가 모험을 하라고 했다고 진짜 모험을 시도해서는 안 된다. 모험은 퇴사하고 하는 것이다.

도시의 여자, 도시의 모험가

야근을 하다가 일을 다 못 마쳐서 노트북을 메고 퇴근하던 길이었다. 동네에 들어서는데 저 앞에 한 아가씨가 눈에 들어왔다. 풍성한 치마에 헐렁한 티셔츠를 입고 휘적휘적 걷고 있었다. 가는 끈에 달린 조그만 핸드백을 앞으로 뒤로 내저으면서 춤추듯 걸었다. 까맣고 긴 생머리가 좌로 우로 휘청거렸다. 아주 흥이 나서 엉덩이도 씰룩씰룩, 두 팔도 빙빙 돌리며 걸었다. 한잔 걸치고 신이 난 아가씨라고 생각하고 있는데 커다랗고 잘생긴 개를 끌고 가던 아주머니가 다급하게 눈을 마주치며 물었다. "저 아가씨 봤어요?" 고개를 끄덕이자 아주머니가 안심하며 말했다. "영화같이 걸어서 혼자 보기 아까웠는데 같이 봤네."

커다란 개한테 이리저리 끌리는 아주머니와 노트북을 이고 진 내가 나란히 걸으면서 점점 멀어지는 아가씨의 뒷모습을 봤다. 깜깜한 밤 아래 아롱거리는 가로등, 그리고 그 길을 춤추듯 걷는 여자. 이 장면을 보고 있자니, 어떤 쾌감이 왔는데 그것은 해방감이었다. 아가씨는 어느 골목으로 사라졌고 아주머니와 나는 좋은 장면을 공유한 사람들의 유대감으로 미소를 나누고 각자의 골목으로 흩어졌다.

도시에서 여자로 산다는 것은 사는 것만으로 모험일 때가 있다. 늦은 밤, 내 집 앞 골목 바닥의 '여성안심귀갓길' 글씨를 볼 때마다 모험을 하고 있다는 기분이 든다. '이 길이 아니라면 안심할 수 없다는 것인가?', '이 도시에서 여성이 안심하고 귀가한다는 것은 특별한 것인가?'라는 생각이 들기 때문이다. 물론 좋은 취지로 했다는 것을 알지만 어깨가 움츠러드는 것은 어쩔 수 없다.

나는 여성안심귀갓길이 영상이 된다면 방금 내가 본 장면이었으면 좋겠다고 생각했다. 춤추듯 걷는 아가씨를 보고 나자 내가 꿈꾸는 도시가 이런 곳이라는 것을 알게 됐다. 오밤중에 여자가 **엉덩이**를 **흔들며** 걸어가는 도시. 여자들이 술 한잔 걸치고 **활개치듯** 걷는 도시. 겁도 없이 **싸돌아** 다니는 여자가 많은 도시. 그런 도시야말로 꽤 살 만한 도시라고 말할 수 있지 않을까.

애착 뒷머리와의 안전 이별

지난 주말, 눈을 뜨자마자 다시는 추워지지 않을 거라는 강력한(잘못된) 믿음이 왔다. 그래서 묵은 패딩을 꺼내 모두 빨았다. 깨끗하게 세탁된 패딩을 봤더니 이번엔 머리를 잘라야겠다는 마음이 들었다. 그래서 미용실을 예약했다. 일단은 앞머리를 다시 잘라볼 생각이었다. 지난 1년 동안 쇼트커트를 하고 싶었지만 그것은 한 달 뒤인 4월 말로 예정해두었다. 마음의 준비가 덜 된 것이다.

그래서 일단은 앞머리를 자르고 전체적으로 조금 가볍게 다듬어 보자는 생각으로 미용실에 들어섰다. 원래 가던 미용실인데 내 담당 선생님이 오늘 휴가라고 해서 원장님을 대신 예약했다. 구불구불 굵은 웨이브 머리에 눈코입이 큰 시원시원한 멋쟁이시다. 분위기 있는 목소리로 "어떻게 자르시려고요?"라고 물으시길래 앞머리를 자르려고…라고 답했더니 "음. 앞머리 안 되겠는데? 머리카락이 위로 나서 억지로 내리면 촌스러울 수 있어요."

그것은 나도 잘 안다. 왜냐면 나를 만난 모든 미용사가 그렇게 말해 왔었고 그럼에도 앞머리를 여러 번 잘랐었기 때문이다. 그런데 이번에는 중저음의 목소리 때문이었는지 나는 그만 그 말에 고개를 끄덕이고 말았다.

<u>나</u> 그럼… 짧게 자를까요?
<u>원장님</u> 좋죠! 얼마나 짧게요?
<u>나</u> 음… 이왕 이렇게 된 거, 쇼트커트…?

원장님이 대답 대신 눈을 빛내며 엄지를 올렸다. "사진 좀 골라보고 있어요. 근데 나는 다 그려지네요. 잘 어울리겠는데요?"

원장님의 말에 홀리듯이 그간 찾아뒀던 수십 장의 쇼트커트 사진들 중 세 가지를 추려보았다. 진짜 쇼트커트. 조금 긴 쇼트커트. 귀까지 판 아주 짧은 쇼트커트.

머리를 감으러 가서 누워 있는데 오늘따라 경쾌한 보조 미용사분이 마치, 에버랜드 이솝빌리지 내 올라올라 송송의 아르바이트생처럼 분위기를 달궜다.

"머리~ 감으~실게요~오~ ♪ ♬ 일어나실게요~오~ ♪ ♬ ♪ ♬"

자리에 앉자 고백하듯 말한다.

"저 오늘~ 첫 출근~이~에요오~ ♪ ♬ ♪"

Z세대는 역시 다르다. 첫 출근의 긴장 따위는 구세대의 몫. 나는 그렇게 첫 출근의 바이브를 타는 보조 미용사 앞에 앉아 엇박으로 고개를 끄덕이며 원장님을 기다렸다. 원장님은 오자마자 사진을 보여달

라고 하셨다.

　1번. 진짜 쇼트커트. "좋아요."

　2번. 조금 긴 쇼트커트. "길어요."

　3번. 정말 짧은 쇼트커트. "짧아요. 자. 그럼 1번으로."

　호쾌한 가위질과 거침없는 칼질을 오가며 원장님은 긴장한 나의 뒤통수에 대고 나의 미래를 장담했다.

　"내일부터 여자들한테 칭찬 좀 들을 거예요. 남자들 하는 말은 신경 쓰지 말고."

　원장님 뭐죠? 3년간 나를 덮어주고 보살펴준 크고 안락한 담요를 벗고 나오려니 괜한 짓 하는 거 같아 춥고 쓸쓸하고 두려웠는데 나 갑자기 마음이 편하다고요. 그래, 이 담요 철 지난 거 같아. 그래, 이 담요 버릴 수 있을 거 같아! 그렇게 나는 원장님의 손길을 따라 나의 애착 뒷머리와 안전 이별하고 초봄의 거리에 뒷목을 다 드러내고 섰다.

　쇼트커트 1일 차. 아침에 머리 감는 데 30초면 끝, 트리트먼트 양은 5분의 1로 줄었다. 그리고 맹렬한 꽃샘추위가 시작되었다. 추위 때문인지 ACHS(After Changing Hairstyle Syndrome: 헤어스타일을 바꾼 다음 날 출근 시, 회사 사람들이 나만 쳐다보는 것 같아서 불안 초조한 증상) 때문인지 달달 떨며 출근했고, 원장님이 장담한 말은 틀리지 않았다. 그리고 가장 많이 들은 말은 "커리어우먼 같아요"였다. 커리어 15년 차에 비로소 커리어우먼이 되었다. 그간 나의 모습은 무엇으로 보였을까.

반쪽
세상

▸

　회사에서 하루 종일 말을 했다. 오후 네 시부터는 목이 아팠다. 말을 많이 한 날 기분이 좋은 적은 많지 않다. 툭툭 튀어나온 말은 불필요한 경우가 많기 때문이다. 충분히 설명했다고 생각했는데 내 뜻대로 움직이지 않는 일이 있었다. 회사 생활을 1년만 해봐도 내 뜻대로 되는 일은 하나도 없다는 걸 아니까 이것은 너무도 평범한 상황이었지만 되도록 만들어보겠다는 욕심과 내 뜻을 전달해보겠다는 고집이 계속 계속 계속 입을 열게 만들었다. 그래서 목이 아팠다.

　퇴근을 하고 나니 하고 싶은 것은 두 가지였다. 영화를 보고 싶었고 수영이 하고 싶었다. 7시에 수영장에 가면 사람이 정말 많다. 나와 같은 욕구를 가진 사람들이 많기 때문인 거 같다. 그래서 영화를 보기로 했다.

　도착한 곳은 모교였다. 가장 가까운 시간대에 보고 싶었던 영화를 상영하는 곳이 아트하우스 모모였기 때문이다. 아주아주 오랜만에 학교에 갔는데 정문을 지나 안으로 들어가는 순간 기분이 좋아졌다. 수없이 지나갔던 길. 봄밤에 앉아 맥주를 마셨던 곳. 뛰어올라 가느라 몇 번이나 죽을 뻔한 계단. 저기 나를 기다리는 친구들을 향해 뛰어가던 광장.

수능을 보고 나서 지원서를 쓸 때 최종적으로 나는 여대와 남녀 공학 사이에서 고민했다. 가고 싶은 학과는 여대에 있었는데 쓸모가 있는 과는 공학에 있었다. 초중고를 다 남녀 공학을 나와서 여대가 어떤 곳인지 궁금하기도 했다. 하지만 남학생 없는 캠퍼스 생활을 꿈꿔본 적이 없었다. 망설이다가 고등학교 선배이자 대학교 1학년인 언니에게 전화를 걸었다. 언니, 있잖아요. 나는 어디를 가야 할지 고민이에요. 내가 아는 가장 똑똑하고 공부 잘하고 차분한 언니가 내 이야기를 다 듣고 나서 말해줬다.

"음. 윤주야. 각 학교에 갔을 때의 장점과 단점을 쭉 다 써봐. 그러면 조금 더 명확해질 거야. 그런데 공학이 낫지 않을까? 여대는 아무래도 반쪽 세상이니까."

나는 그 말이 아직도 생생하다. 반쪽 세상. 나는 고딩답게 전공이 중요하지!라는 마음으로 모교를 가기로 마음먹었지만 첫 등교를 하는 날에도 언니의 말이 생생하게 들렸다. 아무래도 반쪽 세상.

언니 말대로 여대는 반쪽 세상이었다. 여자만 있었다. 신입생 OT를 1박 2일로 갔을 때 일정을 마치고 각 방으로 흩어지자 선배들이 술을 가지고 방으로 찾아왔다. 한 잔씩 따라주고 말했다. "마시기 싫은 사람은 정말 마시지 말고 편한 대로 하면 돼요." 나는 그 말에 흥미가 팍 꺼졌더랬다. 뭐야, 신입생 OT에서는 선배들이 사발식을 시키고 술을 진탕 마시고 엄청 재밌다고 들었는데. 여대 뭐야. 어색한 동기들과 선배들 사이에서 나는 홀짝거리다가, 저는 그럼 그만 마시고 잘래요, 하고 일어났다. 그랬더니 선배 한 명이 방으로 데리고 가서 이불을 깔아줬다. 나는 깨끗한 이불을 덮고 누워서 생각했다. 뭐야,

한 번을 더 권하지 않네. 여대 뭐야. 다른 여대 다른 학과는 어떤지 모르겠지만 내가 경험한 여대의 시작은 그랬다. 담백하고 맹숭맹숭하고 강요라고는 없었다. 내가 아니라고 하면 정말 아니라고 받아들이는 곳. 내 목소리가 그대로 전달되는 곳. 그것이 나는 어색하고 이상했다.

 그렇게 다니기 시작한 여대에는 이상한 일이 많았다. 여자 화장실이 운동장만큼 컸다. 화장실 표지판 속 치마 입은 여자는 남색이었고 나는 핑크색이 아닌 여자 화장실 표시를 처음 봤다. 수업 중에 컴퓨터가 잘 돌아가지 않으면 여자 조교가 와서 고쳤다. 교수님의 짐이 무거우면 여자 학생이 와서 들었다. 트레이닝복을 입은 **여자**, 삭발한 **여자**, 물감을 잔뜩 묻힌 **여자**, 하이힐을 신은 **여자**, 잔디에 퍼져 자는 **여자**, 담배 피우는 **여자**, 담배 피우다 고양이 밥 주는 **여자**, 립스틱 고치는 **여자**, 김밥 위에 마요네즈를 두 겹 세 겹 두르는 **여자**, 여기에도 저기에도 끼지 못하는 **여자**, 온갖 **여자**가 잔뜩이었다. 수업에는 나이가 지긋한 여자들도 있었는데 재학 중에 결혼하면 자퇴해야 했던 과거 학교의 규칙상 어쩔 수 없이 자퇴했다가 교칙이 개정되어 다시 학교로 돌아온 학생들이었다. 1950~60년대에 이런 교칙이 있었던 이유는 학생 본인의 의지와 관계없이 어린 나이에 결혼을 시키려는 가족의 압박을 학교에서 조금이라도 막아주기 위해서라고 했다. 그럼에도 결혼을 선택한(선택해야 했던) 학생들이었다. 이 나이 든 학생들은 수업이 끝나면 교수님과 팔짱을 끼고 교실을 나갔다. 교수님과 동기였다고 했다. 연극 수업을 들으면 남자 역할이고 여자 역할이고 동물 역할이고 할 거 없이 모든 역할을 여자가 했다. 감독이고 무대 장치고 음악 감독이고 다 여자였다. 모든 연극에서 여자가 주인공이었다.

그곳은 정말 반쪽 세상이었다. 축제에서는 운동장 가득 뛰고 땀 흘리고 괴성을 지르는 여자가 가득이었는데 줄다리기 선봉에 선 사람도 여자, 〈그대에게〉에 맞춰 도가니를 쾅쾅 찧는 것도 여자, 응원을 하는 사람도 응원을 받는 사람도 여자였다. 축구 시합에는 수십 명의 여자가 운동장에 뛰어들어 갔고 공은 두 개가 던져졌다. 모두가 와아아아 하고 공을 향해 뛰었다. 언젠가 내가 경험한 여대 축구를 남자들한테 이야기하면 반은 한심하게 웃고 반은 귀엽다는 듯 바라봤다. 그러거나 말거나 나는 대학에 가서야 처음으로 운동장에서 축구를 해봤다. 축구가 그렇게 힘들고 그렇게 신난다는 걸 그제야 처음 알았다. 반쪽 세상에서 처음으로 반쪽을 넘어 경험해봤다.

반쪽 세상에서 보고 배운 것은 사회에 나와 취업하고 났더니 도로 소용없어지는 것들이 많았지만 '내가 전부를 할 수 있었다'는 경험은 소중하게 기억하고 있다. 내가 가고 싶었던 학과에서 배운 것은 거의 없지만 무슨 일이든 여자가 해결하고 무슨 수입이든 여자가 나서고 무슨 행사든 여자가 목소리를 높였던 4년의 경험은 아주 즐거웠다.

오랜만에 학교에 가니 중국어를 하는 여자, 일본어를 하는 여자, 내가 모르는 언어를 하는 여자, 정말 많은 여자들이 웃고 떠들고 있었다. 영화는 정말 재미있었다.

점멸등에서 좌회전

 자전거 타다 다친 다리가 낫지 않아서 퇴근길에 잡아탄 택시는 서울역에서 광화문으로 달렸다. 아니다. 이 길은 언제나 막히기 때문에 달리지는 못했다. 서울역에서 경복궁 구간 택시를 타본 사람이라면 알 수 있는데 이 구간을 지나는 택시 기사님들은 늘 화가 나있다. 일단 고가도로를 없애고 서울로를 만들어서 이 지독한 정체를 만든 과거의 서울시장에게 분노가 차 있고 서울역 지나 덕수궁 앞 시위대들이 만들어내는 굉음에 화가 나 있다. 시청을 겨우 지나 광화문 광장에 들어서면 지뢰밭이다. 시장이 바뀔 때마다 좌로 우로 위치를 바꾸는 광화문 광장 때문에 입장과 동시에 올라가는 혈압은 그날의 시위 이슈에 맞춰 어떤 날은 미국이 나쁜 놈이고 어떤 날은 일본이 죽일 놈, 그러다가 이 나라는 망할 나라가 되고 노조는 밥을 굶어봐야 정신을 차리는 자들, 청와대는 무능력자들이 드글드글한 소굴이 된다.
 "다리를 다쳤나 봐요? 쯧쯧"이라고 시작된 기사님의 말이 이어졌다. "지난 주말에는 여기에 동성애자들이 나와서 결혼하겠다고 시위하는데 아주 난리가 아니었어요. 그런데 이거를 어떻게 생각해요?"

이번에는 퀴어축제다. 이 대화는 피하는 게 좋다. 택시 기사님과 정치, 경제, 사회, 문화 이슈 또는 이 세상에 존재하는 거의 모든 이슈로 이야기하는 것은 언제나 끝이 좋지 않다는 걸 잘 알고 있다. 그런데 그때 희한하게도 피하기가 귀찮아졌다. "하고 싶으면 하는 거죠 뭐. 뭐가 문제예요"라고 최대한 무관심하게 답하고 휴대폰을 만지작거렸다. 그리고 시작됐다. 기사님의 반격이. "그게 돼요? 우리나라에서는 아직 안 돼. 뭐 다른 나라는 된다고도 하지만 남자끼리 그게 말이 돼? 안 되지. 안 그래요?"

휴. 그럼 여자끼리는 돼요? 아저씨 생각 알겠고요. 나 보다시피 다리 아프고요. 그래서 퀴어축제도 방구석에서 트위터로 보느라 답답해 죽는 줄 알았는데. 이런 생각은 마음에만 품고 다시 한번 맥없이 대답했다. "언젠가 될 거면 지금은 왜 안 돼요. 싸우겠다는 것도 아니고 서로 좋아한다는 건데…" 하고 얼른 창밖으로 시선을 돌렸다. 사실 이 퀴어축제에 더 관심을 갖는 자는 내가 아니라 이 기사님일 수도 있겠다고 생각하는데 다행스럽게노 기사님이 조용히 입맛을 쩝쩝 다시며 핸들을 움켜쥐었다. 마침 광화문의 세종대왕 동상 앞에는 미선이 효순이 추모제가 소소하게 열리고 있었다. 기사님이 또 목소리를 높였다. 어린애들을 치고도 그냥 내빼는 나쁜 놈들이 다 있냐. 미국 놈들, 나쁜 놈들.

"근데 애들 이름이 뭐였죠?"라고 묻기에 이번에는 정말 끼어들지 말아야지 싶어서 그냥 대답 없이 멍 때리고 있었더니 기사님도 이제 말이 없다. 어느덧 집에 가까워졌고 집으로 가기 위해서는 어느 골목에서 좌회전을 해서 들어가야 하는데 그 초입에는 빨간색 간판의 가게가 있다. 그래서 기사님한테 "저기 빨간색에서 좌회전해 주세요"라고 말하자 아저씨가 낮게 웃으며 "빨간색이 아니라 점멸등이라고 하는 거예요. 점멸등."

무슨 소리인가 싶어서 보니 빨간색 가게 위로 주황색 신호등이 깜빡깜빡 점멸하고 있었다. 나는 그걸 말한 게 아닌데 싶어 가만히 있는데 그런 나를 룸미러로 쳐다본 기사님이 말했다. "미안해요. 아는 척해서."

그 목소리가 너무 멋쩍어 나는 하하하하 웃었다. 뭘 또 저렇게 미안해하실까 싶어서 나도 놀랄 정도로 깔깔대고 웃었다. 그랬더니 다시 한번 룸미러로 쳐다보며 기사님이 말했다. "그래요. 웃어요. 하루에 한 번이라도 웃으면 얼마나 좋아."

기사님은 다리가 아프니까 집 앞까지 가자며 골목 끝에 있는 집 바로 앞까지 태워다주고 힘들게 빠져나갔다. 룸미러로 본 나는 하루에 한 번도 안 웃을 것처럼 생겼었나 보다. 아니면 룸미러로 본 나는 말이 통하게 생겼는데 퉁퉁 불어 말도 씹고 있어서 마음에 걸렸나 보다. 20분 내내 감정의 등산을 하게 했던 아저씨, 한마디도 섞기 싫었던 아저씨가 웃음을 주고 떠났다. 나는 그 뒤로 택시를 탈 때마다 "저 앞에 점멸등에서 좌회전해 주세요"라고 말한다. 그러면 웃음이 난다.

우리가 친애하는 동료로
함께 나이를 먹는다면

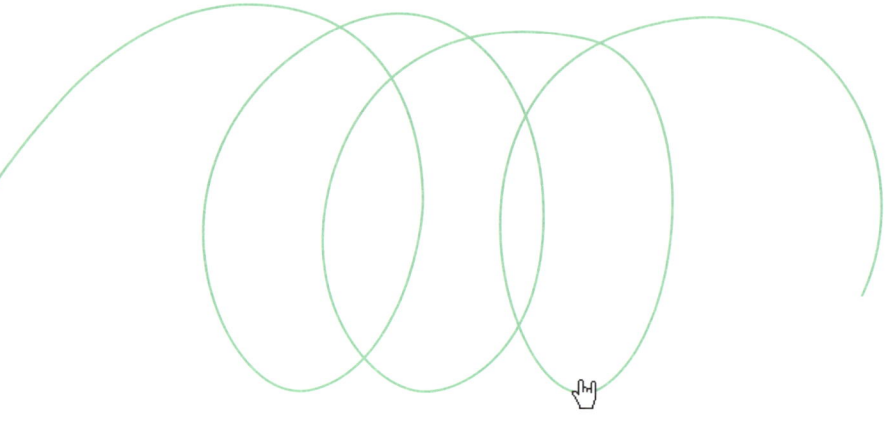

어제는 숲을 걸으며 '나의 롤모델은 어떤 사람인가'에 관해 생각해 보았다. 저울 위 600g의 등심처럼 한 근으로 딱 떨어지지는 않았지만 정의로운 사람이면 좋겠다는 것부터 시작했다. 정의롭기만 하고 일 못하는 사람을 일터에서 존경하기란 고통스러운 일이니까 328g의 정의로움에 155g의 일머리라는 살을 붙였고 유머를 124g 얹어보았다. 별이 너무 좋아서 미처 생각하지 못한 무언가도 있을 것 같은데, 그렇게 더하다 보면 저울 속 숫자는 어느새 600g을 훌쩍 넘어서 내가 살 수 없는 등심이 되어버리겠지. 회사생활에서 이런 황금 조합의 사람을 만나보았냐고 묻는다면 당연하게도 그러지 못했다. 롤모델이라는 것은 직장계의 유니콘, 누군가는 만나보았다 말하지만 나에게는 좀처럼 나타나지 않는 존재이기 때문이다.

연차가 올라가면서 롤모델에 대한 갈망이나 롤모델과 일하는 누군가에 대한 질투에서 조금은 벗어났다. 포기했다기보다는 사람이라는 불완전한 존재에게 완벽한 신을 기대하는 것이 불가능할뿐더러 바람직한 일도 아니라고 납득했기 때문이다. 그 대신 그 자리에 정다운 동료들을 뒀다. 이리 치이고 저리 쓸리며 나아갈 때마다 나의 앞과 옆에서 함께 걸어줬던 사람들. 완벽한 한 명은 아니더라도 완벽한 타이밍에 나타나 준 사람들. 그들이 내게 준 소중한 조각들을 꿰매고 이어 정의롭고 일 잘하고 유쾌한 나만의 롤모델을 탄생시킨다.

첫 번째 조각

신입사원 시절, 애써 들어간 회사를 2년 만에 퇴사하겠다고 어렵게 말을 꺼냈을 때 본부장님이 술을 한잔하자고 하셨다. 나를 뽑아준 분이었기 때문에 죄송한 마음이 들어 긴장이 됐다. 내가 가고 싶은 곳으로 가자고 하시기에 친구들과 자주 가던 홍대 뒷골목의 작은 술집으로 가서 테이블 앞에 나란히 앉았다. 둘이서만 술을 마신 건 처음이었다. 무거운 마음으로 앉은 자리였지만 이야기는 의외로 재미있었다. 본부장님이 어떻게 카피라이터가 됐는지, 무엇이 좋았고 무엇이 힘들었는지, 나보다 이십 년 많은 경력의 대선배가 탄 직장 곡예를 듣다 보니 퇴사를 하면 본부장님과 더는 이런 대화를 나눌 수 없다는 것이 아쉬울 지경이었다. 아니, 퇴사를 말했기 때문에 그런 대화를 할 수 있었을까? 세월이 많이 흘러 이제는 많은 이야기가 가물가물하지만 본부장님의 마지막 말은 아직도 생생하다.

떠나는 사람은 남은 사람에게 모욕감을 줘서는 안 돼.

어리둥절한 말이었다. 당시의 나로 말할 거 같으면 또래가 없는 사내 최연소 직원이자 스치는 바람에도 고개를 숙이던 최말단 사원으로서 내 몸의 7할이 회사생활에서 받은 모욕감으로 찰랑거릴 때였기 때문이다. 이런 나의 퇴사가 어떻게 그들에게 모욕감을 줄 수가 있지? 하지만 집에 돌아와 깜깜한 방에 누워 생각해보니 집단에서의 탈출이란 남은 이들에게 일종의 모욕을 줄 수 있는 일이었다. 누군가는 버린 장소에 남아야 하는 불안감. 누군가는 박차고 나갈 때 앉아 있다는 무력감. 누군가는 도착할 세계에 가보지 못한다는 박탈감. 지금은 내가 줄 불편함이지만 언젠가는 내가 받을 감정이었다. 거기까지 생각이 닿으니 동료들에게 퇴사 소식을 어떻게 말해야 할지 고민이 됐다. 나의 빈자리에 못다 한 업무들은 남겠지만 적어도 모욕감은 남지 않기를 바라는 마음으로 말을 다듬었다.

그 후 본부장님과 다시 술을 마실 기회는 오지 않았지만 이 말은 퇴사할 때마다 나를 찾아온다. 퇴사마다 떠나고 싶은 이유는 달랐어도 떠나고 싶은 방법은 언제나 똑같았다. 떠나는 사람이 품어야 할 자세를 배운 덕분에 더 나은 뒷모습을 보일 수 있게 되었다.

두 번째 조각

새로운 팀에 발령이 났을 때 우리는 모두 초짜였다. 팀장님은 이제 막 팀장을 단 새내기였고 나는 이제 막 시니어 딱지를 붙인 8년 차 카피라이터였다. 신생팀이라는 이유로 우리에게는 많은 일이 테스트처럼 쏟아졌다. 어떤 일은 새로 생긴 팀이니까 잘해야 하는 일이었고 어떤 일은 새로 생긴 팀임에도 불구하고 잘해야 하는 일이었다. 그래서 우리는 어쩔 수 없이 많은 밤을 새웠다. 회의를 거듭하고 수정에 치이며, 함께 구르고 따로 우는 밤들을 보냈다.

 한 번은 죽어가는 맥주 브랜드를 살리는 일을 하게 됐는데, 과제는 이 맥주의 맛을 한마디의 의성어로 표현하는 것이라고 했다. 그때부터 삼 주 동안 우리 팀 회의실 벽은 온갖 단말마로 도배되었다. 캿! 헙! 콱! 슙! 홉! 벽과 함께 우리도 곡소리를 냈다. 수많은 회의 끝에도 답을 찾지 못한 채 리뷰(광고주에게 프레젠테이션하기 전, 사내에서 아이디어 검수를 받는 회의)를 하루 앞둔 날, 나는 버렸던 카피 중 하나를 살리자고 말했다. 의성어가 아니라 그냥 한 줄의 카피였다. 광고주 과제를 해결하지 못하기 때문에 버렸던 안이었는데, 이상하게도 이 곡성의 늪에서 살아나가는 방법은 이 안밖에 없다는 확신이 들었다. 밤을 새우며 한 시간에 한 번씩 저 카피를 가져가자고 우겼더니 팀장님이 '얘가 왜 이러나?' 하는 표정으로 그럼 한번 가져가 보자고 했다.

 아침이 밝아오고 초췌한 팀장님과 꾀죄죄한 내가 대회의실로 향했다. 으리으리한 방에 대표와 임원들이 깨끗하고 멋진 옷을 입고 앉아 있었다. 팀장님이 발표를 시작하고 나는 옆에서 숨을 죽였다. 의성어 향연 뒤에 드디어 내가 고집했던 카피가 나왔다. 임원들이 일제히 고개를 갸웃하며 이건 과제도 아니고 별로 좋지도 않은데 왜 가져왔냐는 질문을 던졌다. 조도를 낮춘 대회의실 안에서 내 얼굴이 순식간에 빨개졌다. 우리 팀 회의실에서는 분명 괜찮아 보였는데, 여기에서 보니까 내가 봐도 아닌 것 같았다. 팀장님한테 미안하고 창피해서 조용히 한숨을 내쉬는데 팀장님이 숨을 훅하고 들이쉬며 답했다. "저는 이 카피가 정말 좋아서 가져오자고 우겼습니다. 의성어 안들 다음에 넣으면 밸런스가 좋을 거 같아요."

리뷰를 마치고 엘리베이터에 타자마자 팀장님이 바람 빠진 풍선처럼 벽에 기대며 말했다.

네가 좋다는 안, 나 진짜 열심히 팔았다.

그때 그 안이 리뷰를 통과했는지 그래서 광고주 보고에 가져갔는지는 잘 기억이 나지 않는다. 다만 눌러쓴 야구모자 밑으로 팀장님의 부르튼 입술에서 나왔던 목소리를 기억한다. 그것은 나를 위한 목소리였다. 목소리가 없는 나를 대신해서 세상에 힘껏 던져준 공이었다. 회사생활을 하다 보면 힘세고 얄팍한 사람들을 안 만날 수 없다. 그 앞에서 한마디 하는 것이 힘들어서 가슴이 턱턱 막힌다. 그럴 때는 그 목소리를 생각한다. 좋은 말을 들었던 내가 나쁜 말을 들은 나를 일으킨다. 우리의 목소리를 낼 힘을 얻는다.

세 번째 조각

반복해서 들어도 질리지 않는 이야기가 하나 있다. 이직한 지 일 년 정도 됐을 때였다. 그때 우리 팀은 좀 어수선했다. 좋은 말로 어수선했다는 말이지 맡은 일의 양부터 팀워크까지 삐걱대는 게 한둘이 아니었다. 그러던 어느 날, 육아휴직 중이던 A가 내가 속한 팀으로 복직한다는 소식을 들었다. 일 많고 갑갑한 팀에 내 또래의, 거기다 일도 잘하는 우수 인력이 온다고 하니 어둑한 골목에 가로등 하나가 반짝 켜지는 것 같았다. 출근 첫날, 팀 분위기는 어떠냐고 걱정스레 묻는 A에게 나는 희망 주사를 슬쩍 놓았다. "꽤 힘들었는데 이제 많이 안정됐어요. 호시절에 오시는 거예요." 이것은 뻥이라기보다는 의지였달까. 희망을 향해 노를 젓고 싶었던 나의 마음이었다.

　A는 1년여의 휴직이 무색할 정도로 빠르게 일에 적응해 갔지만 가끔은 집에 두고 온 아기 생각에 마음이 번잡한 듯했다. 전화 통화를 하고 돌아와 자리에 앉으면 한동안 키보드 소리가 들리지 않았다. A가 복직한 지 열흘이 채 되지 않았을 때 성격이 상당히 급했던 당시의 팀장이 A와 나를 불렀다. 여러 가지 진행되고 있는 일에 대해 질문을 하다가 갑자기 A는 일하는 데 문제가 없냐 물었다. 그전까지 팀장이 무슨 질문을 하든 막힘없이 대답하던 A가 입을 다물었다. 다른 안건은 잘 모르겠지만 그것만큼은 내가 대답할 수 있겠길래 A를 대신해서 말했다. "A의 업무능력은 걱정할 것이 전혀 없고, 복직한 지 얼마 안 돼서 혹시 좀 정신이 없다면 그게 안정되는 것도 시간문제라 생각해요." 그날 이후로도 여전히 어수선하고 갑갑한 팀에서 함께 고군분투하며 서로의 불평불만에 공감하는 동료가 되었을 때 A가 문득 그때의 이야기를 꺼냈다. 자신에게 확신이 없던 시기에 확신에 찬 목소리로 말해줘서 고마웠다고. 동료한테 이렇게까지 직접적으로 감사 표현이나 칭찬을 들은 것이 처음이라 겸연쩍었는데 듣다 보니 점점 기분이 좋아지는 것이 아닌가. A의 말은 거듭될수록 살이 붙어서 그 이야기 속에서 나는 퍽 멋있는 사람이 된 것 같았다. 이렇게 멋있는 사람이면 눈앞에 일어나고 있는 사소한 일들 정도는 이겨내야 하는 것이 아닌

가 하는 괜한 자신감마저 생겼다.

A는 지금까지도 내가 먹다 남은 홍시 껍질처럼 눅눅해져 있을 때면 어김없이 입을 연다.

그때 나한테 그런 말 해줬잖아. 그래서 내가 힘을 냈잖아. 기억하지?

받았던 작은 말을 꽃으로 키워 돌려주는 사람. 그 향긋한 말이 매번 나를 다시 제자리로 돌아갈 수 있게 만든다.

네 번째 조각

인턴이 새로 왔다. 신경이 잔뜩 쓰이는 프로젝트의 막바지였기 때문에 도움을 주는 손이 하나 늘었다는 것만으로도 기뻤다. 씩씩하고 의욕에 찬 대학생이었다. 회의를 하나 마치고 둘이 점심을 먹고 돌아오는데 뭔가 회사생활에 도움 되는 이야기를 해야 할 것만 같아서, AE는 어떤 일을 하고 AP는 어떻고 등등 광고대행사 직업군에 대한 이야기를 늘어놓다가 정신을 차려보니 안 해도 될 말을 지껄이고 있었다. "그런데 다 힘들지 뭐. 아까 회의시간에 사람들 표정 봤지? 일이 많으니 다들 지쳐서…" 나의 넋 나간 넋두리를 고개를 끄덕이며 듣던 인턴이 "하하하" 하고 웃었다. 지금 웃음이 납니까… 싶어서 옆을 봤더니 인턴이 나를 쳐다보며 말했다.

멋있는 일은 다 힘든 거 같아요.

멍해져서 입을 다물었다. 내가 하는 일이 멋있는 일이라고 말하는 사람을 오랜만에 봤다. 나는 언제 그렇게 말해봤는지 생각이 나지 않았다. 그러고 보니 나도 신입사원 때 겨우겨우 힘들게 입사를 했건만 선배들이 "한 살이라도 어릴 때 다른 일 알아봐", "이렇게 험한 일 말고 좋은 거 많잖아"라고 말할 때마다 힘이 뚝뚝 떨어졌던 거는 내 직업이 정말 힘하고 후져서가 아니라 나와 함께 일하는 사람들이 그런 생각을 하고 있는 것이 맥 빠져서였다. 그로부터 십여 년 후, 똑같이 맥 빠지는 말을 늘어놓는 고인 물이 된 나는 입사한 지 일주일 된 인턴의 말에 위로받았다. "멋진 일이라서 힘든 거지! 자, 힘내자!"라고 팀장이 말했다면 '소름 돋아… 너무 무서워…' 했을 텐데, 인턴한테 들으니까 이상하게 힘이 났다. 이 일을 시작하려는 사람들이 이 일을 멋지게 생각하는 마음을 지키는 것이 경력자들이 할 일 아닌가!

인턴은 3개월의 근무 기간을 마치고 다시 학교로 돌아갔지만 한 가지를 남겨줬다. 일은 멋있지 않다. 그 일을 하는 사람들이 멋있게 만들 뿐이다.

다섯 번째, 여섯 번째, 일곱 번째 조각

팀장이 되었다. 자리가 창가로 옮겨졌고, 팀원들이 모두 왼쪽을 향해 앉아 일할 때 나는 팀원들을 바라보며 일한다. 딱 이만큼의 거리감 때문에 팀장이 되는 것이 싫었다. 평가하는 사람의 입장이 되어 팀원들에게 평가받는 것이, 내가 헷갈릴 때 팀 전체를 헷갈리게 할 수 있다는 것이, 목소리를 내야 하는 순간에 목소리가 나오지 않을까 봐 두려웠다.

직장 생활 처음으로 매니저가 된다는 것은 별것이 아니면서도 별것인 일이었다. 어떤 때는 이만하면 잘하고 있는 게 아닌가 우쭐하다가도 예고 없이 별일이 연달아 터질 때는 애초에 이것이 잘할 수 있는 일이기는 한가 움츠러들었다. 어떤 날에는 괜한 성취감에 몇 년 정도는 더 할 수 있겠네 싶다가도 어떤 날에는 지금 때려치우는 게 가장 전략적인 결정일 거라는 마음이 든다. 그럴 때면 고개를 돌려 나와 같은 방향으로 각자의 팀원들을 보고 있는 동료들을 바라본다. 회의와 회의 사이, 잠깐 시간이 되냐는 말로 붙잡아 하소연하고 잠깐 시간이 되냐는 말로 붙들려 하소연을 듣는다. 어떤 날은 B를 앞에 두고 "내가 우스워? 내가 우스워서 다들 내 말을 무시하냐고!"를 외치고, 어떤 날은 C를 붙잡고 "어떡해요. 저 진짜 망했어요"를 털어놓는다. 벌겋게 상기된 얼굴로 D의 방에 들어가서 "저, 할 말 있어요"라며 배를 깐다. 그러면 B가 "누가 너를 싫어하겠어"라는 말로 언저리에서 쭈뼛거리는 내 등을 툭 쳐 가운데로 밀어 넣는다. 솜이불을 끌어안고 누워 있는 밤에는 C가 "나는 네가 힘들지 않았으면 좋겠다"라는 문자로 눈물 콧물을 뺀다. D가 "그만 생각해. 이제 그건 내 몫이야"라며 줄줄 흘러내리는 내 짐보따리를 뺏어간다.

회사를 다닐 만큼 다니면 힘들 것이 별로 없을 거라 생각했는데, 회사를 다닐 만큼 다녔더니 힘든 일은 여전하지만 종이 한 장보다 가볍게 떠들고도 뒤돌아 걱정 한 줌 하지 않아도 되는 사람들이 생겼다. 그 틈에서 자매애라 부르고 싶은 어떤 의리와 응원을 주고받는다. 회사에서 나이를 먹어 불편한 것은 몸보다 마음이라는 것을 알게 되었지만, 동료들과 함께 나이를 먹은 덕분에 관계라는 뜨거운 힘이 생겼다.

뿌연 날들 사이에서 반짝이는 조각들을 내 손으로 고르고 모은다. 오직 꾸준함만이 수집의 질을 높인다고 믿는다. 그래서 나는 더 많은 동료가 오래도록 함께 일을 했으면 좋겠다. 각자의 자리에서 헤매다가 함께 길을 찾으면 좋겠다. "내가 팀장을 해봤더니"라고 시작하는 말에 "너만 팀장 해봤냐"며 자신의 경험담을 보태는 동료들이 많으면 좋겠고, 내가 고민을 다 말하기도 전에 '그거 나도 너무 잘 알지'라는 눈빛을 서로 주고받으면 좋겠다. 그러다 내 옆에서 술을 마시던 누군가가 "임원 되면 또 달라"하며 툭 치고 들어오는 이야기를 듣고 싶고, "대표 되면 어떤 줄 알아요?"로 시작되는 이야기를 더 많은 동료의 입으로 듣고 싶다. 내가 그랬던 것처럼 "팀장 되기 싫어요. 겁나요"라고 말하는 후배보다 "팀장 되면 뭐가 좋아요?"라고 질문하는 후배들이 더 많아졌으면 좋겠다. 함께 넘어지고 함께 일어나서 함께 한 계단 위로 올라가는 것이 당연해서 우리가 서로에게 당연하게 힘이 될 날들을 기대한다. 친애하는 나의 동료들이 내게 해줬던 것처럼 나도 당신들에게, 내 앞에서 무너지고 남들 앞에서 허리를 곧게 펴라고 말해주고 싶다.

그러니 우리, 이곳에서 함께 나이를 먹자.

※ 워커스 라운지 03 <좋은 동료와의 대화는 동기 부여 뿜뿜>에 수록된 글이다.

당신 배고픈 이 아니에요?

남대문시장에 들를 일이 있어서 점심시간에 혼자 나왔다. 겉옷을 안 입었는데도 날씨가 따뜻해서 좋았다. 남대문시장에 온 김에 칼국수를 먹을까 하다가 작약이 나왔다는 소식을 어딘가에서 본 기억이 나서 꽃시장에 먼저 들르기로 했다. 현금이 8천 원밖에 없었다. 시장에서는 카드가 잘 안 되기 때문에 꽃을 사면 점심은 시장에서 못 먹겠다. 시장에는 동글동글 작약이 가득. 한 단에 4천 원. 두 단을 고르고 현금을 탈탈 털었다. 카페에 갔다. 분명히 빵을 파는 카페였는데 쿠키밖에 없었다. 배가 별로 안 고파서 아이스 아메리카노만 사들고는 테이블에 앉아 쫍쫍 마시면서 책을 읽었다. 읽다 보니 배가 고파서 들어가는 길에 뭔가 사 먹긴 해야겠다 생각하며 한참 앉아있는데 누군가 시야에 나타났다. "익스큐즈 미." 그리고 자신의 휴대폰을 보여준다. 번역기가 떠있다.

실례합니다. 걱정 마세요. 나는 만지지 않습니다. 당신 배고픈 이 아니에요? 나는 쿠키 있습니다. 주고 싶어요.

하얀 얼굴이 쿠키 두 개를 건넸다. 이 상황이 잘 이해가 가지 않았지만 웃긴 것은 확실해서 크게 웃으며 고맙다 말하자, 그는 씽긋 웃고 갔다. 얼떨떨한 친절이었다. 둘러보니 카페에는 아무도 없었다. 내가 본 것은 사람이었을까. 나도 작약 한 송이라도 줘야 했나 생각하며 얼떨떨한 채로 쿠키를 먹었다. 내가 배가 고픈 걸 어떻게 알았을까. 꼬르륵 소리가 거기까지 들렸나. 무슨 표정으로 번역기를 돌렸을까. 딱히 특별하지도 않은 이 쿠키를 전하기 위해 들였던 노력과 용기가 생각할수록 대단했다. 어마어마하게 멋있는 사람이었다. 그 쿠키를 감싸고 있던 냅킨을 들고 와서 내 자리 모니터 옆에 붙여 두었다.

용기를 내어 친절해지고 싶다. 용기를 내어 화도 내야겠지만 무엇보다 용기를 내어 친절을 실천하고 싶다. 친절이 이 도시를 안전하게 만든다고 믿는다.

인생이 고덕만큼 넓어졌다

생각도 안 해봤던 일을 하고 해보지 않았던 생각을 하면서 인생을 넓히는 경험은 새로운 사람을 만나 관계를 지속할 때 급진적으로 진행된다. 나와 다른 세상을 일구며 살아온 사람을 온몸으로 받아들이면서 경로 밖으로 빠르게 뻗어 나가는 것이다. 그래서 나라는 좁은 인간을 가로세로로 넓혀주는 누군가를 사랑하게 되는 것은 어떻게 보면 마땅한 일이라고 말할 수 있다. 새로운 경험이라는 짜릿함을 받았다면 나도 내가 가진 가장 소중한 것, 뜨겁고 진실된 마음 정도는 줘야 하는 것이 아닌가. 하지만 이 근사한 기적은 우리 모두가 잘 알 듯이 좀처럼 쉽게 일어나지 않는다. 경험이 풍부한 동시에 나에게 호감을 가진 사람을 만나는 것은 나의 의지만으로는 성사되기 힘든 사건이기 때문이다. 그렇다면 온전히 나의 힘으로 내 인생의 대지를 획기적으로 넓힐 방법은 없는 것일까? 당연히 그렇지 않다.

언젠가 의도치 않게 모로코에 갔을 때, 마라케시의 엉킨 머리카락 같은 골목 속 게스트하우스에서 한국인을 만난 적이 있다. 반년 넘게 아프리카를 여행 중이라고 했던 언니는 한국인을 세 달 만에 처음 봤다고 했다. 서른 살이었던 나는 언젠가는 언니처럼 미지의 대륙을 여행하며 모험적으로 살고 싶다고 말했고 언니는 그럼 운전을 하라고 답했다. "응? 느닷없이 운전이요?" "응. 운전." 언니가 운전을 하게 된 뒤 사는 게 얼마나 달라졌는지 얼만큼 자유로워졌는지를 말해주는데 인생의 확장력에 엔진을 달아주는 것, 그것은 확실히 내가 꿈꾸는 삶이었다.

그래서 한국에 돌아오자마자 당장 면허증에 쌓인 먼지를 털어내고 차를 샀냐 하면 그러지는 못했다. 서울 사대문 안에 살면서 마을버스로 출퇴근을 하고 상시 음주인이라 택시 귀가가 잦으며 기차와 고속버스 그리고 가끔은 공유자전거와 공유자동차를 빌려 타며 가고 싶은 곳을 웬만큼 가고 있으니까 아쉬울 것이 없다고 생각했기 때문이다. LA에 산다면 모를까, 서울에서라면 역시 고효율 스마트 인생을 살아야 하는 것이 아닌가. 그러던 어느 날, 결정적으로 차를 사야겠다고 마음을 먹게 된 것은 문득 '차가 있다면 없던 필요가 만들어지는 것이 아닐까?'라는 의문이 들었기 때문이었다. 설마 차가 있다면 차가 있다는 이유만으로 목적이 있을 때 이동수단을 찾는 인생에서 없던 목적을 만드는 인생으로 바뀌는 것이 아닐까? 필요에 따라 움직이는 인생보다 필요를 일부러 만들어가는 인생이라니 너무 주체적이잖아!

잠깐 해본 가정은 상상만으로도 짜릿했다. 그 이후로 한 달 동안은 앞만 보고 달렸다. 각종 자동차 관련 사이트를 들락거리며 예산에 맞는 차를 고르다가 첫 차는 중고가 낫다는 말에 핸들을 중고차 앱으로 꺾어 마음에 드는 중고차가 나올 때까지 오매불망 새로고침을 눌렀다. 드디어 마음에 드는 차를 발견한 어느 날, 중고차 시장으로 뛰어가서 시승하고 그 자리에서 계약서에 도장을 찍었더니 손바닥 위에 차 키가 놓여졌다. 아찔했다. 차를 사는 것까지는 홀린 듯이 해치웠는데 당장 이 차를 운전해 집에 가야 된다고 생각하니 현실로 급하게 돌아왔다. 맞다… 나 운전 잘 못하지… 다행히 나 같은 사람들이 많은지 중고차 회사에는 배송서비스라는 것이 있었다. 지하철을 타고 집에 와보니 주차장에 내 차가 번듯하게 서서 나를 기다리고 있었다. 그리고 차 키를 꾹 눌러 뾱 하고 문을 열어 운전대 앞에 앉으니 나는 정말 내비게이션의 목적지에 어디라도 쳐야 하는 사람, 당장 필요를 만들어내야 하는 사람이었다.

  선인들이 차를 사면 운전의 두려움이 사라진다 하셨는데 십여 년을 들어도 믿을 수 없었던 그 말은 충격적이게도 사실이었다. 소중한 내 차를 주차장에 방치해 두는 것은 주인으로서 하지 말아야 되는 일, 나와 내 차는 한몸이니까 내 몸을 틀어 오른쪽으로 가는 것이 두렵지 않다면 내 차를 틀어 오른쪽으로 가는 것도 두렵지 않은 것이다. 주말이 몇 번 지나자, 두려움이 살던 자리에 질주 본능이 세 들더니 산책을 해도 집 앞이 아니라 한강에서 하게 되었고 달리기를 해도 상암 월드컵공원을 가게 됐다. 책은 어디서 본다? 파주의 이름 모를 카페다. 물론 매번 계획한 곳에 도착하는 것은 아니었다. 기세 좋게 친구와 친구의 자전거까지 태워서 미사리 조정경기장에 가자고 액셀을 밟았지만 단 한 번의 실수로 고덕 생태공원에 입장해 있었고 그렇게 처음 가게 된 이름도 처음 들어본 고덕 생태공원은 인생의 경로 밖에 있던 곳이지만 인생을 살며 반드시 가봐야 하는 장소라는 것을 알게 되었다. 철새를 관찰하는 전망대에서 새를 보고 여기저기 뱀을 조심하라는 간판을 지나쳐 우거진 숲속에 돗자리를 펼쳤더니 한낮의 소풍을 즐기기에 완벽한 자리가 됐고 벌렁 누웠더니 먼 옛날 가봤던 런던의 부유한 공원이 생각났달까. 그리고 트렁크에 싣고 간 자전거를 꺼내서 타고 달리니 갑자기 나타난 주말농장에서 사람들이 삼삼오오 농작물을 수확하고 있어서 '나만 주말농장 없어?'라는 충격을 받게 되었다. 그러니까 운전은 실수마저도 인생의 지평을 넓히는 계기가 되는 놀라운 것이었다. 내비게이션 말은 무시하는 거라던 선인들의 말은 하나도 틀린 게 없었네.

인생이 고덕만큼 넓어졌다. 와. 나는 뭘 더 할 수 있게 되는 걸까.

오늘의 모험, 내일의 댄스

1판 1쇄 찍음 2021년 9월 3일
1판 1쇄 펴냄 2021년 9월 10일

지은이 | 노윤주

기획·편집 | 주소은
디자인 | Relish
제작 | 세걸음

펴낸곳 | 보틀프레스
주소 | 서울시 마포구 도화4길 41, 102동 3층
출판등록 | 2018.11.26. 제2018-000312호
문의 | hello.bottlepress@gmail.com

ⓒ노윤주, 2021
ISBN 979-11-91725-01-8

이 책은 저작권법에 따라 보호받는 저작물이므로 무단 전재와 무단 복제를 금하며 책 내용의 전부 또는 일부를 이용하려면 반드시 저작권자와 보틀프레스의 서면 동의를 받아야 합니다.
책값은 뒤표지에 있습니다.

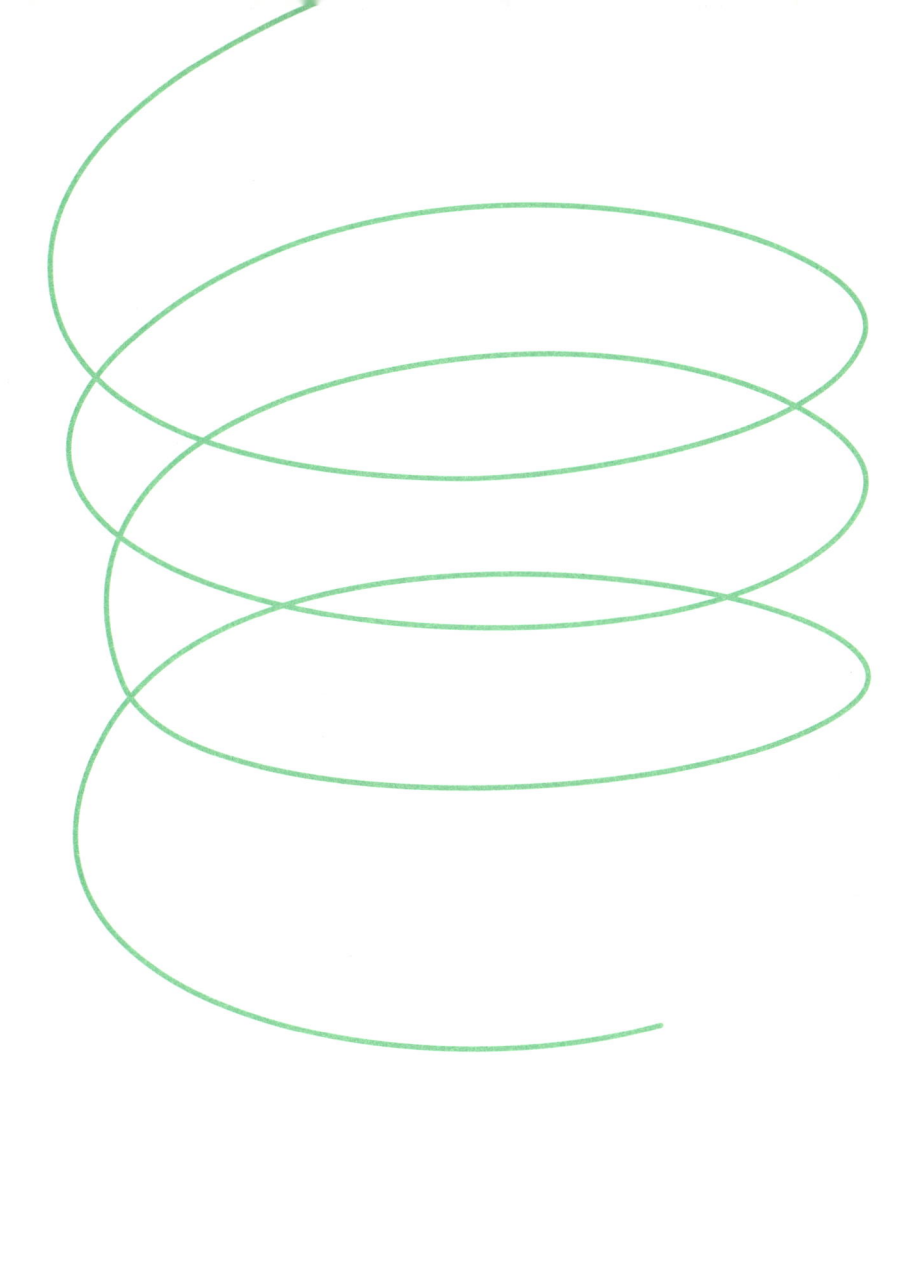